LES AMOURS

DU CHEVALIER

DE FAUBLAS.

TOME PREMIER.

DE L'IMPRIMERIE DE FIRMIN DIDOT,
IMPRIMEUR DU ROI ET DE L'INSTITUT,
RUE JACOB, N° 24.

Dieux! s'écria t'elle avec une surprise bien naturellement jouée, si elle était feinte, c'est un homme!

LES AMOURS

DU CHEVALIER

DE FAUBLAS,

Par LOUVET DE COUVRAY.

NOUVELLE ÉDITION,

Ornée de huit superbes gravures, dessinées par Collin, élève de Girodet, gravées par les premiers artistes de Paris, et précédée d'une Notice sur Louvet, par M. ***

TOME PREMIER.

A PARIS,

CHEZ AMBROISE TARDIEU, LIBRAIRE,

RUE DU BATTOIR, N° 12.

1821.

NOTICE
SUR LOUVET.

Il y a peu de proportion entre la justice et la curiosité des hommes. La plupart ont tant d'ardeur pour les fictions, et si peu d'amour pour la vérité, qu'on est presque toujours sûr de parler d'un objet nouveau quand on rappelle un souvenir qu'il faudrait honorer, une action, une vie qui mériteraient des hommages. On sait ce qu'il est indifférent de savoir; on ignore ce qu'il conviendrait d'admirer. C'est ainsi qu'en mettant sous les yeux d'un public distrait cette belle édition d'un livre qu'il a déja tant de fois parcouru, nous n'avons la prétention d'apprendre à personne ce que c'est que le Chevalier de Faublas, une idole de boudoir, un héros de bonne compagnie, libertin quelquefois sensible, toujours spirituel et Français; mais nous craignons d'avoir à instruire un grand nombre de lecteurs, si un grand nombre de lecteurs affronte cette courte préface, de ce que fut l'auteur de ce brillant et frivole ouvrage. Étrange différence entre la vie de l'écrivain et celle du héros! l'une est toute voluptueuse, l'autre semée de combats, de périls, et de souffrances. Et quelle imagination a tissu les fils légers de ces riantes fictions? celle d'un homme de probité et de mœurs rigides; membre illustré de cette Convention si funeste; député de la Gironde; le premier agresseur de Robespierre; un martyr enfin de la cause de la liberté.

Jean-Baptiste Louvet de Couvray était né à Paris dans l'année 1764. Sa jeunesse, consacrée à l'étude, n'offrit rien de remarquable. Destiné à la profession d'avocat, mais rebuté par une occupation peu conforme à ses goûts, il se livra à la littérature. Son début fut ce même roman de *Faublas*, dont la première partie fut publiée en 1787. Un style vif et piquant, beaucoup de vérité dans une vaste série d'événemens, des détails rendus avec grace, firent de cette production un livre à la mode.

Ce n'est pas que Louvet dépeigne toujours avec une rigoureuse exactitude la société qu'il met en scène; ses personnages sont plutôt conçus qu'étudiés; mais le monde qu'il se crée n'est pas hors de la nature; les passions qu'il fait agir, sont les nôtres; et il est doux quelquefois d'oublier une affligeante réalité, pour parcourir, sans contrainte, les champs de l'imagination. Le marquis de Lauraguais donne aux aventures de *Faublas* une origine historique. Selon lui, ce personnage vivait sous Louis XIV, et s'appelait l'abbé de Choisi. Étant prêtre et faisant sa cour à madame de Maintenon pour en obtenir quelque bénéfice, il lui dédia une traduction qu'il fit de l'imitation de Jésus-Christ, avec cette épigraphe saintement plaisante : *Concupiscit rex decorum tuum*, et qu'on ne peut traduire, dit-il, un peu décemment qu'ainsi : *Tes charmes ont excité la concupiscence du roi*. Ce même abbé de Choisi publia ses Mémoires sous le nom d'une femme, la comtesse des Barres, et il avait joué ce rôle de femme auprès de plus d'une marquise de B***, et de plus d'une comtesse de Lignole.

Quoi qu'il en soit, Louvet vécut long-temps à la campagne près d'une femme à laquelle, depuis la plus tendre enfance, il était passionnément attaché. Un hymen forcé les avait en vain séparés; libres après six ans d'absence, ils s'étaient réunis pour ne plus se quitter. Heureux par ses affections et sa philosophie, Louvet poursuivait son ouvrage dont les premiers fruits suffisaient à ses besoins : éloigné du monde, il se croyait à l'abri de ses orages. Mais la révolution avait éclaté : avec la bastille tombait le joug qui pesait sur la France. Louvet reçut la cocarde tricolore des mains de cette Lodoïska, que nous connaîtrons plus tard, et dont il a attaché le nom au plus pathétique épisode de son ouvrage. Cet acte de liberté devint la cause d'une persécution que Louvet eut à subir de la part de quelques gentilshommes du voisinage. Il se rendit à Paris.

Une brochure qu'il publia contre M. Mounier, de l'assemblée constituante, après l'affaire d'octobre 1789, lui valut l'entrée au club des jacobins. Ce club n'était ouvert, alors, qu'au patriotisme et aux talens. Louvet, lancé dans la carrière politique, fit paraître *Émilie de Varmont* et *les Amours du curé Sévin*, roman qui avait pour but de prouver la nécessité du divorce, et du mariage des prêtres. Ce livre obtint quelque vogue dans sa nouveauté, bien qu'on y reconnût à peine la plume de son auteur. Il composa, à la même époque, trois comédies : une seule fut représentée ; elle avait pour but de tourner en ridicule les troupes rassemblées à Coblentz.

Exempt d'ambition, Louvet ne paraissait que rarement dans les assemblées populaires. Persuadé que la force des choses amenerait les réformes qu'on avait droit d'attendre, il restait dans les rangs obscurs de la révolution dont il s'imposait toutes les charges, avec une entière abnégation de ses propres intérêts. Toutefois dès qu'il apprit qu'un parti conspirait contre la constitution jurée, et que parmi les mandataires du peuple plusieurs s'étaient vendus au pouvoir, il se crut obligé de descendre à son tour dans la lice. Le 25 décembre 1791, il se présenta à la barre de l'assemblée législative, à la tête d'une députation de la section des Lombards, pour provoquer un décret contre les princes émigrés et la guerre contre les souverains qui s'armaient en leur faveur.

« Nous vous demanderons, dit l'orateur aux dé-

« putés de la France, qu'entre nous et les rois Dieu
« soit appelé pour juge, et qu'il décide enfin s'il fit
« le monde pour quelques hommes, ou s'il ne voulut
« pas que les hommes appartinssent au monde. Nous
« vous demanderons un fléau terrible, mais indis-
« pensable; nous demanderons la guerre! Se pourrait-
« il que la coalition des tyrans fût universelle?
« Prompts comme la foudre que des milliers de nos
« citoyens se précipitent sur la féodalité, et ne
« s'arrêtent qu'où finira la servitude; qu'on dépose la
« déclaration des droits dans les chaumières; que
« l'homme, en tous lieux, instruit et délivré, re-
« prenne le sentiment de sa dignité première; que le
« genre humain se relève et respire. »

Louvet devint plus assidu au club dont il faisait partie; il parla avec beaucoup de force lorsqu'on discuta la question de la guerre contre l'Autriche. Robespierre le combattit. La réplique de Louvet accabla son antagoniste, qui lui voua depuis une haine implacable. Les ministres qui tous voulaient la guerre, furent charmés d'avoir trouvé dans Louvet un puissant auxiliaire. Pour lui témoigner leur reconnaissance et leur estime, ils le désignèrent pour le département de la justice. Effrayée de cette résolution, la faction ennemie employa toutes ses ressources pour la combattre. On n'épargna ni les menaces ni les calomnies, et le portefeuille fut confié à un homme nul. Cette faiblesse du gouvernement enhardit des adversaires qu'il avait cru calmer par une condescendance. On sait jusqu'à quel point ils poussèrent depuis leur audace.

Lié d'une étroite amitié avec le ministre Rolland, dont l'hôtel était le rendez-vous des partisans d'une sage liberté, Louvet devint l'ame de ses conseils. Ce vertueux citoyen le chargea de rédiger *la Sentinelle*, journal-affiche qu'il destinait à neutraliser les funestes doctrines des démagogues. Louvet en s'acquittant de cette tâche n'observa pas toujours les principes d'une rigoureuse justice, et son excès de zèle pour la liberté lui fit perdre l'ambassade de Constantinople, que Dumouriez, alors tout-puissant, lui destinait. Ses amis crurent réparer cette disgrace en lui offrant la place de commissaire à Saint-Domingue; mais il la refusa, pour ne pas quitter sa patrie au moment où elle était en proie aux plus épouvantables convulsions.

Louis XVI était dans les fers, et la Montagne s'élevait sur les débris de la royauté : la Convention, à peine formée, était déja en butte à de violentes attaques. Ceux de ses membres qui professaient des opinions honorables, voyaient planer sur leurs têtes le fer des *terroristes*. Louvet, que le département du Loiret avait spontanément choisi pour le représenter, méritait l'honneur d'une proscription spéciale. Il n'avait vu, dans la journée du 10 août, que le salut de la France; mais son erreur ne dura pas long-temps. Il entrevit bientôt qu'un grand amour pour la république pouvait servir de masque à d'ambitieux pro-

jets. Persuadé, d'ailleurs, que les fureurs révolutionnaires ne tendaient à rien moins qu'à faire regretter l'ancien ordre des choses, il déclara une guerre à mort à la faction des *cordeliers*. En vain lui fit-elle des offres de rapprochement, pouvait-il en exister entre une ame si généreuse et cette horde de bourreaux? Un rapport de Rolland à la Convention lui fournit l'occasion de faire éclater son indignation. Robespierre, qu'on y désignait comme aspirant à la dictature, se leva pour se justifier. « Quoi, disait-il,
« il suffirait, pour nous interdire la parole, que quel-
« ques intrigans abusassent de votre confiance et de
« l'immense autorité dont vous êtes investis! Quoi!
« lorsqu'ici il n'est pas un seul homme qui osât m'ac-
« cuser en face en articulant des faits positifs contre
« moi; lorsqu'il n'en est pas un qui osât monter à
« cette tribune, et ouvrît avec moi une discussion
« calme et sérieuse.....

Louvet (l'interrompant) : Je demande la parole pour accuser Robespierre!

Aussitôt il s'élance à la tribune, et en commençant son discours, il trace aux yeux de l'assemblée la marche suivie aux jacobins pour attaquer les meilleurs patriotes. Il fait remarquer que l'empire de la parole y est exercé par un individu que prônent sans cesse quelques orateurs fougueux. Revenant ensuite sur la journée du 10 août, il reproche à Robespierre de s'en être attribué les profits; d'avoir accusé les représentans d'être d'intelligence avec l'ennemi, la veille même des assassinats de septembre, et d'avoir fait fermer les portes de Paris, au mépris d'un décret contraire. Il déclare que le but des conjurés était d'obtenir une coalition entre les municipalités, et leur réunion avec celle de la capitale qui devait être le centre de l'autorité commune, afin de renverser le gouvernement.

« C'est dans le cours de ces manœuvres, pour-
« suit-il, qu'on désignait tous les ministres comme
« des traîtres; un seul était excepté, un seul et tou-
« jours le même. Puisses-tu, Danton, te justifier aux
« yeux de la postérité de cette flétrissante exception!
« C'est alors qu'on vit reparaître sur la scène un
« homme unique jusqu'ici dans les fastes du crime.
« Eh! ne croyez pas nous donner le change en dés-
« avouant aujourd'hui cet enfant perdu de l'assassi-
« nat; s'il n'appartenait pas à une faction, comment
« se ferait-il que ce monstre sortît vivant du sépulcre
« où lui-même s'était condamné?.... pourquoi le pro-
« duisites-vous dans cette assemblée électorale que
« vous dominiez par l'intrigue et par la terreur, vous
« qui me fîtes insulter pour avoir demandé la parole
« contre Marat?..... Dieux! J'ai prononcé son nom!
« cet être fut désigné comme candidat dans un dis-
« cours où Robespierre venait de calomnier Pries-
« tley.

« Robespierre! je t'accuse d'avoir long-temps ca-
« lomnié les plus purs patriotes, à une époque où tes
« calomnies étaient de véritables proscriptions; je

« t'accuse d'avoir, autant qu'il était en toi, méconnu,
« avili, persécuté les représentans de la nation; d'a-
« voir souffert que devant toi on te désignât comme
« le seul homme vertueux de la France qui pût sau-
« ver le peuple, et de l'avoir fait entendre toi-même;
« je t'accuse d'avoir tyrannisé par tous les moyens
« l'assemblée électorale; je t'accuse enfin d'avoir évi-
« demment marché au pouvoir suprême; je t'accuse:
« et, pour te confondre, ta conduite parlera plus
« haut que moi. »

Robespierre crut toucher à sa dernière heure. Si Péthion, Guadet et Vergniaud eussent répondu aux fréquentes interpellations de Louvet, le monstre eût été étouffé. Mais lorsqu'après huit jours, Robespierre vint balbutier pour sa défense quelques phrases banales, les Girondins se levèrent avec la Montagne pour empêcher Louvet de répliquer. Ils pensèrent qu'un *ordre du jour* flétrirait assez Robespierre; comme si le déshonneur était un obstacle au crime! Leur erreur du moins fut vertueuse; ils ne purent croire à tant de perversité, que le jour où ils en tombèrent les victimes.

Louvet, réduit au silence, fit imprimer son discours, sous ce titre : *A Maximilien Robespierre et ses royalistes*. Dans cette brochure, il développa les intrigues et les projets du parti d'Orléans et du club des Cordeliers, qui tendaient, dit-on, au même but. Pour leur porter une atteinte non moins sensible, il demanda l'expulsion hors du territoire de la famille qui avait régné. Cette hostilité s'adressait directement au duc d'Orléans, le seul de ces princes qui n'eût pas quitté la France, et qui, membre de la Convention, espérait monter sur le trône.

Louvet, lorsque Louis XVI fut mis en jugement, insista avec force pour la question de l'appel au peuple, et protesta que, si elle ne passait pas, aucune puissance humaine ne pourrait le contraindre à voter. Quoique son opinion fût peu favorable au monarque, son cœur cherchait à concilier les devoirs du représentant et les droits de l'humanité. Il était convaincu qu'en investissant la nation de la souveraineté, on ferait disparaître l'influence des partis, et dans cette grande circonstance, en réveillant chez tous les citoyens le sentiment de leurs forces et de leur dignité, on écraserait les factieux.

L'appel au peuple ayant été rejeté, il fallut appliquer la peine. « Représentans, dit Louvet, après
« avoir renouvelé son opinion, vous allez prononcer
« un jugement irréparable : puisse le génie tutélaire
« de ma patrie détourner les maux qu'on lui prépare!
« puisse sa main toute-puissante vous retirer de l'a-
« byme où quelques ambitieux auront contribué à
« vous précipiter! puisse sa main vengeresse écraser
« les nouveaux tyrans qu'on nous garde! Les dangers
« de la république deviennent immenses et pressans.
« Mais son salut est encore dans vos mains. Gardez
« de passer vos pouvoirs ; rendez hommage aux droits
« de ceux qui vous ont envoyés ; et si, pour avoir

« rempli vos devoirs, vous devez tomber sous le
« poignard, vous tomberez du moins dignes de regret,
« dignes d'estime. Le temps, les hommes, les circon-
« stances peuvent changer. Mais les principes ne
« changent jamais ; je ne changerai pas plus que les
« principes. »

La voix de Louvet fut une de celles qui ne comp-
tèrent pas pour la mort.

L'appel nominal était à peine terminé, qu'on remit
au président deux lettres dont Garan-Coulon demanda la lecture. Mais Danton s'étant levé, empêcha
ce représentant de motiver son opinion. Le fougueux
Louvet lance sur lui des regards terribles, et s'écrie :
« Tu n'es pas encore roi, Danton ! quel est ton pri-
« vilége pour étouffer nos voix ? »

Louvet se prononça avec la même force en faveur
du sursis. Son courage et son éloquence semblaient
s'accroître avec les dangers. Ce fut à son sang-froid
et sur-tout à sa prévoyance active, que les Girondins
durent leur salut, dans la journée du 10 mars. On
sait qu'à cette époque le général Dumouriez, battu
à Nerwinde, cherchait à sauver sa tête en négociant
au-dehors avec Cobourg, au-dedans avec la faction
d'Orléans. Robespierre, Danton et Marat étaient,
chacun avec des vues différentes d'ambition person-
nelle, les principaux agens de ce parti, et Louvet n'a
jamais douté que, vendus aux puissances, mais en
même temps tous prêts à s'emparer de l'autorité, si
l'occasion devenait favorable, ils dirigeaient leurs

crimes d'après ce double intérêt. C'est ainsi qu'il en avait parlé aux Girondins, mais aucun d'eux n'osait faire de cette *hypothèse* la base de sa conduite politique. Aussi disait-il souvent: Ces hommes courent à l'échafaud; il faudrait promptement me séparer d'eux, si leur cause n'était pas celle du devoir et de la vertu.

Le hasard vint enfin dessiller leurs yeux. Un ami de Guadet, récemment sorti des prisons d'Autriche, lui apprit que le général Cobourg se flattait que vingt-deux têtes tomberaient avant peu dans la convention. Le représentant rit d'abord de cette étrange prophétie; mais quel fut son étonnement, lorsque huit jours après le maire Pache se présenta à la barre de l'assemblée pour demander au nom des sections de Paris la proscription de *vingt-deux* membres. Une telle coïncidence de nombre frappa vivement les Girondins; sur-le-champ ils dénoncèrent Marat, et obtinrent contre lui un décret d'accusation. Si cette mesure fut illusoire, il n'en resta pas moins démontré combien était juste la pensée de Louvet.

Les dangers dont il était de plus en plus menacé, ajoutaient à sa véhémence ordinaire. Dans les séances du 20 avril et 19 mai 1793, il s'éleva contre la commune de Paris, et la dénonça comme ayant établi une correspondance factieuse avec les quarante-quatre mille commmunes de la république; comme employant les deniers destinés à l'approvisionnement de la ville à faire colporter ses arrêtés; et comme se livrant à de scandaleuses orgies, dans lesquelles plusieurs Municipaux avaient forcé les épouses et les filles des *suspects* à danser devant eux, et leur avaient jeté ensuite les restes de leur table. Plus tard il embrassa la défense des pères de famille que l'infame Léonard Bourdon avait fait arrêter à Orléans.

De si généreux efforts ne purent arrêter les progrès de La Montagne; trop peu de patriotes avaient l'intrépidité de Louvet; trop peu de Girondins savaient, comme lui, affronter et combattre les conspirateurs autrement que par des discours. Les clameurs des tribunes étouffaient leurs voix éloquentes, et Robespierre avait pour lui les *ordres du jour* d'un centre toujours officieux et toujours servile. L'issue du combat ne fut pas long-temps douteuse : Louvet, compris dans une nouvelle liste de proscription, portée le 31 mai à la convention par la municipalité de Paris, fut décrété d'accusation le 2 juin. Pendant quinze jours il demeura caché dans la capitale, incertain du parti qu'il devait prendre; informé enfin que plusieurs de ses collègues dirigeaient à Caen l'insurrection qui y avait éclaté, il n'hésita pas à s'y rendre lui-même. Mais dans la Normandie, comme par-tout, La Montagne avait ses agens, et l'armée d'Evreux promptement désorganisée, attesta leur présence dans ses rangs. Le général Wimpfen, qui la commandait, profita de cette circonstance pour offrir aux proscrits l'appui de l'Angleterre. Leur réponse fut telle qu'on devait l'attendre ; ils préfèrent un noble exil à des secours qu'il eût fallu acheter par une trahison.

Louvet suivit en Bretagne le bataillon du Finistère qu'on venait de licencier. Sous cette égide, il échappa aux dangers dont les tyrans environnent ses pas. Mais contraint de continuer sa route, avec ses seuls compagnons d'infortune; il revêtit comme eux le costume de Volontaires et s'engagea dans les sentiers les plus impraticables. Un seul trait, puisé dans les récits de Louvet, peindra les fatigues et les tourmens de cette marche. « Il était huit heures, et il y
« en avait trente et une que, depuis notre demi-
« couchée à Roternheim, nous nous traînions de
« piége en piége, de faux pas en faux pas. Nous tom-
« bions de fatigue, de sommeil et de faim. Nous
« étions couchés dans l'eau ; car l'orage était si fort
« que, malgré de grands arbres, la pluie tombait sur
« nous par torrens. Il paraissait impossible que le
« plus robuste résistât à une telle situation. Je l'avoue,
« l'heure du découragement était venue; Riouffe et
« Girey-Dupré, dont l'inépuisable gaieté s'était sou-
« tenue jusqu'alors, ne nous donnaient plus que des
« sourires. Le bouillant Cussy accusait la nature;
« Salles se dépitait; Buzot paraissait accablé; Barba-
« roux même sentait sa grande ame affaiblie; moi je
« voyais dans mon espingole notre dernière res-
« source. Péthion seul, et c'est ainsi que je l'ai vu

« dans toute cette route, Péthion, inaltérable, bravait
« tous les besoins, gardait un front calme au milieu
« de ces nouveaux périls et souriait aux intempéries
« d'un ciel ennemi. »

Louvet, après avoir rejoint à Quimper, sa fidèle Lodoïska dut se resoudre à une plus longue séparation. Il ne restait plus d'asyle sûr dans la Bretagne, et les députés firent voile vers la Gironde, où ils espéraient trouver de nombreux partisans. Les gouffres de l'océan furent moins impitoyables que cette terre, objet de tous leurs vœux. A peine en avaient-ils touché le sol, qu'une légion d'ennemis fondit sur leurs traces. C'est dans les Mémoires même de Louvet qu'il faut chercher ce tableau déchirant. On y verra des hommes vertueux lutter péniblement contre des dangers de tous les jours, de toutes les heures, de toutes les minutes, affaiblis par de longues fatigues, exténués par de dures privations, chercher vainement une place où ils pussent reposer leurs têtes; on verra le pays dont ils ont illustré le nom, refuser un appui à leur misère, et ne leur présenter, au lieu d'un refuge inviolable, que des poignards menaçans. Ils avaient compté sur des amis! en est-il pour les infortunés ? pas une porte ne s'ouvre pour les recevoir; les citoyens dont ils allaient toucher les foyers, s'effrayant d'autant plus qu'ils avaient professé les mêmes opinions, regardaient la seule présence de ces proscrits comme un crime dont il eut fallu se purifier, et attendaient en frémissant le moment de leur départ.

Mais Louvet reconnut aussi que les grands cœurs s'élèvent et s'épurent au milieu de ces adversités qui enfantent la corruption chez la plupart de hommes. Les ames fortes ne calculent ni l'étendue des périls, ni les difficultés qui les environnent; elles n'envisagent que la grandeur d'une entreprise ou la gloire d'un sacrifice; pour agir elles n'attendent point d'impulsions étrangères, et s'élèvent sans effort au plus haut degré de l'héroïsme. Telle parut Charlotte Corday lorsqu'elle se prépara à délivrer son pays; telle, dans la Gironde, madame Bonquey déroba les proscrits à la rage de leurs oppresseurs; mais cette femme dont l'hospitalité était le seul crime, tomba bientôt sous le glaive des bourreaux.

Les députés, désormais sans appui, se séparèrent pour échapper aux recherches et se dirent un adieu qui devait être éternel. Plus à plaindre dans leur isolement, ils sentirent s'affaiblir cette puissance de l'ame, qui fait supporter avec calme et même avec quelque orgueil, d'injustes persécutions. Pour eux plus d'illusion de bonheur public et de liberté; la tyrannie les enveloppe, les resserre, les menace; la vie ne se présente à eux que comme un douloureux supplice.

Louvet est encore capable d'une résolution : irrité, et non abattu par le poids des outrages, il repousse d'indignes terreurs, et jure de s'y soustraire. Au mo-

ment de commencer cette grande entreprise, il écrivait : « Je vous l'ai dit cent fois : il y a des extrémités
« au-delà desquelles on ne doit pas traîner la vie.
« Cent fois je vous ai prévenus que, lorsque j'en serai
« à ce point de détresse, au lieu de me tirer un coup
« de pistolet, je me mettrai sur la route de Paris.
« Mille à parier contre un que je n'arriverai pas, je
« le sais ; mais mon devoir est de le tenter. Ce n'est
« qu'ainsi qu'il m'est permis de me donner la mort ;
« ma famille, mes amis de vingt ans ont encore sur
« moi cet empire. Il faut que mes amis sachent qu'a-
« bandonné du monde entier, je leur ai donné ce
« témoignage d'estime de ne pas désespérer d'eux, et
« de tenter un dernier effort pour m'aller reposer
« dans leurs bras. Il faut sur-tout que Lodoïska voye
« qu'en tombant j'avais encore le visage tourné vers
« elle !

« Je pars. Vous allez jouir d'un spectacle digne de
« quelqu'attention ; vous allez contempler un homme,
« un homme seul aux prises avec la fortune et devant
« un monde d'ennemis. »

Il suffit de se rappeler le temps où Louvet conçut une idée si hardie, pour apprécier les justes motifs de crainte qui auraient dû l'en détourner. Toutefois il parvint à l'accomplir, et arriva sain et sauf au milieu de la capitale. Mille fois il avait cru toucher à sa dernière heure, son imperturbable sang-froid lui fit surmonter tous les obstacles. Là, il apprend, sans verser de larmes, la fin tragique de madame

Rolland ; ailleurs, l'apologie de Marat n'excite ni son indignation ni sa colère; plus loin un voyageur, en s'adressant à lui, chante une romance de Faublas ; un geste, un mot pouvaient le trahir : et le couteau fatal était incessamment sur sa tête.

« Au reste, ajoute-t-il lui-même, il faut avoir été
« proscrit pour savoir comme il est difficile et gênant
« d'avoir, à chaque instant du jour, ses pas à mesu-
« rer, son haleine à ne pousser que doucement, un
« éternuement à étouffer, un rire, un cri, le moin-
« dre bruit à réprimer. Cette contrainte, si petite en
« apparence, devient douleur, péril et tourment par
« sa continuité. »

Louvet avait rejoint Lodoïska, mais ses cruelles épreuves n'étaient point à leur terme : à Paris comme dans la Gironde, il tenta tour-à-tour, et tour-à-tour éprouva la constance de ses amis; comme dans la Gironde, il fut forcé de reconnaître que le malheur porte avec lui le sceau de la réprobation, et que, semblable à un fléau contagieux, il éloigne tout de ses approches.

Le JURA lui offrait d'impénétrables cavernes, Louvet courut s'y réfugier. « De l'antre profond où je
« m'étais jeté, sur les âpres montagnes qui de ce côté
« limitent la France, je voyais, je touchais, pour
« ainsi dire, l'antique Helvétie. Au premier bruit, à
« la moindre alarme, je pouvais me précipiter sur
« le territoire neutre, puis ayant vu passer l'ennemi,
« remonter à ma retraite, et rentrer en même temps
« dans ma patrie. »

C'est dans cet asyle que Louvet, pressé par le besoin de soulager son cœur, entreprit de raconter, avec cette vivacité d'expression qu'il sut répandre dans tous ses écrits, les détails de sa fuite et de ses périls. Son ouvrage, dicté pour l'histoire, produisit à sa naissance beaucoup de sensation; il fut traduit dans presque toutes les langues de l'Europe.

Mais le 9 thermidor vint rendre Louvet à sa patrie. Non pas à ses fonctions: tous les jacobins de la Convention n'étaient pas encore abattus, et les complaisans ministres de Robespierre n'avaient pas tous secoué leurs terreurs. La demande de Louvet, de reprendre sa place dans l'assemblée, fut long-temps écartée. Mais l'opinion qui règne sur les républiques, comme sur les monarchies, l'emporta enfin sur les considérations de la haine et de la peur. Le 8 mars 1795, Marie-Joseph Chénier, qu'une amitié sincère unissait depuis long-temps à Louvet, réclama de nouveau le rappel des proscrits du 31 mai. Son discours fut digne des hommes dont il révendiquait les droits.

« Ils ont fui, dites-vous? ils se sont cachés? ils ont
« enseveli leur existence au fond des cavernes, comme
« autrefois les martyrs des Cevennes? Voilà donc leur
« crime! Eh! plût aux destinées de la république que
« ce crime eût été celui de tous, dans un temps où les
« talens célèbres, où les vertus courageuses ne pou-
« vaient espérer une longue impunité! pourquoi ne
« s'est-il pas trouvé de cavernes assez profondes pour
« conserver à la patrie les méditations de Condorcet,

« l'éloquence de Vergniaud? les nombreux succes-
« seurs de Barneweldt et de Sidney n'avaient pas
« besoin de chercher la gloire sur l'échafaud. Quand
« la surface de la terre était soumise au pouvoir arbi-
« traire, pourquoi n'ont-ils pas poursuivi la liberté
« dans la profondeur des abymes? Et pourquoi le
« 10 thermidor, après le supplice des triumvirs, une
« terre hospitalière et libérale, n'a-t-elle pas rendu au
« jour purifié cette colonie souterraine d'orateurs pa-
« triotes, de philosophes républicains, dont la sagesse
« et l'énergie auraient si puissamment servi l'état dans
« la prochaine et dernière lutte de l'égalité contre les
« priviléges, de la liberté contre les rois? »

A peine rentré dans la Convention, Louvet prit la parole pour adresser un touchant hommage à la mémoire de ses amis morts sur l'échafaud, et deux jours après il demanda qu'on décréta que tous ceux qui avaient pris les armes contre La Montagne, avaient bien mérité de la patrie. Le 22 mars, il embrassa la défense des proscrits contre leurs anciens oppresseurs, et notamment contre Robert Lindet et Lecointre.

Cependant, le retour de la Convention à des principes plus modérés, avait réveillé l'espoir des contre-révolutionnaires; ce parti qui ne devait un reste d'existence qu'aux crimes de jacobins, renouvela ses efforts contre les républicains, et précipita dans l'enceinte de la représentation nationale une multitude forcenée. Cette scène d'horreurs s'ouvrit par l'assassinat du généreux Féraud. Louvet qui dans cette journée avait montré son courage ordinaire, se chargea d'exprimer les regrets de la Convention. Il pleurait un ami, un martyr de la liberté; son triomphe fut celui de l'éloquence : tous les cœurs furent attendris, tous les yeux se remplirent de larmes au souvenir de cet événement.

Entrée à la commission chargée de présenter les lois organiques de la constitution, il s'opposa à la création d'un comité unique de gouvernement, et soutint la nécessité d'une loi contre les provocateurs. Sa constance lui mérita la haine des contre-révolutionnaires. Ces anarchistes qui, sous le règne de La Montagne, n'avaient pas trouvé assez de bassesses pour se faire oublier, fiers alors par l'absence du danger, se montraient escortés d'assassins, vieux compagnons de Marat, et haranguaient la populace, du haut de ces mêmes bornes où les avaient précédés Hébert et Henriot. Louvet eut plusieurs fois l'honneur de s'entendre insulter par eux. Un jour, poursuivi dans les rues par une troupe de gens armés de bâtons, qui le menaçaient en chantant derrière lui le *réveil du peuple*, il les conduisit sans se déconcerter jusqu'à sa demeure, ouvrit sa porte, se retourna vers la foule, et ne rentra dans sa maison qu'après leur avoir adressé ce vers de la *Marseillaise* : « *Que veut cette horde d'esclaves ?* »

Louvet menacé par les terroristes de 1795, comme il l'avait été par ceux de 1793, demeura fidèle aux principes d'éternelle justice qui réprouvent les instrumens de toutes les tyrannies. Il vota avec véhémence pour que les députés, accusés de complicité dans les excès du 1er prairial, ne fussent pas traduits devant une des commissions militaires, dont l'existence lui paraissait aussi barbare, aussi attentatoire à la liberté que celle des tribunaux révolutionnaires. Le 19 juin il fut élu président de la Convention et le 3 juillet membre du comité de salut public.

Devenu membre du conseil des cinq-cents lors de l'organisation constitutionnelle de l'an 3, Louvet s'y montra plus ardemment attaché à la cause de la liberté attaquée dans les conseils par une faction puissante, composée d'hommes de tous les partis. Mécontent du directoire dont l'inhabileté, la faiblesse et les divisions n'étaient guère moins alarmantes que l'audace de ses ennemis, il prévit les malheurs que les violences du 18 fructidor allaient attirer sur sa patrie. Il fut poursuivi, accusé devant les tribunaux par d'infâmes libellistes qui n'étaient dignes d'apprécier ni la noblesse de son ame, ni la bonté de son cœur, ni la droiture de ses sentimens. Louvet, calomnié par Isidore Langlois, se vit condamné comme calomniateur. Cet intervertissement de tous les principes fit sur lui une impression profonde. La chaleur d'un combat polémique avait altéré sa santé; son ame ne s'était agrandie à l'école du malheur qu'aux dépens de son tempérament délicat. Contraint d'abandonner ses travaux, il ne pouvait plus prouver son amour pour la patrie, en combattant la réaction qui désolait la république. Sorti du corps législatif le 20 mai 1797, il transporta à l'hôtel de Sens, faubourg Saint-Germain, le beau magasin de librairie qu'il avait formé depuis trois ans au Palais-Royal. Le gouvernement l'avait nommé consul à Palerme, et ses amis espéraient beaucoup du ciel qui l'attendait. Cette illusion ne dura pas long-temps; Louvet se voyait mourir avec une indifférence vraiment stoïque, mais désolante pour ceux qui l'entouraient. Deux jours encore avant sa mort, il s'applaudissait de finir avant la république.

Le 5 août 1797, il rendit le dernier soupir.

Voici le portrait que nous a laissé de lui madame Rolland, dont le beau caractère était fait pour l'apprécier.

« Louvet est petit, fluet, la vue basse et l'habit
« négligé; il ne paraît rien au vulgaire, qui ne remar-
« que pas la noblesse de son front, et le feu dont
« s'animent ses yeux à l'expression d'une grande
« vérité. Les gens de lettres connaissent ses jolis ro-
« mans; la politique lui doit des objets plus graves.
« Il est impossible de réunir plus d'esprit à moins de
« prétentions et plus de bonhomie; courageux comme
« un lion, doux comme un enfant, homme sensible,
« bon citoyen, écrivain vigoureux, il peut faire
« trembler Catilina à la tribune et souper chez Bachau-
« mont. »

Après avoir partagé ses périls et ses disgraces, sa

femme qui lui prodigua de si douces consolations, Lodoïska ne put se résoudre à supporter la perte de l'homme qu'elle avait tant aimé. Elle s'empoisonna. Sa famille avertie de ce funeste événement, la força de prendre un antidote qui, en prolongeant son existence de quelques années, étendit le cours de ses regrets.

Louvet a été peut-être celui de tous les membres de nos assemblées délibérantes qui soit resté le plus invariablement attaché à ses principes. Les temps et les circonstances n'eurent aucune influence sur lui, dans le cours de cette révolution où l'on vit tant de fois changer, s'évanouir, et reparaître pour s'éclipser encore, les mille nuances de l'opinion. Aussi l'a-t-on jugé démagogue sous la Constituante, modéré durant la Terreur, et républicain exagéré dans le conseil des cinq-cents. Qu'on examine sa conduite : toujours ennemi de l'arbitraire, quel que fut la forme qu'il empruntât, il l'attaqua sans relâche. Inaccessible à la corruption, comme à la menace, inébranlable dans ses devoirs, il sacrifia la fortune aux intérêts du peuple, défendit la liberté au péril de ses jours, et la défendit encore lorsque, victime de l'anarchie, il eut payé par une proscription impitoyable l'honneur d'un si beau dévouement. « Puisque même
« en un pays que je croyais prêt à se régénérer,
« disait-il en mourant, les gens de bien sont si lâches
« et les méchans si furieux, il est clair que toute agré-
« gation d'hommes, improprement appelée PEUPLE

« par des insensés tels que moi, n'est réellement
« qu'un imbécile troupeau, trop heureux de ramper
« sous un maître. »

Il nous semble, à ses derniers momens, entendre le vertueux Brutus s'écrier avec douleur : *Vertu ! tu n'es qu'un vain nom !*

Paris, 16 février 1821.

FIN DE LA NOTICE.

ÉPITRE DÉDICATOIRE

DES CINQ PREMIERS VOLUMES INTITULÉS :

UNE ANNÉE.

Ils parurent, pour la première fois, en 1786.

A M. BR***, fils.

Notre amitié naquit, pour ainsi dire, dans ton berceau ; elle fut l'instinct de notre premier âge, et l'amusement de notre adolescence : nourrie par l'habitude, fortifiée par la réflexion, elle fait le charme de notre jeunesse. Ton indulgence a toujours encouragé mes faibles talens ; ce fut toi qui, le premier, m'invitas à les essayer ; c'est toi qui naguères m'as pressé de descendre dans la vaste carrière où se sont égarés avant moi tant de jeunes gens présomptueux. Peut-être comme eux je m'y serai trop tôt montré ; mais enfin je t'ai cru, j'ai écrit, je te dédie mon premier ouvrage.

La critique ne manquera pas de dire, que très-heureusement pour les lecteurs, la mode de ces longs discours complimenteurs, toujours placés à la tête d'un livre somnifère, est depuis long-temps passée. Je répondrai qu'il ne s'agit pas ici d'un fade éloge, donné, pour de bonnes raisons, à quelque riche ennobli, ou à quelque petit commis protecteur. Je répondrai que si l'usage des épîtres dédicatoires n'avait pas existé depuis long-temps, il m'eût fallu l'inventer aujourd'hui pour toi.

O mon ami! ta respectable mère, ton père bienfaisant m'ont rendu des services qu'on ne paie point avec de l'or; des services que jamais je ne pourrais acquitter, quand même je deviendrais aussi riche que je le suis peu. Ton père et ta mère m'ont sauvé la vie: dis-leur que j'aime la vie à cause d'eux. Ils se sont efforcés de me donner un état, qu'on croit noble et libre: dis-leur que l'espérance de devenir un jour avec toi l'appui de leur vieillesse respectée, anima mon courage dans les cruelles épreuves qu'il m'a fallu subir, et me soutiendra toujours dans mes travaux. Ils se sont réunis à toi pour m'engager à cultiver les lettres: dis-leur que si le chevalier de Faublas ne meurt pas en naissant, j'oserai le leur présenter, lorsque mûri par l'âge, instruit par l'expérience, devenu moins frivole et plus réservé, ce jeune homme me paraîtra digne d'eux.

Quant à toi, j'espère que cet hommage public, rendu par la reconnaissance à la bienfaisance et à l'amitié, te flattera d'autant plus, qu'il ne fut point mendié, et que peut-être il n'était pas attendu.

Je suis ton ami,

Louvet.

EPITRE DÉDICATOIRE

PRÉFACE, AVERTISSEMENT

DES SIX SEMAINES.

Cet ouvrage fut publié, pour la première fois, au printemps de 1786.

A M. TOUSTAING.

Monsieur,

Votre nom, destiné à plusieurs sortes de gloire, est en même temps consigné dans les fastes de la littérature et dans les annales de l'histoire. On devrait donc le lire à la tête d'un ouvrage plus recommandable que celui-ci; mais je serais trop ingrat si je ne vous offrais point un hommage et des remerciemens publics. Que ne m'a-t-il été possible de suivre vos conseils! Faublas, pour la seconde fois soumis à votre censure (1), vous aurait, avec bien d'autres obligations, celle de se montrer déjà beaucoup plus formé. Vous paraissez croire, et vous voulez bien me dire que je pourrais, avec quelque succès, embrasser un genre plus sérieux, et que je devrais consacrer à la morale et à la philosophie mes dispositions, que vous appelez mes talens. Quelquefois je vous ai vu sourire aux espiègleries de mon *Chevalier;* plus souvent je vous ai entendu m'exprimer sans détour le regret que vous aviez de le trouver toujours si peu raisonnable. J'ai eu l'honneur de vous observer qu'il pourrait, comme tant d'autres enfans de bonne maison, complètement réparer, par les actions exemplaires de l'âge mûr, les erreurs peut-être excusables de son printemps. Ici j'ajouterai, que pour corriger les écarts du jeune homme, l'historien fidèle attend impatiemment que l'heure du héros soit venue; et, si cet aveu ne suffit pas pour m'obtenir grace auprès des gens sévères, je citerai ma justification imprimée long-temps avant que je fusse né pour commettre la faute. Dans un conte philosophique, écrit avec la facilité prodigieuse et l'inimitable naturel qui caractérisent les ouvrages de ce génie universel, presque toujours supérieur à son sujet, Voltaire m'a dit : « Mon-

---

(1) Aujourd'hui qu'il n'y a plus de censure, je dois encore rendre justice à M. Toustaing; il était du petit nombre de ces censeurs qui ne se faisaient point un malin plaisir de tourmenter les gens de lettres. (Note de 1791.)

« seigneur, vous avez rêvé tout cela; nos idées ne
« dépendent pas plus de nous dans le sommeil que
« dans la veille. Une puissance supérieure a voulu que
« cette file d'idées vous ait passé par la tête, pour
« vous donner apparemment quelque instruction dont
« vous ferez votre profit. »

Je suis, etc.
LOUVET DE COUVRAY.

P. S. Pourquoi *de Couvray?* Voyez la page suivante, et vous le saurez.

A MON SOSIE.

Je ne sais, monsieur, si vous êtes l'heureux propriétaire d'une figure semblable à la mienne, et si, comme moi, vous descendez de ce fameux Louvet... Je ne sais, mais il ne m'est plus permis de douter que nous avons à-peu-près le même âge; que nous sommes décorés d'un titre presque semblable; que nous nous glorifions d'un nom absolument pareil. Je suis sur-tout frappé d'un trait de ressemblance plus précieux pour nous, plus intéressant pour la patrie; c'est que nous pourrons aller ensemble à l'immortalité, puisque tous deux nous composons de très-jolie prose, puisque tous deux nous nous faisons imprimer vifs.

J'aime à croire que cette parfaite analogie vous a d'abord semblé, comme à moi, très-flatteuse; et cependant je suis persuadé que maintenant vous sentez, ainsi que moi, le terrible inconvénient qu'elle entraîne. A quelle marque certaine deux rivaux si ressemblans, en même-temps lancés dans la vaste carrière, seront-ils reconnus et distingués? Quand le monde retentira de notre éloge commun; quand nos chefs-d'œuvres, pareillement signés, voyageront d'un pôle à l'autre, qui séparera nos deux noms confondus au temple de Mémoire? Qui me conservera ma réputation, que sans cesse vous usurperez sans vous en douter? Qui vous restituera votre gloire, que je vous volerai continuellement sans le vouloir? Quel homme assez pénétrant pourra, par une assez équitable répartition, rendre à chacun la juste portion de célébrité que chacun aura méritée? Que ferai-je pour qu'on ne vous prête pas tout mon esprit? Comment empêcherez-vous qu'on ne me gratifie de toute votre éloquence? Ah! monsieur! monsieur!

Il est vrai que l'ingrate fortune a mis entre nos destinées une différence pour vous toute avantageuse : vous êtes avocat *au*, je ne suis qu'avocat *en;* vous avez prononcé, dans une grande *assemblée*, un grand *discours*, je n'ai fait qu'un petit roman. Or, tous les orateurs conviennent qu'il est plus difficile de haranguer le public, que d'écrire dans le cabinet; et tous les gens instruits sont épouvantés de l'immense intervalle qui sépare les avocats *en* des avocats-*au*. Mais je vous observe qu'il y a encore dans l'état des milliers d'ignorans qui ne connaissent ni mon roman, ni votre discours, et qui, dans leur profonde insouciance, ne se sont pas donné la peine d'apprendre quelles belles prérogatives sont attachées à ce petit mot *au*, dont, à votre place, je serais très-fier. Ainsi, monsieur, vous voyez bien que malgré le roman et le discours, et le *en* et le *au*, tous ces gens-là, qui ne peuvent manquer d'entendre bientôt parler de vous et de moi, nous prendraient continuellement l'un pour l'autre. Ah! monsieur, croyez-moi, hâtons-nous d'épargner à nos contemporains ces perpétuelles méprises qui donneraient trop d'embarras à nos neveux.

D'abord j'avais imaginé que, vous trouvant le plus intéressé à prévenir les doutes de la postérité, vous voudriez bien faire comme vos nobles confrères, qui, pour la plus grande gloire du barreau, augmentent ordinairement d'un superbe surnom leur baptistère, devenu trop modeste. Depuis, en y réfléchissant davantage, j'ai senti que délicatement je devais me donner ce ridicule pour vous l'épargner. Voilà ce qui me détermine. Vous pouvez, si bon vous semble, rester M. Louvet tout court; moi, je veux être éternellement,

LOUVET DE COUVRAY.

La seconde édition s'étant faite en 1790, j'ajoutai la note suivante (1).

A ELLE.

J'AURAIS osé le lui dédier, s'il s'en fût trouvé digne.

---

(1) Oui; mais ne voilà-t-il pas que la plus impertinente des révolutions m'enlève ma noblesse d'hier! Que je suis heureux d'avoir un nom de baptême! Va donc pour JEAN-BAPTISTE LOUVET.

PRÉFACE

DE LA FIN DES AMOURS.

Cet ouvrage fut publié, pour la première fois, en juillet 1789.

Que de bruit pour un petit livre! Si beaucoup en ont ri, quelques-uns en ont pleuré; plusieurs l'ont imité, d'autres l'ont travesti; d'honnêtes gens l'ont contrefait, des gens honnêtes l'ont dénigré. Ainsi, puissamment encouragé de toutes les manières, j'ai repris la plume avec quelque confiance, et j'ai fini.

Maintenant, lecteur impartial, c'est à vous de m'entendre et de prononcer. Si quelquefois je suis trop gai, pardonnez-moi. Tant de romans m'avaient tant fait bâiller! Je tremblais d'être comme eux soporifique; au reste, attendez quelques années, peut-être alors j'en ferai de plus ennuyeux qui seront meilleurs. Je dis, peut-être. En effet, un romancier ne doit-il pas être l'historien fidèle de son âge? Peut-il peindre autre chose que ce qu'il a vu? O vous tous qui criez si fort, changez vos mœurs, je changerai mes tableaux!

M'accusiez-vous aussi d'immoralité? Bientôt je tâcherai de vous persuader que vous aviez tort; mais auparavant, approchez, prêtez l'oreille : c'est une vérité que je vais dire; et, comme la littérature a encore ses aristocrates, il faut parler bas. En conscience, étaient-ils bien moraux, ces chefs-d'œuvre par lesquels se sont immortalisés l'Arioste et le Tasse, La Fontaine et Molière, Voltaire enfin, Voltaire et tant d'autres, beaucoup moins grands que lui, quoique plus grands que moi? Tenez, j'ai bien peur que cette condition de moralité, si rigoureusement imposée de nos jours à tout ouvrage d'imagination, ne soit un violent remède savamment employé par ceux de mes frêles contemporains qui, désespérant de pouvoir jamais rien produire, voudraient nous châtrer.

Quoi qu'il en soit, lisez mon dénouement, il me justifiera sans doute. Au surplus, je déclare, et dès que les circonstances me le permettront, je m'engage à prouver que cet ouvrage, si frivole en ses détails, est au fond très-moral; qu'il n'a peut-être pas vingt pages qui ne marchent directement vers un but d'utilité première, de sagesse profonde, auquel j'ai tendu sans cesse. J'avoue qu'il sera donné à peu de gens de l'apercevoir d'abord; mais je maintiens qu'avec le temps, je le pourrai découvrir à tous; et le jour de mes confidences sera, je vous le promets, le jour des surprises.

Ils m'ont encore reproché de grandes négligences. Eh! quel écrivain, assez peu maître de son art, voudrait également soigner toutes les parties d'un long ouvrage? Quant à moi, je crois fermement qu'il n'y a point de naturel sans négligences, principalement dans le dialogue. C'est là que, pour être plus vrai, sacrifiant par-tout l'élégance à la simplicité, je serai souvent incorrect, et quelquefois trivial. C'est, ce me semble, où le personnage va parler, que l'auteur doit cesser d'écrire; et néanmoins je me reconnais très-fautif, s'il m'est souvent arrivé de permettre que madame de B*** s'exprimât comme Justine, et Rosambert comme M. de B***.

Patient lecteur, encore un paragraphe apologétique.

Ces romans prétendus étrangers, qu'on s'arrache le matin et qui sont oubliés le soir, ne renferment, pour la plupart, que des caractères communs à presque tous les peuples de notre Europe, et des aventures de tous les pays. J'ai tâché que FAUBLAS, frivole et galant comme la nation pour laquelle et par laquelle il fut fait, eût, pour ainsi dire, une figure française. J'ai tâché qu'au milieu de tous ses défauts on lui reconnût le ton, le langage et les mœurs des jeunes gens de ma patrie. C'est en France, et ce n'est qu'en France, je crois, qu'il faudra chercher les autres originaux dont j'ai trop faiblement dessiné les copies : des maris en même temps libertins, jaloux, commodes et crédules comme monsieur le marquis; des beautés séduisantes, trompées et trompeuses comme madame de B***; des femmes à-la-fois étourdies et sensibles comme ma petite Éléonore, chaque jour regrettée. Enfin, je me suis efforcé de faire en-sorte qu'on ne pût, sans blesser un peu la vraisem-blance, imprimer sur le frontispice de ce roman-ci ce honteux mensonge : *traduit de l'anglais*.

Mais pendant que j'écrivais ces futilités, un grand changement s'est fait dans mon heureuse patrie. La plus belle carrière est désormais ouverte à ceux qui ambitionneront une gloire solide, utile à leur pays, utile au monde entier. La carrière est ouverte! Pourquoi ne m'y suis-je pas déja montré? C'est que je ne m'en crois pas encore digne (1).

---

(1) Il n'y avait pas huit jours que cette espèce de préface était écrite, quand l'ouvrage de M. Monnier a paru. L'indignation dont il m'a rempli m'a forcé à prendre la plume. Voyez la brochure intitulée : *Paris justifié*.

UNE ANNÉE DE LA VIE DU CHEVALIER DE FAUBLAS.

On m'a dit que mes aïeux, considérés dans leur province, y avaient toujours joui d'une fortune honnête et d'un rang distingué. Mon père, le baron de Faublas, me transmit leur antique noblesse sans altération ; ma mère mourut trop tôt. Je n'avais pas seize ans, quand ma sœur, plus jeune que moi de dix-huit mois, fut mise au couvent à Paris. Le baron, qui l'y conduisit, saisit avec plaisir cette occasion de montrer la capitale à un fils pour l'éducation duquel il n'avait rien négligé jusqu'alors.

Ce fut en octobre 1783, que nous entrâmes dans la capitale, par le faubourg Saint-Marceau. Je cherchais cette ville superbe dont j'avais lu de si brillantes descriptions. Je voyais de laides chaumières très-hautes, de longues rues très-étroites, des malheureux couverts de haillons, une foule d'enfans presque nus ; je voyais la population nombreuse et l'horrible misère. Je demandai à mon père si c'était là Paris : il me répondit froidement que ce n'était pas le plus beau quartier ; que le lendemain nous aurions le temps d'en visiter un autre. Il était presque nuit ; Adélaïde (c'est le nom de ma sœur) entra dans son couvent, où elle était attendue. Mon père descendit avec moi près de l'Arsenal, chez M. du Portail, son intime ami, de qui je parlerai plus d'une fois dans la suite de ces mémoires.

Le lendemain mon père me tint parole ; en un quart-d'heure une voiture rapide nous conduisit à la place Louis XV. Là nous mîmes pied à terre : le spectacle qui frappa mes yeux les éblouit de sa magnificence. A droite, *la Seine à regret fugitive* ; sur la rive de vastes châteaux ; de superbes palais à gauche ; une promenade charmante derrière moi ; en face un jardin majestueux. Nous avançâmes, je vis la demeure des rois. Il est plus aisé de se figurer ma comique stupéfaction que de la peindre. A chaque pas, des objets nouveaux attiraient mon attention; j'admirais la richesse des modes, l'éclat de la parure, l'élégance des manières. Tout-à-coup je me rappelai ce quartier de la veille, et mon étonnement s'accrut; je ne comprenais pas comment il se pouvait qu'une même enceinte renfermât des objets si différens : l'expérience ne m'avait pas encore appris que partout les palais cachent des chaumières, que le luxe produit la misère, et que de la grande opulence d'un seul naît toujours l'extrême pauvreté de plusieurs.

Nous employâmes plusieurs semaines à visiter ce que Paris a de plus remarquable. Le baron me montrait une foule de monumens célèbres chez l'étranger, presque ignorés de ceux qui les possèdent. Tant de chefs-d'œuvre m'étonnèrent d'abord, et bientôt ne m'inspirèrent plus qu'une froide admiration. Sait-on bien, à quinze ans, ce que c'est que la gloire des arts et l'immortalité du génie? Il faut des beautés plus animées pour échauffer un jeune cœur.

C'était au couvent d'Adélaïde que je devais rencontrer l'objet adorable par qui mon existence allait commencer. Le baron, qui chérissait ma sœur, allait presque tous les jours la demander au parloir. Toutes les demoiselles bien nées savent qu'au couvent on a des bonnes amies ; beaucoup de belles dames assurent qu'il est rare d'en trouver ailleurs. Quoi qu'il en soit, ma sœur, naturellement sensible, eut bientôt choisi la sienne. Un jour elle nous parla de mademoiselle Sophie de Pontis, et nous fit de cette jeune personne un éloge que nous crûmes exagéré. Mon père fut curieux de voir la bonne amie de sa fille; je ne sais quel doux pressentiment fit palpiter mon cœur, lorsque le baron pria Adélaïde d'aller chercher mademoiselle de Pontis. Ma sœur y courut; elle amena.... figurez-vous Vénus à quatorze ans ! Je voulus avancer, parler, saluer; je restai le regard fixe, la bouche ouverte, les bras pendans. Mon père s'aperçut de mon trouble et s'en amusa : du moins, vous saluerez, me dit-il. Mon trouble s'augmenta; je fis la révérence la plus gauche. Mademoiselle, poursuivit le baron, je vous assure que ce jeune homme a eu un maître à danser. Je fus tout-à-fait déconcerté. Le baron fit à Sophie un compliment flatteur ; elle y répondit modestement, et d'une voix altérée qui retentit jusqu'à mon cœur. J'ouvrais de grands yeux étonnés, je prêtais une oreille attentive ; ma langue embarrassée demeurait toujours suspendue. Mon père, avant de sortir, embrassa sa fille, et salua mademoiselle de Pontis. Moi, dans un transport involontaire, je saluai ma sœur, et j'allais embrasser Sophie. La vieille gouvernante de cette demoiselle, conservant plus de présence d'esprit que moi, m'avertit de ma méprise; le baron me regarda d'un air étonné, le front de Sophie se couvrit d'une aimable rougeur, et pourtant un léger sourire effleura ses lèvres de rose.

Nous revînmes chez M. du Portail; on se mit à table; je mangeai comme un amoureux de quinze ans, c'est-à-dire vite et long-temps. Après dîner je prétextai une indisposition légère, et je me retirai dans mon appartement. Là, je me rappelai librement Sophie et tous ses charmes. Que de graces! que de beauté! me disais-je: sa charmante figure est pleine d'esprit, et son esprit, j'en suis sûr, répond à sa figure. Ses grands yeux noirs m'ont inspiré je ne sais quoi... c'est de l'amour, sans doute. Ah! Sophie, c'est de l'amour, et pour la vie! Revenu de ce premier transport, je me souvins d'avoir vu dans plusieurs romans les effets prodigieux d'une rencontre imprévue; le premier coup-d'œil d'une belle avait suffi pour captiver les sentimens d'un amant tendre, et l'amante elle-même, frappée d'un trait vainqueur, s'était sentie entraînée par un penchant irrésistible. Cependant j'avais lu de longues dissertations dans lesquelles des philosophes profonds niaient le pouvoir de la sympathie, qu'ils appelaient une chimère. Sophie! m'écriai-je, je sens bien que je vous aime ; mais avez-vous partagé mon trouble et mes agitations? L'air dont je m'étais présenté n'était pas très-propre à m'inspirer beaucoup de confiance; mais sa jolie voix, d'abord altérée, qu'elle avait eu peine à rassurer par degrés! ce doux sourire par lequel elle avait paru applaudir à ma méprise, et me consoler de ma privation!... L'espérance entra dans mon cœur; il me parut très-possible qu'en fait de tendresse, la philosophie radotât, et que les romans seuls eussent raison.

Je m'étais approché par hasard de ma fenêtre; je vis le baron et M. du Portail se promener à grands pas dans le jardin. Mon père parlait avec feu, son ami souriait de temps en temps, tous deux par intervalle jetaient les yeux sur mes croisées; je jugeai qu'il était question de moi dans leur entretien, et que déja peut-être mon père avait soupçonné ma passion naissante. Cette idée m'inquiéta, beaucoup moins pourtant que celle du départ de mon père, que je croyais prochain. Quitter ma Sophie, sans savoir quand je pourrais jouir du bonheur de la revoir! mettre plus de cent lieues entre elle et moi! je n'y pus penser sans frémir. Mille réflexions douloureuses m'occupèrent toute la soirée, je soupai tristement : j'ignorais encore les plaisirs de l'amour, et déja je ressentais ses inquiétudes mortelles.

Une partie de la nuit se passa dans les mêmes agitations. Je m'endormis enfin dans l'espérance de voir ma Sophie le lendemain ; son image vint embellir mes songes ; l'amour, propice à mes vœux, daigna prolonger un si doux sommeil. Il était tard quand je m'éveillai ; je n'appris pas sans chagrin qu'on m'avait laissé reposer, parce que mon père était sorti dès le matin, et ne devait rentrer que le soir. Je me désolais tout bas de ne pouvoir faire une visite à ma sœur, quand M. du Portail entra ; il me fit mille amitiés, et me demanda si j'étais content de la capitale : je l'assurai que je ne craignais rien tant que de la quitter. Il me déclara que je n'aurais pas ce déplaisir; que mon père, jaloux de donner une éducation très-soignée à l'unique héritier de son nom, et de veiller de très-près au bonheur d'une fille qu'il aimait, avait résolu de se fixer à Paris pendant quelques années, et que, pour y vivre d'une manière convenable à un homme de sa qualité, il allait faire sa maison.

Cette bonne nouvelle me causa une joie que je ne pus dissimuler ; M. du Portail en modéra l'excès en m'apprenant qu'on avait commencé par me choisir un honnête gouverneur et un fidèle domestique. A l'instant même on annonça M. Person.

Je vis entrer un petit monsieur sec et blême, dont la mine justifiait pleinement la mauvaise humeur que m'avait inspirée son titre. Il s'avança d'un air grave et composé, puis d'un ton lent et mielleux il commença : Monsieur, votre figure... content du mot qu'il avait dit, il s'arrêta cherchant le mot qu'il allait dire.... votre figure répond de votre personne. Je répliquai fort sèchement à ce doux compliment. Privé du bonheur de voir Sophie, je ne trouvais d'autre ressource que le plaisir de m'occuper d'elle, et M. l'abbé venait m'enlever cette consolation ! Je résolus de le pousser à bout ; dès la première journée j'y réussis passablement.

Le soir, mon père daigna me confirmer de sa propre bouche les arrangemens qu'il se proposait ; il me signifia en même temps, que désormais je ne sortirais plus qu'avec mon gouverneur : c'était m'avertir de l'intérêt que j'avais à le ménager. Ma situation devenait critique, et mon amour, irrité par les obstacles, semblait s'accroître avec ma gêne. J'avais fait d'assez bonnes études, mon gouverneur présomptueux s'était chargé du pénible emploi de les perfectionner; heureusement j'eus lieu de m'apercevoir aux premières leçons, que le disciple valait au moins l'instituteur. Monsieur l'abbé, lui dis-je, vous êtes capable d'enseigner autant que je suis curieux d'apprendre. Pourquoi nous gêner mutuellement? Croyez-moi, laissons-là des livres sur lesquels nous pâlirions gratis; allons voir ma sœur à son couvent, et si mademoiselle Sophie de Pontis vient au parloir, vous verrez comme elle est jolie. L'abbé voulut se fâcher; mais profitant de l'avantage que j'avais sur lui : Vous n'aimez pas l'exercice, à ce que je vois, lui répliquai-je : hé bien, restons ici; mais ce soir je déclare à M. le baron l'extrême desir que je me sens d'avancer dans mes études, et l'insuffisance absolue de celui qui s'est chargé de m'éclairer dans mes travaux. Si vous niez, je demande un examen, que mon père lui-même nous fera subir. L'abbé fut atterré de la force de mes derniers arguments; il fit une grimace épouvantable, prit sa petite canne et son humble chapeau : nous volâmes au couvent.

Adélaïde vint au parloir, accompagnée seulement de sa gouvernante, qu'on appelait Manon. Cette fille était un vieux domestique de ma mère, et nous avait élevés; je la priai de nous laisser, elle m'obéit sans peine. Restait le maudit petit gouverneur, qu'il n'était pas possible d'éloigner. Ma sœur se plaignit qu'on eût laissé passer plusieurs jours sans la venir voir; elle m'étonna en m'apprenant que le baron l'avait négligée autant que moi : nous pensâmes qu'il fallait qu'il fût bien préoccupé de ses projets nouveaux pour avoir oublié sa chère fille. Mais vous, Faublas, me dit Adélaïde, qui vous a retenu ces jours-ci ? Boudez-vous votre sœur et sa bonne amie ? vous seriez un ingrat. Mademoiselle de Pontis est sortie; revenez nous voir demain; sur-tout prenez garde aux méprises, et Sophie tâchera de faire votre paix avec sa vieille gouvernante, qui ne vous a pas encore bien pardonné vos distractions. Je dis à ma sœur qu'il fallait obtenir mon congé de monsieur l'abbé, que la rage du travail possédait sans relâche. Adélaïde croyant que je parlais sérieusement, adressa à mon grave instituteur les plus vives instances, que j'excitais par les miennes. Il soutint le persiflage plus paisiblement que je ne l'aurais cru; je remarquai même que lorsque je parlai de revenir, il observa qu'il était encore de bonne heure : cette complaisance me réconcilia tout-à-fait avec lui.

Mon père m'attendait chez M. du Portail pour nous conduire dans un hôtel fort beau, qu'il venait de louer faubourg Saint-Germain. Je fus mis le soir même en possession de l'appartement qu'il m'y avait marqué. Je trouvai là Jasmin, ce domestique dont on m'avait parlé : c'était un grand garçon de bonne mine ; il me plut au premier coup-d'œil.

Boudez-vous votre sœur et sa bonne amie? vous seriez un ingrat, m'avait dit Adélaïde. Je me répétai cent fois ce reproche, et le commentai de cent manières différentes. Il avait donc été question de moi? on m'avait donc attendu? j'avais donc été desiré? Que la nuit me parut longue ! que la matinée fut mortelle ! quel tourment d'entendre sonner les heures, et de ne pouvoir hâter celle qui nous rapproche de l'objet aimé !

Il arriva enfin le moment si desiré ! je vis ma sœur, je vis Sophie, non moins belle et plus jolie que la première fois. Il y avait dans sa simple parure je ne sais quoi de plus adroit et de plus séduisant. Dans cette seconde visite, mes yeux détaillèrent pour ainsi dire ses charmes, et plus d'une fois nos regards se rencon-

trèrent pendant cet examen si doux. J'admirai
sa longue chevelure noire, qui contrastait singulièrement avec sa peau fine, d'une blancheur
éblouissante; sa taille élégante et légère que
j'aurais embrassée de mes dix doigts; les graces
enchanteresses répandues sur toute sa personne;
son pied mignon dont j'ignorais le favorable
augure, et ses yeux sur-tout, ses beaux yeux
qui semblaient me dire : Ah! que nous aimerons
l'heureux mortel qui saura nous plaire!

Je fis à mademoiselle de Pontis un compliment qui dut d'autant plus la flatter, qu'il était
aisé de s'apercevoir que je ne l'avais pas préparé. La conversation fut d'abord générale, la
gouvernante de Sophie s'en mêla; je vis qu'on
ménageait la vieille, et qu'elle aimait à causer;
je trouvai charmans les sots contes qu'elle
nous fit. Cependant Person s'entretenait avec
ma sœur, et moi, d'une voix basse et tremblante, je faisais à ma Sophie cent questions et
cent complimens. La vieille continuait de raconter ses belles histoires que nous n'écoutions
plus; elle s'aperçut enfin qu'en parlant beaucoup elle ne parlait à personne. Elle se leva
brusquement et me dit : Monsieur, vous me
faites commencer une narration, et vous n'en
écoutez pas la fin; cela est très-malhonnête.

Sophie en me quittant me consola par un regard tendre.

Nous entendîmes le bruit d'une voiture ; c'était celle du baron. Il entra. Adélaïde se plaignit de la rareté de ses visites ; il allégua d'un ton assez contraint les embarras d'un établissement nouveau. Il causa quelques minutes d'un air préoccupé, et se leva ensuite brusquement avec quelques signes d'impatience ; il retournait à l'hôtel et m'y ramena.

Nous trouvâmes à la porte un équipage brillant. Le suisse dit au baron *qu'un gros monsieur noir* l'attendait depuis plus d'une heure, et qu'une *cholie tame* venait d'arriver à l'instant. Mon père parut aussi joyeux que surpris, il monta avec empressement ; je voulus le suivre, il me pria d'entrer chez moi. Jasmin, à qui je demandai s'il connaissait le gros *monsieur noir* et *la cholie tame*, me répondit que non.

Curieux de pénétrer le mystère, et piqué de ce que c'en était un pour moi, je me mis en sentinelle à l'une des fenêtres de mon appartement qui donnait sur la rue. Je n'y restai pas long-temps sans voir sortir un gros homme vêtu de noir qui parlait seul, et paraissait content. Un quart-d'heure après, je vis une jeune dame s'élancer légèrement dans sa voiture : le baron, beaucoup moins ingambe, voulut sauter aussi lestement, il pensa se rompre le col. Je fus effrayé ; mais les éclats de rire qui partaient de la voiture me rassurèrent pleinement. Je m'étonnai que mon père, naturellement colère, ne donnât aucun signe d'humeur ; il monta paisiblement, mit la tête à la portière, me vit à ma croisée, et parut un peu confus. Je l'entendis ordonner aux domestiques de m'avertir qu'il sortait pour affaires, et que je pouvais me dispenser de l'attendre à souper. Je fis part de ma curiosité à Jasmin, qui paraissait mériter ma confiance ; il questionna sans affectation les domestiques du baron. Je sus le même soir que mon père fréquentait les spectacles et lisait les papiers publics ; il venait de prendre une maîtresse à l'Opéra, et un intendant dans les petites affiches ! j'en conclus qu'il fallait que le baron fût bien riche pour se charger de ce double fardeau. Au reste, cette réflexion ne me toucha que faiblement. J'aimais, j'avais l'espérance de plaire : au printemps de la vie, connaît-on d'autres biens ?

En peu de temps je rendis à ma sœur des visites fréquentes ; mademoiselle de Pontis l'accompagnait presque toujours au parloir. La vieille gouvernante ne se fâchait plus, parce que je la laissais finir ses histoires, et que d'ailleurs Adélaïde avait soin de lui faire de petits présens. M. Person n'était plus cet instituteur sévère, possédé, comme tant d'autres confrères, de la rage d'enseigner ce qu'il ignorait; c'était, comme tant d'autres aussi, un petit pédant couleur de rose, toujours bien régulièrement coiffé, minutieux dans sa parure, relâché dans sa morale, développant avec les femmes une érudition profonde, affectant avec les hommes de n'effleurer que la superficie. Aussi doux et complaisant qu'il s'était d'abord montré intraitable et dur, il paraissait n'avoir d'autres desirs que de prévenir les miens; et quand je parlais d'aller au couvent, je le trouvais aussi empressé que moi.

Cependant mon père, livré aux plaisirs bruyans de la capitale, recevait beaucoup de monde chez lui. Je fus caressé du beau sexe, on me fit des agaceries que je ne compris pas. Certaine douairière sur-tout essaya sur moi le pouvoir de ses charmes ; on se donna des airs enfantins, on épuisa les minauderies fines : je n'entendis seulement pas ce que ce manége signifiait. D'ailleurs, je ne voyais dans le monde entier que Sophie, l'amour innocent et pur m'enflammait pour elle, et j'ignorais encore qu'il existait un autre amour.

Depuis plus de quatre mois je voyais Sophie presque tous les jours ; l'habitude d'être ensemble était devenue pour nous un besoin. On sait que l'amour, quand il s'ignore lui-même ou quand il cherche à se déguiser, invente des noms caressans pour suppléer aux noms plus doux qu'il soupçonne et qu'il attend. Sophie m'appelait son jeune cousin, j'appelais Sophie ma jolie cousine. La tendresse qui nous animait brillait dans nos moindres actions, nos regards l'exprimaient ; ma bouche n'en avait point encore hasardé l'aveu, et ma sœur ne devinait pas, ou gardait le secret de sa bonne amie. Aveuglément livré aux premières impulsions de la nature, j'étais loin de soupçonner son but secret. Content de parler à Sophie, heureux de l'entendre et de baiser quelquefois sa jolie main, je desirais davantage ; je n'aurais pu dire ce que je desirais. Le moment approchait où l'une des plus charmantes femmes de la capitale allait dissiper les ténèbres qui m'environnaient, et m'initier aux plus doux mystères de Vénus.

Nous étions dans cette saison bruyante où règnent à la ville les plaisirs avec la folie ; Momus avait donné le signal de la danse; on touchait aux jours gras. Le jeune comte de Rosambert, depuis trois mois compagnon de mes exercices, et que mon père comblait d'honnêtetés, me reprochait depuis quelques jours la vie tranquille et retirée que je menais : devais-je à mon âge m'enterrer tout vivant dans la maison de mon père, et borner mes promenades à de sottes visites chez des béguines, pour y voir, qui ? ma sœur ! n'était-il pas temps de sortir de mon enfance, que l'on voulait prolonger éternellement, et ne devais-je pas me hâter d'entrer dans le monde, où, avec ma figure et mon esprit, je ne pouvais manquer d'être favorablement accueilli ? Tenez, ajouta-t-il, je veux demain vous conduire à un bal charmant où je vais régulièrement quatre fois par semaine ; vous y verrez bonne compagnie. J'hésitais encore. Il est sage comme une fille, poursuivit le comte ! hé ! mais craignez-vous que votre honneur ne coure quelques hasards? habillez-vous en femme : sous des habits qu'on respecte, il sera bien à couvert. Je me mis à rire sans savoir pourquoi. En vérité, reprit-il, cela vous irait au mieux ! vous avez une figure douce et fine, un léger duvet couvre à peine vos joues; cela sera délicieux!... et puis... tenez, je veux tourmenter certaine personne... Chevalier, habillez-vous en femme, nous nous amuserons... cela sera charmant... vous verrez, vous verrez !

L'idée de ce travestissement me plut. Il me parut fort agréable d'aller voir Sophie sous les habits de son sexe. Le lendemain un habile tailleur que le comte de Rosambert avait fait avertir, m'apporta un habit d'amazone complet, tel que le portent les dames anglaises quand elles montent à cheval. Un élégant coiffeur me donna le coup de peigne moëlleux, et posa sur ma tête virginale le petit chapeau de castor blanc. Je descendis chez mon père; dès qu'il m'aperçut, il vint à moi d'un air d'inquiétude; puis s'arrêtant tout d'un coup : Bon, dit-il en riant, j'ai d'abord cru que c'était Adélaïde ! Je lui observai qu'il me flattait beaucoup. — Non, je vous ai pris pour Adélaïde, et je cherchais déja quel motif l'avait fait quitter son couvent sans ma permission, pour venir ici dans cet étrange équipage. Au reste, gardez-vous d'être fier de ce petit avantage; une jolie figure est dans un homme le plus mince des mérites. M. du Portail était là : Vous vous moquez, baron, s'écria-t-il, ne savez-vous pas ?... Mon père le regarda, il se tut.

Ce fut mon père qui le premier témoigna le desir d'aller au couvent; il m'y conduisit. Adélaïde ne me reconnut qu'après quelques momens d'examen. Le baron, enchanté de l'extrême ressemblance qu'il y avait entre ma sœur et moi, nous accablait de caresses, et nous embrassait tour-à-tour. Cependant Adélaïde se repentait d'être venue seule au parloir : Que je suis fâchée, dit-elle, de n'avoir point amené ma bonne amie! comme nous aurions joui de sa surprise! mon cher papa, permettez-vous que je l'aille chercher? Le baron y consentit. En rentrant, Adélaïde dit à Sophie : Ma bonne amie, embrassez ma sœur. Sophie interdite m'examinait, elle s'arrêta confondue : Embrassez donc mademoiselle, dit la vieille gouvernante, trompée par la métamorphose : Mademoiselle, embrassez donc ma fille, répéta le baron, que la scène amusait. Sophie rougit et s'approcha en tremblant; mon cœur palpitait. Je ne sais quel secret instinct nous conduisit, je ne sais avec quelle adresse nous dérobâmes notre bonheur aux témoins intéressés qui nous observaient; ils crurent que dans cette douce étreinte, nos joues seulement s'étaient rencontrées.... mes lèvres avaient pressé les lèvres de Sophie!....
Lecteurs sensibles qui vous êtes attendris quel-

quefois avec l'amante de Saint-Preux (1), jugez quel plaisir nous goûtâmes... C'était aussi le premier baiser de l'amour.

A notre retour, nous trouvâmes à l'hôtel M. de Rosambert qui m'attendait. Le baron sut bientôt de quoi il s'agissait, et me permit plus aisément que je ne l'aurais cru, de passer la nuit entière au bal. Sa voiture nous y conduisit. Je vais, me dit le comte, vous présenter à une jeune dame qui m'estime beaucoup; il y a deux grands mois que je lui ai juré une ardeur éternelle, et plus de six semaines que je la lui prouve. Ce langage était pour moi tout-à-fait énigmatique; mais déja je commençais à rougir de mon ignorance; je souris d'un air fin, pour faire croire à Rosambert que je le comprenais. Comme je vais la tourmenter, continua-t-il; ayez l'air de m'aimer beaucoup, vous verrez quelle mine elle fera! sur-tout ne vous avisez pas de lui dire que vous n'êtes pas fille... oh! nous allons la désoler!

Dès que nous parûmes dans l'assemblée, tous les regards se fixèrent sur moi : j'en fus troublé, je sentis que je rougissais, je perdis toute contenance. Il me vint d'abord dans l'esprit que

---

(1) **Dans la Nouvelle Héloïse.**

quelque partie de mon ajustement mal arrangée, ou que mon maintien emprunté m'avaient trahi ; mais bientôt, à l'empressement général des hommes, au mécontentement universel des femmes, je jugeai que j'étais bien déguisé. Celle-ci me jetait un regard dédaigneux, celle-là m'examinait d'un petit air boudeur, on agitait les éventails, on se parlait tout bas, on souriait malignement ; je vis que je recevais l'accueil dont on honore, dans un cercle nombreux, une rivale trop jolie qu'on y voit pour la première fois.

Une très-belle femme entra ; c'était la maîtresse du comte. Il lui présenta sa parente qui sortait, disait-il, du couvent. La dame (elle s'appelait la marquise de B***) m'accueillit très-obligeamment ; je pris place auprès d'elle, et les jeunes gens firent un demi-cercle autour de nous. Le comte, bien aise d'exciter la jalousie de sa maîtresse, affectait de me donner une préférence marquée. La marquise, apparemment piquée de sa coquetterie, et bien résolue de l'en punir, en lui dissimulant le dépit qu'elle en ressentait, redoubla pour moi de politesse et d'amitié : Mademoiselle, avez-vous du goût pour le couvent, me dit-elle ? — Je l'aimerais bien, madame, s'il s'y trouvait beaucoup de

personnes qui vous ressemblassent. La marquise
me témoigna par un sourire combien ce compliment la flattait ; elle me fit plusieurs autres
questions, parut enchantée de mes réponses,
m'accabla de ces petites caresses que les femmes
se prodiguent entre elles, dit à Rosambert qu'il
était trop heureux d'avoir une telle parente, et
finit par me donner un baiser tendre, que je
lui rendis poliment. Ce n'était pas ce que Rosambert voulait ni ce qu'il s'était promis. Désolé
de la vivacité de la marquise, et plus encore de
la bonne foi avec laquelle je recevais ses caresses, il se pencha à son oreille, et lui découvrit le secret de mon déguisement. Bon ! quelle
apparence, s'écria la marquise, après m'avoir
considéré quelques momens. Le comte protesta
qu'il avait dit la vérité. Elle me regarda de nouveau : Quelle folie ! cela ne se peut pas. Et le
comte renouvela ses protestations. Quelle idée !
reprit la marquise en baissant la voix ; savez-vous ce qu'il dit ? Il soutient que vous êtes un
jeune homme déguisé. Je répondis timidement
et bien bas, qu'il disait la vérité. La marquise
me lança un regard tendre, me serra doucement
la main, et feignant de m'avoir mal entendu :
Je le savais bien, dit-elle assez haut ; cela n'avait pas l'ombre de vraisemblance. Puis s'adres-

sant au comte : Mais, monsieur, à quoi cette plaisanterie ressemble-t-elle? Quoi! reprit celui-ci très-étonné, mademoiselle prétend... — Comment, si elle le prétend! mais voyez donc! un enfant si aimable! une aussi jolie personne! Quoi! dit encore le comte... Oh! monsieur, finissez, reprit la marquise avec une humeur très-marquée; vous me croyez folle, ou vous êtes fou.

Je crus de bonne foi qu'elle ne m'avait pas compris; je baissai la voix : Je vous demande pardon, madame, je me suis peut-être mal expliqué; je ne suis pas ce que je parais être : le comte vous a dit la vérité. Je ne vous crois pas plus que lui, répondit-elle, en affectant de parler encore plus bas que moi; elle me serra la main. — Je vous assure, madame... — Taisez-vous, vous êtes une friponne; mais vous ne me ferez pas prendre le change plus que lui; et elle m'embrassa de nouveau. Rosambert, qui ne nous avait pas entendus, demeura stupéfait. La jeunesse qui nous environnait, paraissait attendre avec autant de curiosité que d'impatience la fin et l'explication d'un dialogue aussi obscur pour elle; mais le comte, retenu par la crainte de déplaire à sa maîtresse en se couvrant lui-même de ridicule, se flattant d'ailleurs que je finirais bientôt le quiproquo, se mordait les lèvres et n'osait plus dire un seul mot. Heureusement la marquise vit entrer la comtesse de*** son amie : je ne sais ce qu'elle lui dit à l'oreille ; mais aussitôt la comtesse s'attacha à Rosambert, et ne le quitta plus.

Cependant le bal était commencé, je figurais dans une contredanse; le hasard voulut que la comtesse et Rosambert se trouvassent assis derrière la place que j'occupais. La jeune dame lui disait : Non, non, tout cela est inutile, je me suis emparée de vous pour toute la soirée, je ne vous cède à personne. Plus jalouse qu'un sultan, je ne vous laisse parler à qui que ce soit; vous ne danserez pas, ou vous danserez avec moi; et si vous pensez tout ce que vous me dites d'obligeant, je vous défends de dire un mot, un seul mot à la marquise ni à votre jeune parente. Ma jeune parente ? interrompit le comte ; si vous saviez... — Je ne veux rien savoir; je prétends seulement que vous restiez là. Hé ! mais, ajouta-t-elle légèrement, j'ai peut-être des projets sur vous; allez-vous faire le cruel ? Je n'en entendis pas davantage, la contredanse finissait. La marquise ne m'avait pas perdu de vue un moment; je voulus me reposer, je trouvai une place auprès d'elle; nous commençâmes, reprîmes, quittâmes et reprîmes vingt fois une conversation fort animée, souvent interrompue par ses caresses, et dans laquelle je vis bien qu'il fallait lui laisser une erreur qui paraissait lui plaire.

Le comte ne cessait de nous observer avec une inquiétude très-marquée; la marquise ne paraissait pas s'en apercevoir : Mon intention, me dit-elle enfin, n'est pas de passer ici la nuit entière, et, si vous m'en croyez, vous ménagerez votre santé. Acceptez chez moi une collation légère; il est plus de minuit. M. le marquis ne tardera pas à me venir joindre; nous irons souper chez moi, ensuite je vous reconduirai moi-même chez vous. Au reste, ajouta-t-elle d'un air négligé, c'est un singulier homme que M. de B***. Il lui prend de temps en temps des caprices de tendresse pour moi; il a des accès de jalousie fort ridicules, des airs d'attention dont je le dispenserais volontiers; quant à la fidélité qu'il me jure, je n'y crois pas plus que je ne m'en soucie : cependant je ne serais pas fâchée de la mettre à l'épreuve; il va vous voir, il vous trouvera charmante. Vous ne recommencerez pas alors ce petit conte de votre déguisement : c'est une jolie plaisanterie, mais nous l'avons épuisée; aussi, loin de la répéter devant M. de B***, vous voudrez bien, s'il ne vous répugne pas de m'obliger un peu, vous voudrez bien lui faire quelques avances. Je demandai à la marquise ce que c'était que des avances. Elle rit de bon cœur de l'ingénuité de ma question, et puis me regardant d'un air attendri : Écoutez, me dit-elle, vous êtes femme, cela est clair; ainsi toutes les caresses que je vous ai faites ce soir ne sont que des amitiés : mais si vous étiez effectivement un jeune homme déguisé, et que, le croyant, je vous eusse traité de la même manière, cela s'appellerait des avances, et des avances très-fortes. Je lui promis de faire des avances au marquis. — Fort bien; souriez à ses propos, regardez-le d'un certain air; mais ne vous avisez pas de lui serrer la main comme je vous fais, et de l'embrasser comme je vous embrasse; cela ne serait ni décent ni vraisemblable.

Nous en étions là quand le marquis arriva. Il me parut jeune encore : il était assez bien fait, mais d'une taille fort petite, et ses manières ressemblaient à sa taille; sa figure avait de la gaieté, mais de cette gaieté qui fait qu'on rit toujours aux dépens de celui qui l'inspire. Voici mademoiselle du Portail, lui dit la marquise (je m'étais donné ce nom); c'est une jeune parente du comte ; vous me remercierez de vous l'avoir fait connaître : elle veut bien venir souper avec nous. Le marquis trouva que j'avais *la physionomie heureuse,* il me prodigua des éloges ridicules ; je l'en remerciai par des complimens outrés. Je suis très-content, me dit-il, d'un air pesant, qu'il croyait fin, que vous me fassiez l'honneur de souper chez moi, mademoiselle ; vous êtes jolie, très-jolie, et ce que je vous dis là est certain, car je me connais en physionomie. Je répondis par le plus agréable sourire. Ma chère enfant, me disait la marquise de l'autre côté, j'ai engagé votre parole, vous êtes trop polie pour me dédire ; au reste, je vous débarrasserai du marquis dès qu'il vous ennuiera : elle me serra la main ; le marquis la vit. Oh ! que je voudrais, dit-il, tenir une de ces petites mains-là dans les miennes ! je lui lançai une œillade meurtrière : Partons, mesdames, partons, s'écria-t-il, d'un air léger et conquérant. Il sortit pour appeler ses gens.

Le comte, qui l'entendit, vint à nous, quelques efforts que la comtesse eût fait pour le retenir. Il me dit d'un ton sérieusement ironique : Monsieur se trouve sans doute fort bien sous ses habits galans ; il ne compte pas apparemment désabuser la marquise. Je répondis sur le même ton, mais en baissant la voix : Mon cher parent, voudriez-vous sitôt détruire votre ouvrage? Il s'adressa à la marquise : Madame, je me crois en conscience obligé de vous avertir encore une fois que ce n'est point mademoiselle du Portail qui aura le bonheur de souper chez vous, mais bien le chevalier de Faublas, mon très-jeune et très-fidèle ami. Et moi, monsieur, lui répondit-on, je vous déclare que vous avez trop compté sur ma patience ou sur ma crédulité. Ayez la bonté de cesser cet impertinent badinage, ou décidez-vous à ne me revoir jamais. — Je me sens le courage de prendre l'un et l'autre parti, madame; je serais désolé de troubler vos plaisirs par mes indiscrétions, ou de les gêner par mes importunités.

Le marquis rentrait au moment même; il frappa sur l'épaule de Rosambert, et le retenant par le bras : Quoi! tu ne soupes pas avec nous? tu nous laisses ta parente! sais-tu qu'elle est jolie, ta parente! sais-tu que sa physionomie promet! Il baissa la voix : Mais, entre nous, je crois la petite personne un peu... vive. Oh oui! très-jolie et très-vive, reprit le comte avec un sourire amer; elle ressemble à bien d'autres; et puis, comme s'il eût pressenti le sort prochain de ce bon mari : Je vous souhaite une bonne nuit, lui dit-il. Quoi! penses-tu, reprit le marquis, que je garde ta parente pour?... écoute donc, si elle le voulait bien!... Je vous souhaite une bonne nuit, répéta le comte, et il sortit en éclatant de rire. La marquise soutint que M. de Rosambert devenait fou; je trouvai qu'il était fort malhonnête. Point du tout, me dit confidemment le marquis, il vous aime à la rage; il a vu que je vous faisais ma cour, il est jaloux.

En cinq minutes nous fûmes à l'hôtel du marquis. On servit aussitôt. Je fus placé entre la marquise et son galant époux, qui ne cessait de me dire ce qu'il croyait de très-jolies choses. Trop occupé d'abord à satisfaire l'appétit tout-à-fait mâle que la danse m'avait donné, je n'employai, pour lui répondre, que le langage des yeux. Dès que ma faim fut un peu calmée, j'applaudis sans ménagement à toutes les sottises qu'il lui plut de me débiter, et ses mauvais bons mots lui valurent mille complimens dont il fut enchanté. La marquise, qui m'avait toujours considéré avec la plus grande attention, et dont les regards s'animaient visiblement, s'empara d'une de mes mains. Curieux de voir jusqu'où s'étendrait le pouvoir de mes charmes trompeurs, j'abandonnai l'autre au marquis. Il la saisit avec un transport inexprimable. La marquise, plongée dans des réflexions profondes, semblait méditer quelque projet important ; je la voyais successivement rougir et trembler ; et sans dire un seul mot, elle pressait légèrement ma main droite engagée dans les siennes. Ma main gauche était dans une prison moins douce ; le marquis la serrait de manière à me faire crier. Charmé de sa bonne fortune, tout fier de son bonheur, tout étonné de l'adresse avec laquelle il trompait sa femme en sa présence même, il poussait de temps en temps de longs soupirs dont j'étais étourdi, et des éclats de rire dont le plafond retentissait ; ensuite craignant de se trahir, cherchant à étouffer ce rire éclatant que la marquise aurait pu remarquer, peut-être aussi croyant me faire une gentillesse, il me mordait les doigts.

La belle marquise sortit enfin de sa rêverie pour me dire : Mademoiselle du Portail, il est tard ; vous deviez passer la nuit entière au bal, on ne vous attend pas chez vous avant huit ou neuf heures du matin ; restez chez moi. J'offrirais à toute autre un appartement d'amie ; vous pouvez disposer du mien. Je dois, ajouta-t-elle d'un ton caressant, vous servir aujourd'hui de maman ; je ne veux pas que ma fille ait une autre chambre à coucher que la mienne ; je vais lui faire dresser un lit près du mien... Et pourquoi donc faire dresser un lit, interrompit le marquis; on est fort bien deux dans le vôtre : quand je vais vous y trouver, moi, est-ce que je vous gêne ? j'y dors tout d'un somme, et vous aussi. En finissant, il me donna amoureusement, par-dessous la table, un grand coup de genou qui me froissa la peau. Je répondis à cette galanterie sur-le-champ, de la même manière, et si vigoureusement, qu'il lui échappa un grand cri. La marquise se leva d'un air alarmé. Ce n'est rien, lui dit-il; ma jambe a accroché la table. J'étouffais de rire, la marquise n'y tint pas plus que moi, et son cher époux, sans savoir pourquoi, se mit à rire plus fort que nous deux.

Quand notre excessive gaieté fut un peu modérée, la marquise me renouvela ses offres. Acceptez la moitié du lit de madame, criait le marquis, acceptez, je vous le dis, vous y serez bien; vous verrez que vous y serez bien. Je vais revenir tout-à-l'heure; mais acceptez. Il nous quitta. Madame, dis-je à la marquise, votre invitation m'honore autant qu'elle me flatte; mais est-ce à mademoiselle du Portail ou à M. de Faublas que vous la faites? — Encore cette mauvaise plaisanterie du comte, petite friponne ! et c'est vous qui la répétez ! ne vous ai-je pas dit que je ne vous croyais pas? — Mais, madame... Paix, paix, reprit-elle, en posant son doigt sur ma bouche; le marquis va rentrer, qu'il ne vous entende pas dire de pareilles folies. Cette charmante enfant! (elle m'embrassa tendrement) comme elle est timide et modeste! mais comme elle est maligne! allons, petite espiègle, venez: elle me tendit la main, nous passâmes dans son appartement.

Il était question de me mettre au lit. Les femmes de la marquise voulurent me prêter leur ministère; je les priai en tremblant d'offrir à leur maîtresse leurs services, dont je saurais bien me passer. Oui, dit la marquise, attentive à tous mes mouvemens, ne la gênez pas; c'est un enfantillage de couvent; laissez-la faire. Je passai promptement derrière les rideaux; mais je me trouvai dans un grand embarras quand il fallut me dépouiller de ces habits dont l'usage m'était si peu familier. Je cassais les cordons, j'arrachais les épingles, je me piquais d'un côté, je me déchirais de l'autre; plus je me hâtais, et moins j'allais vîte. Une femme-de-chambre passa près de moi au moment où je venais d'ôter mon dernier jupon. Je tremblai qu'elle n'entr'ouvrît les rideaux; je me précipitai dans le lit, émerveillé de la singulière aventure qui m'avait conduit là, mais ne soupçonnant pas encore qu'on pût avoir, en couchant deux, d'autres desirs que de causer ensemble, avant de s'endormir. La marquise ne tarda pas à me suivre. La voix de son mari se fit entendre : Ces dames me pemettront bien d'assister à leur coucher! Quoi! déja au lit! Il voulut m'embrasser; la marquise se fâcha sérieusement; il ferma lui-même les rideaux, et nous rendant le souhait que lui avait fait le comte, il nous cria de la porte : Une bonne nuit.

Un silence profond régna quelques instans. Dormez-vous déja, belle enfant? me dit la marquise, d'une voix altérée. — Oh non, je ne dors pas. Elle se précipita dans mes bras, et me pressa contre son sein. Dieux! s'écria-t-elle, avec une surprise bien naturellement jouée, si elle était feinte, c'est un homme! et puis me repoussant avec promptitude : Quoi! monsieur, il est possible?... Madame, je vous l'ai dit, répliquai-je en tremblant. — Vous me l'avez dit, monsieur; mais cela était-il croyable? Il s'agissait bien de dire! il ne fallait pas rester chez moi... ou du moins, il ne fallait pas empêcher qu'on vous dressât un autre lit... — Madame, ce n'est pas moi, c'est M. le marquis. — Mais, monsieur, parlez donc plus bas... Monsieur, il

ne fallait pas rester chez moi, il fallait vous en aller. — Hé bien! madame, je m'en vais... Elle me retint par le bras. —Vous vous en allez! où cela, monsieur? et quoi faire? réveiller mes femmes! risquer un esclandre!... peut-être montrer à tous mes gens qu'un homme est entré dans mon lit! qu'on me manque à ce point!...
— Madame, je vous demande pardon, ne vous fâchez pas; je m'en vais me jeter dans un fauteuil. —Oui, dans un fauteuil! oui... sans doute, il le faut!... Mais, voyez la belle ressource! (en me retenant toujours par le bras.) Fatigué comme il est! par le froid qu'il fait! s'enrhumer! détruire sa santé!... vous mériteriez que je vous traitasse avec cette rigueur... allons, restez là; mais promettez-moi d'être sage. — Pourvu que vous me pardonniez, madame...
— Non, je ne vous pardonne pas! mais j'ai plus d'attention pour vous, que vous n'en avez pour moi. Voyez comme sa main est déja froide! et par pitié elle la posa sur son col d'ivoire. Guidée par la nature et par l'amour, cette heureuse main descendit un peu; je ne savais quelle agitation faisait bouillonner mon sang. Aucune femme éprouva-t-elle jamais l'embarras où il me met! reprit la marquise d'un ton plus doux.
—Ah! pardonnez-moi donc, ma chère maman!...

— Oui, votre chère maman ! vous avez bien des égards pour votre maman ! petit libertin que vous êtes ! Ses bras, qui m'avaient repoussé d'abord, m'attiraient doucement. Bientôt nous nous trouvâmes si près l'un de l'autre, que nos lèvres se rencontrèrent ; j'eus la hardiesse d'imprimer sur les siennes un baiser brûlant. Faublas, est-ce là ce que vous m'avez promis ? me dit-elle, d'une voix presque éteinte. Sa main s'égara ; un feu dévorant circulait dans mes veines... — Ah! madame! pardonnez-moi, je me meurs ! Ah ! mon cher Faublas... mon ami !... Je restais sans mouvement. La marquise eut pitié de mon embarras, qui ne pouvait lui déplaire... Elle aida ma timide inexpérience... Je reçus avec autant d'étonnement que de plaisir, une charmante leçon que je répétai plus d'une fois.

Nous employâmes plusieurs heures dans ce doux exercice ; je commençais à m'endormir sur le sein de ma belle maîtresse, quand j'entendis le bruit d'une porte qui s'ouvrait doucement ; on entrait, on s'avançait sur la pointe du pied : j'étais sans armes dans une maison que je ne connaissais point ; je ne pus me défendre d'un mouvement d'effroi. La marquise, qui devina ce que c'était, me dit tout bas de prendre sa place et de lui céder la mienne. J'obéis promptement. A peine m'étais-je tapi sur le bord du lit, qu'on entr'ouvrit les rideaux du côté que je venais de quitter. Qui vient me réveiller ainsi, dit la marquise? On hésita quelques instans, ensuite on s'expliqua sans lui répondre. Et quelle est cette fantaisie, continuat-elle? Quoi! monsieur, vous choisissez aussi mal votre temps, sans attention pour moi, sans respect pour l'innocence d'une jeune personne qui peut-être ne dort pas, ou qui pourrait se réveiller! Vous n'êtes guère raisonnable; je vous prie de vous retirer. Le marquis insistait, en balbutiant à sa femme de comiques excuses. Non, monsieur, lui dit-elle, je ne le veux point, cela ne sera point, je vous assure que cela ne sera point; je vous supplie de vous retirer: elle se jeta hors du lit, le prit par le bras et le mit à la porte.

Ma belle maîtresse revint à moi en riant. Ne trouvez-vous pas mon procédé bien noble, me dit-elle? Voyez ce que j'ai refusé à cause de vous. Je sentis que je lui devais un dédommagement; je l'offris avec ardeur, on l'accepta avec reconnaissance; une femme de vingt-cinq ans est si complaisante quand elle aime! la nature a tant de ressources dans un novice de seize ans!

Cependant tout est borné chez les faibles humains; je ne tardai pas à m'endormir profondément. Quand je me réveillai, le jour pénétrait dans l'appartement, malgré les rideaux : je songeai à mon père... hélas! je me souvins de ma Sophie! une larme s'échappa de mes yeux; la marquise s'en aperçut. Déja capable de quelque dissimulation, j'attribuai au chagrin de la quitter la pénible agitation que j'éprouvais; elle m'embrassa tendrement. Je la vis si belle! l'occasion était si pressante!... Quelques heures de sommeil avaient ranimé mes forces... L'ivresse du plaisir dissipa les remords de l'amour.

Il fallut enfin songer à nous séparer. La marquise me servit de femme-de-chambre; elle était si adroite, que ma toilette eût été bientôt faite, si nous avions pu sauver les distractions. Quand nous crûmes qu'il ne manquait plus rien à mon ajustement, la marquise sonna ses femmes. Le marquis attendait depuis plus d'une heure qu'il fît jour chez madame. Il me complimenta sur ma diligence : Je suis sûr, me dit-il, que vous avez passé une excellente nuit; et sans me donner le temps de répondre : Elle paraît fatiguée pourtant! elle a les yeux battus! voilà ce que c'est que cette danse! on s'en donne par-dessus les yeux, et le lendemain on n'en peut plus ! je le dis tous les jours à la marquise, qui n'en tient compte : allons, il faut réparer les forces de cette charmante enfant : après cela, nous la reconduirons chez elle.

Ce *nous la reconduirons* était très-propre à m'inquiéter. Je témoignai au marquis qu'il suffirait que la marquise prît cette peine ; il insista. La marquise se joignit à moi pour lui faire perdre cette idée ; il nous répondit que M. du Portail ne pouvait trouver mauvais qu'il lui ramenât sa fille, puisque la marquise serait avec nous, et qu'il était curieux de connaître l'heureux père d'une aussi aimable enfant. Quelques efforts que nous fissions, nous ne pûmes l'empêcher de nous accompagner.

Je commençais à craindre que cette aventure, qui avait eu de si heureux commencemens, ne finît fort mal. Je ne vis rien de mieux à faire que de donner au cocher du marquis la véritable adresse de M. du Portail : Chez M. du Portail, près de l'Arsenal, lui dis-je. La marquise sentait mon embarras et le partageait ; aucun expédient ne s'était encore présenté à mon esprit, quand nous arrivâmes à la porte de mon prétendu père.

Il était chez lui ; on lui dit que le marquis

et la marquise de B*** lui ramenaient sa fille. Ma fille! s'écria-t-il, avec la plus vive agitation, ma fille! Il accourut vers nous. Sans lui donner le temps de dire un seul mot, je me jetai à son col: Oui, lui dis-je, vous êtes veuf et vous avez une fille. Parlez plus bas encore, reprit-il avec vivacité, parlez plus bas; qui vous l'a dit? — Eh, mon Dieu! ne m'entendez-vous pas? C'est moi qui suis votre fille. Gardez-vous de dire *non* devant le marquis. M. du Portail, plus tranquille, mais non moins étonné, semblait attendre qu'on s'expliquât. Monsieur, lui dit la marquise, mademoiselle du Portail a passé une partie de la nuit au bal, et l'autre partie chez moi. Êtes-vous fâché, monsieur, lui dit le marquis, qui remarquait son étonnement, que mademoiselle ait passé une partie de la nuit chez moi? Vous auriez tort, car elle a couché dans l'appartement de madame, dans son lit même, avec elle; on ne pouvait la mettre mieux. Êtes-vous fâché que je l'aie accompagnée jusqu'ici? J'avoue que ces dames ne le voulaient pas; c'est moi... Je suis très-sensible, répondit enfin M. du Portail, tout-à-fait revenu de sa première surprise, et d'ailleurs bien instruit par les discours du marquis; je suis très-sensible aux bontés que vous avez eues pour ma fille;

mais je dois vous déclarer devant elle (il me regarda, je tremblais), que je suis fort étonné qu'elle ait été au bal déguisée de cette façon-là. Comment déguisée ! monsieur, interrompit la marquise. — Oui, madame, un habit d'amazone! cela convient-il à ma fille ? ou du moins, ne devait-elle pas me demander mon avis et ma permission ?

Ravi de l'ingénieuse tournure que mon nouveau père avait prise, j'affectai de paraître humiliée. Ah ! je croyais que le papa le savait, dit le marquis ; monsieur, il faut pardonner cette petite faute. Mademoiselle votre fille a la physionomie la plus heureuse ; je vous le dis et je m'y connais ! mademoiselle votre fille !... c'est une charmante personne ; elle a enchanté tout le monde, ma femme sur-tout ; oh ! tenez, ma femme en est folle. Il est vrai, monsieur, dit la marquise, avec un sang-froid admirable, que mademoiselle m'a inspiré toute l'amitié qu'elle mérite.

Je me croyais sauvé, lorsque mon véritable père, le baron de Faublas, qui ne se faisait jamais annoncer chez son ami, entra tout-à-coup. Ah ! ah ! dit-il, en m'apercevant... M. du Portail courut à lui les bras ouverts: Mon cher Faublas, vous voyez ma fille, que M. le marquis et madame la marquise de B*** me ramènent! Votre fille! interrompit mon père.—Hé oui, ma fille! vous ne la reconnaissez pas sous cet habit ridicule! Mademoiselle, ajouta-t-il avec colère, passez dans votre appartement, et que personne ne vous surprenne plus dans cet équipage indécent!

Je fis, sans dire mot, une révérence à M. de B***, qui paraissait me plaindre, et une à la marquise, qui me voyait à peine; car au nom de mon père, elle avait été si troublée, que je craignis qu'elle ne se trouvât mal. Je me retirai dans la pièce voisine, et je prêtai l'oreille. Votre fille! répéta encore le baron.—Eh! oui, ma fille! qui s'est avisée d'aller au bal avec les habits que vous lui avez vus. M. le marquis vous dira le reste. Et, effectivement, M. le marquis répéta à mon père tout ce qu'il avait dit à M. du Portail; il lui affirma que j'avais couché dans l'appartement de sa femme, dans son lit même, avec elle. Elle est fort heureuse, dit mon père, en regardant la marquise... fort heureuse, répéta-t-il, qu'une si grande imprudence n'ait pas eu des suites fâcheuses. Eh! quelle si grande imprudence a donc commise cette chère enfant, répliqua la marquise que j'avais vu déconcertée, mais dont les forces s'étaient ranimées promptement? Quoi! parce qu'elle a pris un habit d'amazone! Sans doute, interrompit le marquis, ce n'est qu'une vétille! Et vous, monsieur (en s'adressant à mon père, d'un ton fâché), permettez-moi de vous dire qu'au lieu de vous permettre, sur le compte de la jeune personne, des réflexions qui peuvent lui nuire, vous feriez bien mieux de vous joindre à nous pour obtenir que son père lui pardonne. Madame, dit M. du Portail à la marquise, je le lui pardonne, à cause de vous (en s'adressant au marquis), mais à condition qu'elle n'y retournera plus. En habit d'amazone, soit, répondit celui-ci; mais j'espère que vous nous la renverrez avec ses habits ordinaires; nous serions trop privés de ne plus voir cette charmante enfant. Assurément, dit la marquise en se levant, et si monsieur son père veut nous rendre un véritable service, il l'accompagnera. M. du Portail reconduisit la marquise jusqu'à sa voiture, en lui prodiguant les remerciemens qu'il était présumé lui devoir.

Leur départ me soulagea d'un pesant fardeau. Voilà une bien singulière aventure! dit M. du Portail en rentrant. Très-singulière! répondit mon père; la marquise est une fort belle femme, le petit drôle est bien heureux! Savez-vous, répliqua son ami, qu'il a presque pénétré mon secret! Quand on m'a annoncé ma fille, j'ai cru que ma fille m'était rendue, et quelques mots échappés m'ont trahi. — Eh bien! il y a un remède à cela; Faublas est plus raisonnable qu'on ne l'est ordinairement à son âge; pour qu'il fût prodigieusement avancé, il ne lui manquait que quelques lumières qu'il a sans doute acquises cette nuit : il a l'ame noble et le cœur excellent; un secret qu'on devine ne nous lie pas, comme vous savez; mais un honnête homme se croirait déshonoré, s'il trahissait celui qu'un ami lui a confié; apprenez le vôtre à mon fils; point de demi-confidence; je vous réponds de sa discrétion. — Mais, des secrets de cette importance!... il est si jeune!... — Si jeune! mon ami, un gentilhomme l'est-il jamais, quand il s'agit de l'honneur? Mon fils, déja dans son adolescence, ignorerait un des devoirs les plus sacrés de l'homme qui pense! un enfant que j'ai élevé aurait besoin de l'expérience de son père pour ne pas faire une bassesse!... — Mon ami, je me rends. — Mon cher du Portail, croyez que vous ne vous en repentirez jamais. J'espère, d'ailleurs, que cette confidence, devenue presque nécessaire, ne sera pas tout-à-fait inutile. Vous savez que j'ai fait quelques sacrifices pour donner à mon fils une éducation convenable à sa naissance, et proportionnée aux espérances qu'il me fait concevoir ; qu'il reste encore un an dans cette capitale pour s'y perfectionner dans ses exercices, cela suffit, je crois ; ensuite il voyagera, et je ne serais pas fâché qu'il s'arrêtât quelques mois en Pologne. Baron, interrompit M. du Portail, le détour dont votre amitié se sert, est aussi ingénieux que délicat; je sens toute l'honnêteté de votre proposition, qui m'est très-agréable, je vous l'avoue. Ainsi, reprit le baron, vous voudriez bien donner à Faublas une lettre pour le bon serviteur qui vous reste dans ce pays-là; Boleslas et mon fils feront de nouvelles recherches. Mon cher Lovzinski, ne désespérez pas encore de votre fortune ; si votre fille existe, il n'est pas impossible qu'elle vous soit rendue. Si le roi de Pologne... Mon père parla plus bas, et tira son ami à l'autre bout de l'appartement : ils y causèrent plus d'une demi-heure; après quoi, tous deux s'étant rapprochés de la porte contre laquelle j'étais placé, j'entendis le baron qui disait : Je ne veux pas lui demander les détails de son aventure; probablement ils sont assez plaisans; Je ne les entendrais pas avec l'air de sévérité qui conviendrait. Sans doute il vous contera de point en point son histoire; vous m'en ferez part. Au reste, je crois que nous venons de voir un sot mari. Il n'est pas le seul, mon ami, répondit M. du Portail. On le sait bien, répliqua le baron; mais il n'en faut rien dire.

Je les entendis s'approcher de ma porte, j'allai me jeter dans un fauteuil. Le baron me dit en entrant : Ma voiture est là, faites-vous reconduire à l'hôtel, allez vous reposer, et désormais je vous défends de sortir avec cet habit. Mon ami, me dit M. du Portail, qui me suivit jusqu'à la porte, un de ces jours nous dînerons ensemble tête à tête; vous savez une partie de mon secret, je vous apprendrai le reste; mais sur-tout de la discrétion; songez d'ailleurs que je vous ai rendu service. Je l'assurai que je ne l'oublierais pas, et qu'il pouvait être tranquille. Dès que je fus rentré chez moi, je me mis au lit, et m'endormis profondément.

Il était fort tard quand je me réveillai: M. Person et moi nous fûmes au couvent; avec quelle douce émotion je revis ma Sophie! Sa contenance modeste, son innocence ingénue, l'accueil timide et caressant qu'elle me fit, un petit air d'embarras que lui donnait encore le souvenir du baiser de la veille, tout en elle inspirait l'amour, mais l'amour tendre et respectueux. Cependant, l'image des charmes de la marquise me poursuivait jusqu'au parloir; mais que d'avantages précieux sa jeune rivale avait sur elle! Il est vrai que les plaisirs de la nuit dernière se représentaient vivement à mon imagination échauffée; mais combien je leur préférais ce moment délicieux où j'avais trouvé, sur les lèvres de Sophie, une ame nouvelle! la marquise régnait sur mes sens étonnés: mon cœur adorait Sophie.

Le lendemain je me souvins que la marquise m'attendait chez elle; je me souvins aussi que le baron m'avait dit: *Je vous défends de sortir avec cet habit.* D'ailleurs, comment me présenter chez la marquise, sans être au moins accompagné d'une femme-de-chambre? Il ne fallait pas songer au comte, qui, sans doute, n'était pas tenté de m'y conduire; et le marquis ne trouverait-il pas singulier qu'une jeune personne sortît toute seule? Impatient de revoir ma belle maîtresse, mais retenu par la crainte de déplaire à mon père, je ne savais à quoi me résoudre. Jasmin vint me dire qu'une femme d'un certain âge, envoyée par mademoiselle Justine, demandait à me parler. — Je ne sais quelle est cette demoiselle Justine; mais faites entrer. Mademoiselle Justine m'a chargée de vous présenter ses respects, me dit la femme, et de vous remettre ce paquet et cette lettre. Avant d'ouvrir le paquet, je pris la lettre, dont l'adresse était simplement *à mademoiselle du Portail*. J'ouvris avec empressement, et je lus :

« Donnez-moi de vos nouvelles, ma chère
« enfant; avez-vous passé une bonne nuit? Vous
« aviez besoin de repos; je crains fort que les
« fatigues du bal et la scène désagréable que
« monsieur votre père vous a faite, n'aient altéré
« votre santé. Je suis désolée que vous ayez
« été grondée à cause de moi; croyez que
« cette scène trop longue m'a fait souffrir au-
« tant que vous. M. le marquis parle de re-
« tourner au bal ce soir; je ne m'y sens pas dis-
« posée, et je crois que vous n'en avez pas plus
« d'envie que moi. Cependant, comme il faut
« qu'une maman ait de la complaisance pour sa
« fille, sur-tout quand elle en a une aussi ai-
« mable que vous, nous irons au bal, si vous le
« voulez. Je n'ai point oublié que l'habit d'ama-
« zone vous est interdit, et j'ai pensé que peut-
« être vous n'aviez point d'autre habit de bal,
« parce que ce n'est point un meuble de cou-
« vent; c'est pour cela que je vous envoie l'un
« des miens : nous sommes à-peu-près de la
« même taille, je crois qu'il vous ira bien.

« Justine m'a dit que vous aviez besoin d'une
« femme-de-chambre; celle qui vous remettra
« ma lettre est sage, *intelligente et adroite ;* vous
« pouvez la prendre à votre service, et lui don-
« ner *toute votre confiance,* je vous réponds
« d'elle.

« Je ne vous invite point à dîner avec moi;
« je sais que M. du Portail dîne rarement sans
« sa fille; mais si vous aimez votre chère maman
« autant qu'elle vous aime, vous viendrez dans la
« soirée, le plutôt que vous pourrez. M. le mar-
« quis ne dîne point chez lui ; venez de bonne
« heure, mon enfant; je serai seule toute l'après-
« dînée, vous me ferez compagnie. Croyez que
« personne ne vous aime autant que votre chère
« maman. La marquise de B***.

« *P. S.* Je n'ai point la force de vous mander
« toutes les folies que le marquis veut que je
« vous écrive de sa part. Au reste, grondez-le
« bien quand vous le verrez; il voulait ce matin
« envoyer, en son nom, chez M. du Portail. J'ai
« eu toutes les peines du monde à lui faire
« comprendre que cela n'était pas raisonnable,
« et qu'il était plus décent que ce fût moi qui
« vous écrivisse. »

Je fus enchanté de cette lettre. Monsieur,
me dit la femme intelligente qui me l'apportait,

Justine est la femme-de-chambre de madame la marquise de B***, et si mademoiselle le veut bien, je serai la sienne aujourd'hui et demain. Au reste, monsieur, ou mademoiselle, peut également se fier à moi ; quand mademoiselle Justine et madame Dutour se mêlent d'une intrigue, elles ne la gâtent pas ; c'est pour cela qu'on m'a choisie. Fort bien, lui dis-je, madame Dutour ; je vois que vous êtes instruite ; vous m'accompagnerez tantôt chez la marquise. J'offris à ma duègne un double louis, qu'elle accepta. Ce n'est pas qu'on ne m'ait déjà bien payée, me dit-elle ; mais monsieur doit savoir que les gens de ma profession reçoivent toujours des deux côtés.

Dès que le baron eut dîné, il partit pour l'Opéra, suivant sa coutume. Mon coiffeur était averti ; un panache blanc fut mis à la place du petit chapeau. Madame Dutour me revêtit parfaitement du charmant habit de bal que madame de B*** m'envoyait, et qui m'allait merveilleusement bien ; ma ressemblance avec Adélaïde devenait plus frappante ; mon gouverneur ému redoublait pour moi d'attentions et de soins. Je pris des gants, un éventail, un gros bouquet ; je volai au rendez-vous que la marquise m'avait donné.

Je la trouvai dans son boudoir, mollement couchée sur une ottomane; un déshabillé galant parait ses charmes, au lieu de les cacher. Elle se leva dès qu'elle m'aperçut. Qu'elle est jolie dans cet équipage, mademoiselle du Portail! que cette robe lui sied bien! Et dès que la porte se fut fermée : que vous êtes charmant, mon cher Faublas! que votre exactitude me flatte! mon cœur me disait bien que vous trouveriez le moyen de me venir joindre ici, malgré vos deux pères. Je ne lui répondis que par mes vives caresses; et la forçant de reprendre l'attitude qu'elle avait quittée pour me recevoir, je lui prouvais déja que ses leçons n'étaient pas oubliées, lorsque nous entendîmes du bruit dans la pièce voisine. Tremblant d'être surpris dans une situation qui n'était pas équivoque, je me relevai brusquement, et grace à mes habits très-commodes, je n'eus besoin que de changer de posture, pour que mon désordre fût réparé. La marquise, sans paraître troublée, ne rétablit que ce qui pressait le plus; tout cela fut l'affaire d'un moment. La porte s'ouvrit; c'était le marquis. Je comprenais bien, lui dit-elle, monsieur, qu'il n'y avait que vous qui puissiez entrer ainsi chez moi sans vous faire annoncer ; mais je croyais qu'au moins vous frapperiez à cette porte avant de l'ouvrir : cette chère enfant avait des inquiétudes secrètes à confier à sa maman; un moment plutôt vous la surpreniez!... on n'entre pas ainsi chez des femmes ! Bon! reprit le marquis, je la surprenais!... Hé bien! je ne l'ai point surprise, ainsi il n'y a pas tant de mal à tout cela ; d'ailleurs, je suis bien sûr que cette chère enfant me le pardonne; elle est plus indulgente que vous. Mais convenez que son père a bien raison de ne pas vouloir qu'elle porte cet habit d'amazone; elle est à croquer comme la voilà !

Il reprit avec moi ce mauvais ton de galanterie qui nous avait déja tant amusés; il trouva que j'étais parfaitement bien remise, que j'avais les yeux brillans, le teint fort animé, et même quelque chose d'extraordinaire et d'un très-bon augure dans la *physionomie*. Ensuite il nous dit : Belles dames, vous allez au bal aujourd'hui ? La marquise répondit que non. — Vous vous moquez de moi; je suis revenu tout exprès pour vous y conduire. — Je vous assure que je n'irai pas. — Hé ! pourquoi donc ? ce matin vous disiez... — Je disais que j'y pourrais aller, par complaisance pour mademoiselle du Portail; mais elle ne s'en soucie pas; elle craint de retrouver là le comte de Rosambert, qui s'est

4.

fort mal comporté la dernière fois. J'interrompis la marquise : certainement son procédé avec moi est assez malhonnête, pour que désormais je craigne de le rencontrer, autant que je me plaisais autrefois à me trouver avec lui. Vous avez raison, me dit le marquis, le comte est un de ces petits merveilleux qui croient qu'une femme n'a des yeux que pour eux; il est bon que ces messieurs apprennent quelquefois qu'il y a dans le monde des gens qui les valent bien... Je compris son idée, et pour justifier ses propos, je lui lançai à la dérobée un coup-d'œil expressif... Et qui valent peut-être mieux, ajouta-t-il aussitôt, en renforçant sa voix, en s'élevant sur la pointe du pied, et en prenant son élan, pour faire une lourde pirouette qu'il acheva très-malheureusement. Sa tête alla frapper contre la boiserie trop dure, qui ne lui épargna une chûte pesante qu'en lui faisant au front une large meurtrissure. Honteux de son malheur, mais voulant le dissimuler, il parut insensible à la douleur qu'il ressentait. Charmante enfant, me dit-il, avec plus de sang-froid, mais en faisant de temps en temps de laides grimaces qui le trahissaient, vous avez raison d'éviter le comte; mais n'ayez pas peur de le rencontrer ce soir, il y a bal masqué; la marquise a justement deux dominos, elle vous en prêtera un, elle prendra l'autre; nous irons au bal, vous reviendrez souper avec nous; et si vous n'avez pas été trop mal couchée avant-hier... Oh! oui, cela sera charmant! m'écriai-je avec plus de vivacité que de prudence; allons au bal. Avec mes dominos que le comte connaît? interrompit la marquise, plus réfléchie que moi. — Et oui, madame, avec vos dominos! il faut donner à cette enfant le plaisir du bal masqué, elle n'a jamais vu cela; le comte ne vous reconnaîtra pas, il n'y sera peut-être pas même. La marquise paraissait incertaine, je la voyais balancer entre le désir de me garder encore la nuit prochaine, et la crainte d'aller, en présence du marquis, s'offrir aux sarcasmes du comte. Pour moi, reprit d'un ton mystérieux le commode mari, je vous y conduirai bien; mais j'ai quelques affaires, je ne pourrai pas rester avec vous; je vous laisserai là pour revenir à minuit vous chercher. Cette raison du marquis, plus que toutes ses instances, détermina la marquise; elle refusa quelque temps encore, mais d'un ton qui m'annonçait assez qu'il fallait la presser, et qu'elle allait consentir.

Cependant la contusion que le marquis s'était

faite, devenait plus apparente, et sa bosse grossissait à vue d'œil. Je lui demandai d'un air étonné ce qu'il avait au front ; il y porta la main. Ce n'est rien, me dit-il avec un rire forcé ; quand on est marié, on est exposé à ces accidens-là. Je me souvins du supplice qu'il m'avait fait éprouver, quand ma main était dans les siennes ; et, résolu de me venger, je tirai de ma bourse une pièce de monnaie ; je la lui appliquai sur le front, et me voilà serrant de toutes mes forces pour applatir la bosse. Le patient pressait ses flancs de ses poings fermés, grinçait des dents, soufflait douloureusement et faisait d'horribles contorsions. Elle a, dit-il avec peine, elle a de la vigueur dans le poignet : je redoublai d'efforts ; il fit enfin un cri terrible, et m'échappant avec violence, il serait tombé à la renverse, si je ne l'avais promptement retenu. Ah ! la petite diablesse ! elle m'a presque ouvert le crâne. La petite espiègle l'a fait exprès, dit la marquise, qui se contraignait beaucoup pour ne pas rire. — Vous croyez qu'elle l'a fait exprès ? Eh bien, je vais l'embrasser pour la punir. — Pour me punir, soit : je présentai la joue de bonne grace, il se crut le plus heureux des hommes ; si j'avais voulu l'écouter, je n'aurais cessé de mettre au même prix son courage à l'épreuve.

Finissons ces folies, dit la marquise, en affectant un peu d'humeur, et pensons à ce bal, puisqu'il y faut aller. Oh! madame se fâche! répondit le marquis; soyons sages, me dit-il tout bas, il y a un peu de jalousie : il nous regarda d'un air de satisfaction. Vous vous aimez bien toutes les deux, poursuivit-il; mais si vous alliez vous brouiller un jour à cause de moi!... cela serait bien singulier!... Allons-nous au bal, ou n'y allons-nous pas? interrompit la marquise. Elle se mit à sa toilette : on lui apporta ses dominos qu'elle ne voulut point mettre; elle en envoya chercher deux autres dont nous nous affublâmes gaiement. Vous connaissez le mien, dit le marquis, je le prendrai pour vous aller chercher : je ne crains pas d'être reconnu, moi! Il nous conduisit au bal, et nous promit de revenir à minuit précis.

Dès que nous parûmes à la porte de la salle, la foule des masques nous environna; on nous examina curieusement, on nous fit danser : mes yeux furent d'abord agréablement flattés de la nouveauté du spectacle. Les habits élégans, les riches parures, la singularité des costumes grotesques, la laideur même des travestissemens baroques, la bizarre représentation de tous ces visages cartonnés et peints, le mélange des couleurs, le murmure de cent voix confondues, la multitude des objets, leur mouvement perpétuel qui variait sans cesse le tableau en l'animant, tout se réunit pour surprendre mon attention bientôt lassée. Quelques nouveaux masques étant entrés, la contredanse fut interrompue, et la marquise, profitant du moment, se mêla dans la foule; je la suivis en silence, curieux d'examiner la scène en détail. Je ne tardai pas à m'apercevoir que chacun des acteurs s'occupait beaucoup à ne rien faire, et bavardait prodigieusement sans rien dire. On se cherchait avec empressement, on s'observait avec inquiétude, on se joignait avec familiarité, on se quittait sans savoir pourquoi; l'instant d'après on se reprenait de même en ricanant; l'un vous étourdissait du bruyant éclat de sa voix glapissante; l'autre, d'un ton nasillard, bredouillait cent platitudes qu'à peine il comprenait lui-même : celui-ci balbutiait un bon mot grossier, qu'il accompagnait de gestes ridicules; celui-là faisait une question sotte, à laquelle on répondait par une plus sotte plaisanterie. Je vis pourtant des gens cruellement tourmentés, qui certainement auraient acheté bien chèrement l'avantage d'échapper aux propos malins, aux regards persécuteurs. J'en vis d'autres bien ennuyés, dont apparemment l'objet principal avait été de passer la nuit au bal, de quelque manière que ce fût, et qui n'y restaient sans doute que pour se ménager la petite consolation d'assurer le lendemain qu'ils s'étaient beaucoup amusés la veille. Voilà donc ce que c'est qu'un bal masqué, dis-je à la marquise? Ce n'est donc que cela? Je ne suis pas étonné qu'ici de braves gens puissent être bafoués par des faquins, et des gens d'esprit mystifiés par des sots : je ne resterais sûrement pas, si je n'étais point avec vous. Taisez-vous, me répondit-elle, nous sommes suivis, et peut-être reconnus : ne voyez-vous pas le masque qui s'attache à nos pas? je crains bien que ce ne soit le comte; sortons de la foule, et ne vous étonnez pas.

C'était en effet M. de Rosambert: nous n'eûmes pas de peine à le reconnaître; car ne prenant pas même celle de déguiser sa voix, il eut seulement l'attention de parler assez bas, pour qu'il n'y eût que la marquise et moi qui pussions l'entendre. Comment se portent madame la marquise et sa belle amie, nous demanda-t-il avec un intérêt affecté? Je n'osais répondre. La marquise sentant qu'il serait inutile d'essayer de lui faire croire qu'il se trompait, aima mieux soutenir une conversation délicate, qu'elle aurait peut-être heureusement terminée par son adresse, si le comte eût été moins instruit. Quoi! c'est vous, M. le comte! vous m'avez reconnue! cela m'étonne! je croyais que vous aviez juré de ne plus me voir, et de ne me parler jamais. — Il est vrai que je vous l'avais promis, madame, et je sais combien cette assurance que je vous ai donnée, vous a mise à votre aise. — Je ne vous entends pas, et vous m'entendez mal; si je ne voulais pas vous voir, qui me forcerait à vous parler? Pourquoi serais-je venue ici chercher votre rencontre? — Chercher ma rencontre, madame! quoique l'aveu soit très-flatteur, je conviens que j'aurais eu peut-être la sottise de le croire sincère, si cette chère enfant que voilà... Monsieur, interrompit la marquise, n'avez-vous pas amené la comtesse?... Elle est très-aimable, la comtesse!... qu'en dites-vous? Je dis, madame, qu'elle est sur-tout très-officieuse!... La marquise l'interrompit encore, en jouant le dépit: Elle est très-aimable, la comtesse!... Monsieur, vous auriez dû l'amener. — Oui, madame! et vous lui auriez apparemment encore confié l'honnête emploi qu'elle a si généreusement accepté, si complaisamment rempli? — Quoi! c'est peut-être moi qui l'ai chargée de vous occuper toute la soirée, de vous engager à me faire une mauvaise querelle, à me répéter cent fois une maussade plaisanterie, à me pousser à bout enfin, de manière que je sois forcée à vous dire des choses désagréables, que vous n'avez pas manqué de prendre à la lettre, et dont je me serais repentie, si vous étiez venu hier, comme je l'espérais, solliciter votre pardon. — Mon pardon! vous me l'auriez accordé, madame! Ah! que vous êtes généreuse! Mais soyez tranquille, je n'abuserai pas de tant de bontés; je craindrais trop de vous embarrasser beaucoup, et de faire aussi bien de la peine à ma jeune parente, qui nous écoute si attentivement, et qui a de si bonnes raisons pour ne rien dire. Hé! monsieur, lui répliquai-je aussitôt, que pourrais-je vous dire? — Rien, rien que je ne sache ou que je ne devine. — Je conviens, M. de Rosambert, que vous savez quelque chose que madame ne sait pas; mais, ajoutai-je, en affectant de lui parler bas, ayez donc un peu plus de discrétion; la marquise n'a pas voulu vous croire avant-hier; que vous coûte-t-il de lui laisser, seulement encore aujourd'hui, une erreur qui ne laisse pas d'être piquante? Fort bien, s'écria-t-il, la tournure n'est pas mal adroite! Vous, si novice avant-hier! aujourd'hui si *manégé!* il faut que vous ayez reçu de bien bonnes leçons ! Que dites-vous donc, monsieur, reprit la marquise un peu piquée ? — Je dis, madame, que ma jeune parente a beaucoup avancé en vingt-quatre heures; mais je n'en suis pas étonné, on sait comment l'esprit vient aux filles. — Vous nous faites donc la grace de convenir enfin que mademoiselle du Portail est de son sexe ! — Je ne m'aviserai plus de le nier, madame; je sens combien il serait cruel pour vous d'être détrompée. Perdre une bonne amie, et ne trouver à sa place qu'un jeune serviteur ! la douleur serait trop amère. Ce que vous dites là est tout-à-fait raisonnable, répliqua la marquise avec une impatience mal déguisée; mais le ton dont vous le dites est si singulier ! Expliquez-vous, monsieur : cette enfant que vous m'avez présentée vous-même comme votre parente, est-elle (en parlant très-bas) mademoiselle du Portail, ou M. de Faublas ? Vous me forcez à vous faire une question bien extraordinaire ; mais, enfin, dites sérieusement ce qu'il en est. — Ce qu'il en est, madame ! je pouvais hasarder de le dire avant-hier; mais aujourd'hui c'est à moi à vous le demander. Moi, répondit-elle sans se déconcerter, je n'ai là-dessus aucune espèce de doute. Son air, ses traits, son maintien, ses discours, tout me dit qu'elle est mademoiselle du Portail; et d'ailleurs j'en ai des preuves que je n'ai pas cherchées. — Des preuves! — Oui, monsieur, des preuves. Elle a soupé chez moi avant-hier... — Je le sais bien, madame, et même elle était encore chez vous hier à dix heures du matin. — A dix heures du matin, soit; mais enfin nous l'avons reconduite chez elle. — Chez elle! faubourg Saint-Germain! — Non, près de l'Arsenal, et monsieur son père... — Son père! le baron de Faublas? — Mais point du tout! M. du Portail. M. du Portail nous a beaucoup remerciés, le marquis et moi, de lui avoir ramené sa fille! — Le marquis et vous, madame? Quoi! le marquis vous a accompagnés chez M. du Portail? — Oui, monsieur; qu'y a-t-il de si étonnant à cela? — Et M. du Portail a remercié le marquis? — Oui, monsieur.

Ici le comte partit d'un éclat de rire. Ah! le bon mari! s'écria-t-il tout haut; l'aventure est excellente! ah! l'honnête homme de mari! Il se préparait à nous quitter. Je crus qu'il fallait, pour l'intérêt de la marquise, et pour le mien propre, essayer de modérer son excessive gaieté. Monsieur, lui dis-je en baissant la voix, ne pourrait-on pas avoir avec vous une explication plus sérieuse? Il me regarda en riant : une explication sérieuse entre nous ce soir, ma chère parente? (Il souleva un peu mon masque.) Non, vous êtes trop jolie ; je vous laisse *aimer et plaire* ; d'ailleurs, il est juste que je profite aujourd'hui de mes avantages ; l'explication sera pour demain, si vous le voulez bien. — Pour demain, monsieur, à quelle heure, et dans quel endroit? — L'heure? je ne saurais vous la fixer; cela dépendra des circonstances. N'allez-vous pas souper chez la marquise? Demain il sera peut-être midi quand le très-commode marquis vous reconduira chez le très-complaisant M. du Portail ; vous serez probablement fatigué ; je ne veux point user d'un tel avantage ; il faudra vous laisser le temps de vous reposer ; je passerai chez vous dans la soirée. Je ne vous dis point adieu, j'aurai le plaisir de vous revoir une fois encore, avant que l'heure du berger sonne pour vous. Il nous salua, et sortit de la salle.

La marquise fut très-contente de son départ. Il nous a porté de rudes coups, me dit-elle; mais nous ne pouvions guère nous défendre mieux. Je lui observai que le comte avait eu l'attention de baisser la voix chaque fois qu'il lui avait lancé quelque vive épigramme, et qu'ayant seulement l'intention de nous tourmenter beaucoup, il avait paru du moins ne la vouloir pas compromettre jusqu'à un certain point. Je ne m'y fie pas, me répondit-elle; il sait que vous avez passé la nuit chez moi, il est piqué; le retour qu'il vous annonce n'est pas d'un bon augure; sans doute il nous prépare une attaque plus forte. Partons, ne l'attendons pas, n'attendons pas le marquis.

Nous nous disposions à sortir, lorsque deux masques nous arrêtèrent. L'un des deux dit à la marquise : Je te connais, beau masque. Bon soir, M. de Faublas, me dit l'autre. Je ne répondis point. Bon soir, M. de Faublas, répéta-t-il. Je sentis qu'il fallait recueillir mes forces et payer d'audace : Tu n'as pas l'art de deviner, beau masque; tu te trompes de nom et de sexe. — C'est que l'un et l'autre sont fort incertains. — Tu deviens fou, beau masque. — Point du tout : les uns te baptisent Faublas et te soutiennent beau garçon; les autres vous nomment du Portail, et jurent que vous êtes très-jolie fille. — Du Portail ou Faublas, lui répliquai-je fort interdit, que t'importe? — Distinguons, beau masque. Si vous êtes une jolie demoiselle, il m'importe à moi; si tu es un beau garçon, il importe à la jolie dame que voilà (en montrant la marquise). Je demeurai stupéfait. Il reprit : Répondez-moi, mademoiselle du Portail ; parle donc, M. de Faublas. — Décide-toi à me donner l'un ou l'autre nom, beau masque. — Ah ! si je ne considère que mon intérêt personnel et les apparences, vous êtes mademoiselle du Portail ; mais si j'en crois la chronique scandaleuse, tu es M. de Faublas.

La marquise ne perdait pas un mot de ce dialogue ; mais déjà trop pressée par l'inconnu qui l'avait attaquée, elle ne pouvait me secourir. Je ne sais si mon trouble ne m'allait pas trahir, lorsqu'il s'éleva dans la salle une grande rumeur : on se précipitait vers la porte, les masques se pressaient en foule autour d'un masque qui venait d'entrer ; ceux-ci le montraient au doigt ; ceux-là poussaient de longs éclats de rire, et tous ensemble criaient : *C'est monsieur le marquis de B***, qui s'est fait une bosse au front !* Dès que les deux démons qui nous persécutaient eurent entendu ces joyeuses exclamations, ils nous quittèrent pour aller grossir le nombre des rieurs. Enfin les voilà partis ! me dit ma belle maîtresse, un peu étonnée ; mais parmi ces cris redoublés, n'entendez-vous pas le nom du marquis ? Je parie que c'est un nouveau tour qu'on a joué à mon pauvre mari !

Cependant le tumulte allait toujours croissant; nous approchâmes, nous entendîmes des voix confuses qui disaient : Bon soir, monsieur le marquis de B***; qu'avez-vous donc au front, monsieur le marquis? depuis quand cette bosse vous est-elle venue? Et bientôt, dans les transports de leur turbulente gaieté, tous les masques répétaient : *C'est monsieur le marquis de B***, qui s'est fait une bosse au front!* A force de coudoyer nos voisins, nous parvînmes à joindre le masque tant baffoué : ce n'était ni le domino jaune du marquis, ni sa petite taille, et cependant c'était le marquis lui-même! Nous vîmes qu'on avait attaché, entre ses deux épaules, un petit morceau de papier, sur lequel étaient tracés, en caractères bien lisibles, ces mots, dont nos oreilles étaient remplies : *C'est monsieur le marquis de B***, qui s'est fait une bosse au front!* Il nous reconnut tout d'un coup. Je ne comprends rien à ceci, nous dit-il tout hors de lui; allons-nous-en. Toujours poursuivi par les huées dérisoires d'une folle jeunesse, toujours porté par les flots tumultueux de la foule empressée, il eut autant de peine à regagner la porte, qu'il en avait éprouvé pour pénétrer jusqu'au milieu de la salle.

Nous le suivîmes de près. Parbleu! nous dit

le marquis, si confondu, qu'il n'avait pas la force de prendre sa place dans la voiture, je ne comprends rien à cela; jamais je ne me suis si bien déguisé, et tout le monde m'a reconnu! La marquise lui demanda quel avait été son dessein. Je voulais, lui répondit-il, vous surprendre agréablement; dès que je vous ai vues dans la salle du bal, je suis retourné à l'hôtel, où j'ai fait part de mes projets à Justine, votre femme-de-chambre, et à celle de cette charmante enfant, car je les ai trouvées ensemble. J'ai pris un domino nouveau; je me suis fait apporter des souliers, dont les talons très-hauts devaient, en me grandissant beaucoup, me rendre méconnaissable. Justine a présidé à ma toilette. (Tandis qu'il parlait, la marquise détachait habilement l'étiquette perfide, et la fourrait dans sa poche.) Demandez à Justine; elle vous dira que je n'ai jamais été si bien déguisé, car elle me l'a répété cent fois, et cependant tout le monde m'a reconnu!

La marquise et moi nous devinâmes aisément que nos femmes-de-chambre nous avaient bien servis. Mais, reprit le marquis, après un moment de réflexion, comment ont-ils vu que j'avais une bosse au front? Aviez-vous conté mon accident? — A personne, je vous assure.

— Cela est bien singulier; ma figure est couverte d'un masque, et l'on voit ma bosse! je me déguise beaucoup mieux qu'à l'ordinaire, et tout le monde me reconnaît! Le marquis ne cessait de témoigner son étonnement par des exclamations semblables, tandis que la marquise et moi, nous nous félicitions tout bas de l'heureuse adresse de nos femmes, qui nous avaient épargné si comiquement les scènes fâcheuses auxquelles nous auraient exposés le déguisement de son mari, et la vengeance de mon rival.

Quel fut notre étonnement, lorsqu'en arrivant à l'hôtel, nous apprîmes que le comte nous y attendait depuis quelques minutes. Il vint à nous d'un air gai: J'étais sûr, mesdames, que vous ne resteriez pas long-temps à ce bal: c'est une assez triste chose qu'un bal masqué! ceux qui ne nous connaissent pas, nous y ennuient; ceux qui nous connaissent nous y tourmentent! Oh! interrompit le marquis, je n'ai pas eu le temps de m'y ennuyer, moi! tu vois comme je suis déguisé! — Hé bien! — Hé bien! dès que je suis entré, tout le monde m'a reconnu. — Comment, tout le monde? — Oui, oui, tout le monde; ils m'ont d'abord entouré: *Hé! bon soir, monsieur le marquis de B****, et

5.

d'où vous vient cette bosse au front, monsieur le marquis? et ils me serraient! et ils me poussaient! et des rires! et des gestes! et un bruit! je crois que j'en resterai sourd : je veux être pendu, si jamais j'y retourne! Mais comment ont-ils su que j'avais cette bosse au front? — Parbleu! elle se voit d'une lieue! — Mais mon masque? — Cela ne fait rien! Tenez, moi, j'ai été reconnu aussi. Bon! reprit le marquis d'un air consolé. Oui, continua le comte, mon aventure est assez drôle; j'ai rencontré là une fort jolie dame, qui m'estimait beaucoup, mais beaucoup, la semaine passée! J'entends, j'entends, dit le marquis. — Cette semaine, elle m'a éconduit d'une manière si plaisante!... Imaginez que j'ai été au bal avec un de mes amis, qui s'était fort joliment déguisé... La marquise effrayée l'interrompit : Monsieur le comte soupe sans doute avec nous? lui dit-elle, de l'air du monde le plus flatteur. — Si cela ne vous embarrasse pas trop, madame... Quoi! interrompit le marquis, vas-tu faire des façons avec nous? crois-moi, essaie plutôt de faire ta paix avec ta jeune parente, qui t'en veut beaucoup. — Moi! monsieur, point du tout! J'ai toujours pensé que M. de Rosambert était homme d'honneur; je le croyais trop galant homme pour abuser des circonstances... Il ne faut abuser de rien, me répondit le comte, mais il faut user de tout. Qu'est-ce que c'est que des circonstances? s'écria le marquis; qu'entend-elle par des circonstances? Quelles circonstances y a-t-il?... Rosambert, tu me diras cela; mais conte-nous donc ton histoire. — Volontiers. Messieurs, interrompit encore la marquise; on vous a déjà dit que le souper était servi. Oui, oui, allons souper, répondit le marquis; tu nous conteras ton malheur à table. La marquise alors s'approcha de son mari, et lui dit à mi-voix: Y songez-vous bien, monsieur, de vouloir qu'on raconte une histoire galante devant cette enfant? Bon, bon, lui répondit-il, à son âge, on n'est pas si novice; et s'adressant au comte: Rosambert, tu nous conteras ton aventure, mais tu gazeras tout cela de manière que cette enfant... tu m'entends bien?

La marquise nous plaça de manière que le comte était entre elle et moi, et que je me trouvais, moi, entre le comte et le marquis. Un regard prompt de ma belle maîtresse m'avertit d'apporter à notre situation critique l'attention la plus scrupuleuse, de ne parler qu'avec ménagement, d'agir avec la plus grande circonspection. Le marquis mangeait beaucoup et parlait davantage ; je ne répondais que par monosyllabes aux douces phrases qu'il m'adressait. Le comte enchérissait sur les éloges du marquis ; il me prodiguait, d'un ton railleur, les complimens les plus outrés, assurait malignement que personne au monde n'était plus aimable que sa jeune parente, demandait au marquis ce qu'il en pensait ; et préludant avec la marquise par de légères épigrammes, il protestait qu'elle seule, jusqu'à présent, savait précisément combien mademoiselle du Portail méritait d'être aimée. La marquise, également adroite et prompte, répondait vite et toujours bien : mesurant la défense à l'attaque, elle éludait sans affectation, ou se défendait sans aigreur : déterminée à ménager un ennemi qu'elle ne pouvait espérer de vaincre, aux questions pressantes elle opposait les aveux équivoques; elle atténuait les allégations fortes par les négations mitigées, et repoussait les sarcasmes plus amers qu'embarrassans, par les récriminations plus fines que méchantes : très-intéressée à pénétrer les secrets desseins du comte, dont la vengeance était si facile, elle l'examinait souvent d'un œil observateur; puis essayant de le fléchir en l'intéressant, elle l'accablait de politesses et d'attentions, prétextait une forte migraine, traînait languissamment les doux accens de sa voix presque éteinte, et, de ses regards supplians, sollicitait sa grace qu'elle ne pouvait obtenir.

Dès que les domestiques eurent servi le dessert et se furent retirés, le comte commença une attaque plus chaude, qui nous jeta, la marquise et moi, dans une mortelle anxiété.

LE COMTE.

Je vous disais, monsieur le marquis, qu'une jeune dame m'honorait la semaine passée d'une attention toute particulière...

LA MARQUISE, *tout bas.*

Quelle fatuité!... (*haut.*) Encore une bonne fortune! la matière est si usée!

LE COMTE.

Non, madame, une infidélité subite, avec des circonstances nouvelles qui vous amuseront...

LA MARQUISE.

Point du tout, monsieur, je vous assure.

LE MARQUIS.

Bon! les femmes disent toujours qu'une histoire galante les ennuie. Rosambert, conte-nous la tienne.

LE COMTE.

Cette dame était au bal... je ne sais plus quel jour... (*à la marquise*). Madame, aidez-moi donc, vous y étiez aussi...

LA MARQUISE, *vivement*.

Le jour! monsieur; hé! qu'importe le jour? Pensez-vous, d'ailleurs, que j'aie remarqué...

LE MARQUIS.

Passons, passons; le jour n'y fait rien.

LE COMTE.

Hé bien! j'allai à ce bal avec un de mes amis, qui s'était déguisé le plus joliment du monde, et que personne ne reconnut.

LE MARQUIS.

Que personne ne reconnut! il était bien habile, celui-là! quel habit avait-il donc?

LA MARQUISE, *très-vivement*.

Un habit de caractère, apparemment?

LE COMTE.

Un habit de caractère!... mais, non... (*en regardant la marquise.*) cependant je le veux bien, si vous le voulez; un habit de caractère, soit; personne ne le reconnut; personne, excepté la dame en question, qui devina que c'était un fort beau garçon.

(*Ici, la marquise sonna un domestique, le retint quelque temps sous différens prétextes; le marquis impatienté le renvoya; le comte reprit*):

La dame, charmée de sa découverte... Mais je ne veux plus rien dire, parce que le marquis la connaît.

LE MARQUIS, *riant.*

Cela se peut. D'abord, j'en connais beaucoup! mais cela ne fait rien, continue.

LA MARQUISE.

Monsieur le comte, on donnait hier une pièce nouvelle?

LE COMTE.

Oui, madame; mais permettez-moi de finir mon histoire.

LA MARQUISE.

Point du tout; je veux savoir ce que vous pensez de la pièce.

LE COMTE.

Permettez, madame...

LE MARQUIS.

Hé! madame, laissez-le donc nous raconter!...

LE COMTE.

Pour abréger, vous saurez que mon jeune ami plut beaucoup à la dame; que ma présence ne tarda pas à la gêner; et le moyen qu'elle imagina pour se débarrasser de moi...

LA MARQUISE.

C'est un roman, que cette histoire-là.

LE COMTE.

Un roman, madame! ah! tout-à-l'heure, si l'on m'y force, je convaincrai les plus incrédules. Le moyen qu'elle imagina fut de me détacher une jeune comtesse, son intime amie, femme très-adroite, très-obligeante, qui s'empara de moi tellement...

LE MARQUIS.

Comment! on t'a donc bien joué?

LE COMTE.

Pas mal, pas mal; mais beaucoup moins que le mari qui arriva...

LE MARQUIS.

Il y a un mari!... tant mieux!... j'aime beaucoup les aventures où figurent des maris comme j'en connais tant! Hé bien, le mari arriva... Qu'avez-vous donc, madame?

LA MARQUISE.

Un mal de tête affreux!... je suis au supplice... (*au comte*): Monsieur, remettez de grace à un autre jour le récit de cette aventure.

LE MARQUIS.

Hé! non, conte, conte donc, cela la dissipera.

LE COMTE.

Oui, je finis en deux mots.

MADEMOISELLE DU PORTAIL, *au marquis, tout bas.*

M. de Rosambert aime beaucoup à jaser, et ment quelquefois passablement.

LE MARQUIS.

Je sais bien, je sais bien; mais cette histoire est drôle : il y a un mari; je parie qu'on l'a attrapé comme un sot.

LE COMTE, *sans écouter la marquise qui veut lui parler.*

Le mari arriva, et ce qu'il y eut d'étonnant, c'est qu'en voyant la figure douce, fine, agréable, fraîche du jeune homme, si joliment déguisé, le mari crut que c'était une femme...

LE MARQUIS.

Bon!... oh! celui-là est excellent! on ne m'aurait pas attrapé comme cela, moi! je me connais trop bien en physionomie!

MADEMOISELLE DU PORTAIL.

Mais cela est incroyable!

LA MARQUISE.

Impossible! M. de Rosambert nous fait des contes... qu'il devrait bien finir, car je me sens fort incommodée.

LE COMTE.

Il le crut si bien, qu'il lui prodigua les complimens, les petits soins, et même il en vint jusqu'à lui prendre la main, et à la lui serrer doucement... (*au marquis*) tenez, à-peu-près comme vous faites à-présent à ma cousine.

LE MARQUIS, *étonné, quittant promptement ma main, qu'il tenait en effet.*

Il l'a fait exprès, me dit-il ; je crois qu'il voudrait que la marquise s'aperçût de notre intelligence. Qu'il est jaloux ! qu'il est méchant ! Et menteur ! lui répliquai-je ; menteur !... comme un avocat ! (*Le comte, toujours sourd aux instances que la marquise avait eu le temps de renouveler, reprit*) :

Tandis que le bon mari, d'un côté, épuisait les lieux communs de la vieille galanterie, et pressait la main chérie... la dame non moins vive, mais plus heureuse...

LA MARQUISE.

Hé ! monsieur, quelles femmes avez-vous donc connues ?... Vous nous peignez celle-là sous des couleurs !... Ne se peut-il pas que, trompée comme son mari, par les apparences...

LE COMTE.

Cela eût été très-possible ; mais je crois que cela n'était pas. Au reste, vous allez en juger vous-même ; écoutez jusqu'au bout.

LA MARQUISE.

Monsieur, s'il faut absolument que vous racontiez cette histoire, je vous prie au moins de songer que vous devez quelques ménagemens (*en regardant mademoiselle du Portail*) à certaines personnes qui vous écoutent.

LE MARQUIS.

Rosambert, madame a raison; gaze un peu cela, à cause de cette enfant (*en montrant mademoiselle du Portail*).

LE COMTE.

Oui!... oui!... La dame fort émue...

LA MARQUISE.

Monsieur, de grace, abrégez des détails qui ne sont pas... honnêtes.

MADEMOISELLE DU PORTAIL, *d'un ton fort brusque.*

Il est minuit, monsieur.

LE COMTE, *fort durement.*

Je le sais bien, mademoiselle, et si cette conversation vous ennuie, je ne dirai qu'un mot... pour l'achever.

LE MARQUIS, *à mademoiselle du Portail.*

Il est très-piqué contre vous. Les amitiés que vous me faites!... il est jaloux comme un tigre!

LA MARQUISE.

Monsieur le comte, à propos, pendant que j'y pense, avez-vous obtenu du ministre...

LE COMTE.

Oui, madame, j'ai obtenu tout ce que je voulais; mais laissez-moi...

LE MARQUIS.

Ah, ah! qu'est-ce que tu sollicitais donc?

LE COMTE.

Une petite pension de dix mille livres pour le jeune vicomte de G***, mon parent; il y a déjà plusieurs jours... Pour revenir à mon aventure..

LE MARQUIS.

Oui, oui, revenons-y.

LA MARQUISE.

Il doit être bien content de vous, le vicomte?

LE COMTE.

La dame fort émue...

LA MARQUISE.

Monsieur le comte, répondez-moi donc.

LE COMTE.

Oui, madame, il est très-content... La dame fort émue...

LA MARQUISE.

Et son cher oncle le commandeur?

LE COMTE.

En est fort aise aussi, madame; mais vous vous intéressez prodigieusement...

LA MARQUISE.

Oui; tout ce qui regarde mes amis me touche sensiblement, et cette affaire me tourmentait à cause de vous; si vous m'en aviez parlé plutôt, j'aurais pu vous y servir...

LE COMTE.

Madame, je suis très-sensible... mais permettez-moi...

LA MARQUISE.

A-t-il en effet rendu quelque service à l'état, le vicomte?

LE COMTE, *en riant.*

Oui, madame; sans lui, le duc de*** n'avait pas d'héritier; la maison s'éteignait.

LA MARQUISE.

Mais si l'on récompense aussi magnifiquement tous ceux qui servent l'état de cette manière, je ne m'étonne plus de l'embarras où est le trésor royal...

LE COMTE.

Très-bien, madame; cependant permettez...

LA MARQUISE.

Enfin, n'importe: si jamais pareille occasion se présente, employez-moi, ou bien nous nous brouillerons mortellement.

LE COMTE.

Madame, je vous rends grace... permettez

qu'enfin je reprenne le récit de mon aventure.

LA MARQUISE.

Oh! si vous vous adressiez à d'autres, je ne vous le pardonnerais pas, je vous en avertis.

LE MARQUIS.

Allons, voilà qui est dit : laissez-le donc finir son histoire.

LE COMTE.

La dame fort émue prodiguait au jeune Adonis...

LA MARQUISE.

Quelle migraine j'ai!

LE COMTE.

Prodiguait au jeune Adonis...

LA MARQUISE, *tirant le marquis à part, et lui parlant à mi-voix.*

Monsieur, je vous le répète, il n'est pas décent de conter devant cette enfant...

LE MARQUIS.

Bon! bon! elle en sait plus qu'on ne croit! la petite personne est futée! allez, je me connais en physionomie!

LE COMTE.

Monsieur le marquis, je ne pourrai jamais finir ce récit, on m'interrompt à tout moment; mais je vais rentrer chez moi, et, demain matin, je vous enverrai tous les détails par écrit.

LA MARQUISE.

Bonne plaisanterie!

LE COMTE, *au marquis*.

Non, je vous l'enverrai, parole d'honneur, et je mettrai les lettres initiales de chaque nom... à moins qu'on ne me laisse finir ce soir.

LE MARQUIS.

Hé bien, allons donc, finis.

LA MARQUISE.

A la bonne heure, finissez; mais songez...

LE COMTE.

La dame fort émue prodiguait au jeune Adonis les confidences flatteuses, les doux propos, les petits baisers tendres... c'était vraiment une scène à voir... on ne peut la peindre... mais on pourrait la jouer... Tenez, jouons-la.

LE MARQUIS.

Tu badines!

LA MARQUISE.

Quelle folie!

MADEMOISELLE DU PORTAIL.

Quelle idée!

LE COMTE.

Jouons-la; madame sera la dame en question; moi je suis le pauvre amant bafoué... Ah! c'est qu'il nous manquera une comtesse!... (*à la marquise*); mais madame a des talens précieux, elle peut bien remplir à-la-fois deux rôles difficiles.

LA MARQUISE, *avec une colère contrainte.*

Monsieur !...

LE COMTE.

Je vous demande pardon, madame, ce n'est qu'une supposition.

LE MARQUIS.

Mais sans doute, il ne faut pas que cela vous fâche.

LA MARQUISE, *d'une voix éteinte, et les larmes aux yeux.*

Il s'agit bien des rôles qu'on m'offre, monsieur... mais c'est qu'il est bien cruel que je me plaigne depuis une heure d'être fort mal, sans qu'on daigne y faire la moindre attention. (*Au comte, en tremblant.*) Peut-on, monsieur, sans vous offenser, vous observer qu'il est tard, et que j'ai besoin de repos?

LE COMTE, *un peu touché.*

Je serais désolé de vous importuner, madame.

LA MARQUISE.

Vous ne m'importunez pas, monsieur; mais je vous répète que je suis malade, et fort malade.

LE MARQUIS.

Hé! mais, comment ferons-nous? où couchera mademoiselle du Portail?

LA MARQUISE, *vivement.*

En vérité, monsieur, il semble qu'il n'y ait pas un appartement dans cet hôtel!

Effrayé de la tournure que l'entretien venait de prendre, je m'approchai du comte : Charmante enfant, me dit-il tout bas, laissez-moi; tout ce que vous me direz ne vaut pas ce que je suis curieux de savoir au juste, et ce que je vais apprendre tout-à-l'heure.

LE MARQUIS.

Il y a des appartemens, madame; mais cette enfant n'aura-t-elle pas peur toute seule?

LE COMTE, *avec vivacité.*

Pas plus que la dernière fois.

LE MARQUIS, *brusquement, en montrant la marquise.*

Mais la dernière fois elle a couché avec madame!

LE COMTE.

Ah !

LA MARQUISE, *troublée, balbutie.*

Elle a couché dans mon appartement... et moi...

LE MARQUIS.

Elle a couché dans votre lit, avec vous; je le sais bien, puisque j'ai moi-même fermé les rideaux; ne vous en souvenez-vous pas?

6.

(*La marquise, confondue, ne répondit pas; le marquis continua, en affectant de parler bas.*)

Ne vous souvenez-vous pas que je suis venu dans la nuit?...

(*La marquise porta la main à son front, jeta un cri de douleur et s'évanouit.*)

Je n'ai jamais pu découvrir si cet évanouissement était bien naturel ; mais je sais que, dès que le marquis nous eut quittés pour aller, dans son appartement, chercher lui-même une eau qu'il disait souveraine en pareil cas, la marquise reprit ses sens, rassura promptement Justine et la Dutour, accourues pour la secourir, leur ordonna de nous laisser, et que, s'adressant au comte, Monsieur, lui dit-elle, avez-vous donc juré de me perdre? — Non, madame, j'ai voulu m'instruire de quelques détails que j'ignorais, vous prouver qu'on ne me joue pas impunément, et vous forcer de convenir que je suis capable de me venger... De vous venger? interrompit-elle, et de quoi? Je sais pourtant, continua-t-il, maître de mon ressentiment, ne pas porter la vengeance trop loin. Maintenant, madame, vous voilà tranquille, à une condition cependant. Je sens, ajouta-t-il, en nous regardant malignement, je sens que je vais vous affliger tous deux : vous vous étiez promis une nuit heureuse, heureuse autant que celle d'avant-hier ; mais vous, monsieur, vous m'avez trop peu ménagé, pour que je m'intéresse au succès de vos projets galans ; et vous, madame, vous n'espérez pas, sans doute, que, ministre complaisant de vos plaisirs... Moi, monsieur ! s'écria-t-elle, je n'espère rien de vous ; mais je croyais aussi n'en avoir rien à craindre : et, quelle que soit ma conduite, d'où vous viendrait donc, je vous en supplie, le droit que vous vous attribuez de l'éclairer ? Rosambert ne répondit à cette question que par un sourire amer : Que ministre complaisant de vos plaisirs, poursuivit-il, je puisse voir, comme un mari... chargez-vous de choisir l'épithète... je puisse voir M. de Faublas passer dans vos bras en ma présence même. — M. de Faublas dans mes bras ! — Ou mademoiselle du Portail dans votre lit, n'est-ce pas la même chose? Hé! mais, madame, je croyais que là-dessus nous étions d'accord ? Croyez-moi, le temps est cher, ne le perdons pas à disputer plus long-temps sur les mots; composons. Que cette charmante enfant m'accorde l'honneur de l'accompagner ; que je la reconduise chez son père tout-à-l'heure ; à cette condition je me tais.

Le marquis entra, tenant un flacon. Je suis très-sensible à vos soins, lui dit la marquise; mais vous voyez que je suis un peu moins mal : je voudrois être tout-à-fait bien, afin de pouvoir garder mademoiselle du Portail. Comment! s'écria le marquis. — Je suis toujours fort incommodée; il est impossible que cette chère enfant passe la nuit chez moi. — Hé bien! madame, n'y a-t-il pas, comme vous le disiez tout-à-l'heure, un appartement dans cet hôtel? — Oui, monsieur; mais vous m'avez fait une objection à laquelle je me rends; cette enfant auroit peur... D'ailleurs, la laisser ainsi toute seule!... je ne le souffrirai pas. — Elle ne sera pas seule, madame; sa femme-de-chambre est ici. — Sa femme-de-chambre!... sa femme-de-chambre!... Hé bien! monsieur, puisqu'il faut tout vous dire, M. du Portail ne veut pas que mademoiselle sa fille couche ici. — Qui vous l'a dit, madame? — Monsieur le comte vient de m'annoncer seulement tout-à-l'heure que M. du Portail l'a prié de passer ici pour lui ramener sa fille. — Pourquoi donc ne nous as-tu pas dit cela tout de suite, toi? Mais... répondit Rosambert en riant, c'est que je n'ai pas voulu troubler votre joie pendant le souper. M. du Portail envoie chercher sa fille! reprit le marquis. Croit-il qu'elle est mal ici ? Pourquoi d'ailleurs te charger de cette commission ? Il nous doit une visite et des remercîmens ; quand il serait venu lui-même !... je le verrai. Je veux savoir quelles raisons... Je le verrai.

Je fis une profonde révérence à la marquise ; elle se leva et vint à moi pour m'embrasser. M. de Rosambert se jeta entre elle et moi : Madame, vous êtes si incommodée ! ne vous dérangez pas ; et la prenant doucement par le bras, il la força de s'asseoir ; ensuite il prit ma main d'un air galant, et le marquis ne vit qu'avec le regret le plus vif, mademoiselle du Portail et la Dutour s'éloigner dans la voiture du comte.

Au détour de la première rue, M. de Rosambert ordonna à son cocher d'arrêter. Je connais ce visage-là, me dit-il en regardant ma prétendue femme-de-chambre ; je ne crois pas que le ministère de cette brave femme vous soit agréable chez M. de Faublas ; ainsi nous nous dispenserons de la promener jusque-là. La Dutour descendit sans répliquer un seul mot, et nous continuâmes notre route. Je fis remarquer au comte que nous étions libres enfin ; qu'il avait trop abusé de l'embarras de ma position, et qu'il ne pouvait se dispenser de m'accorder une prompte satisfaction. Je ne vois ce soir que mademoiselle du Portail, me répondit-il; demain, si le chevalier de Faublas a quelque chose à me dire, il me trouvera chez moi. Nous ferons ensemble un déjeûner de garçon; je dirai librement à mon ami ce que je pense de sa conduite; et s'il est raisonnable, j'espère le convaincre sans peine qu'il ne doit pas être si mécontent de la mienne. Cependant nous arrivâmes à la porte de l'hôtel : ce fut M. Person lui-même qui me l'ouvrit; il m'apprit que le baron avait attendu mon retour avec plus d'inquiétude que de colère, et que, désespérant enfin de me revoir ce soir, il ne s'était couché qu'après avoir recommandé vingt fois à Jasmin d'aller, dès qu'il serait jour, me chercher au bal, ou chez le marquis de B***.

Je me retirai dans mon appartement, où, rappelant à mon esprit les divers événemens de cette journée si peu tranquille, je fus moins étonné d'avoir pu la passer tout entière sans m'occuper de ma Sophie; et comme pour réparer ce long oubli, je répétai vingt fois son nom chéri. J'avoue pourtant que celui de la marquise vint aussi quelquefois sur mes lèvres; j'avoue que d'abord il me parut dur d'être réduit à pousser d'inutiles soupirs dans mon lit solitaire ; mais je pris le parti d'offrir à ma Sophie le sacrifice de mes plaisirs, quelque involontaire qu'il eût été, et je m'endormis presque consolé du célibat auquel la vengeance du comte m'avait condamné.

J'allai, dès qu'il fit jour, présenter mes devoirs au baron. Il me dit, avec beaucoup de douceur : Faublas, vous n'êtes plus un enfant; je vous laisse une honnête liberté ; j'espère que vous n'en abuserez pas ; j'espère que vous ne passerez jamais les nuits ailleurs que dans cet hôtel : songez que je suis père, et que si mon fils m'aime, il doit craindre de m'inquiéter.

Je me hâtai de me rendre chez M. de Rosambert, qui déjà m'attendait. Dès qu'il m'aperçut, il vint à moi en riant; et sans me laisser le temps de dire un seul mot, il se jeta à mon cou : Que je vous embrasse, mon cher Faublas! votre aventure est délicieuse ! plus je m'en occupe, et plus elle m'amuse. Je l'interrompis brusquement : Je ne suis pas venu pour recevoir vos complimens... Le comte me pria d'un ton plus sérieux de m'asseoir : Vous pourriez, me dit-il, m'en vouloir encore ! je vous reverrais dans les mêmes dispositions ! allons donc, mon jeune ami, vous êtes fou. Quoi ! une ingrate beauté vous favorise et me délaisse; c'est moi qu'on sacrifie; c'est à vous qu'on m'immole, et vous vous fâchez! Je ne punis que par une inquiétude momentanée, les galantes tromperies du couple adroit qui me joue, et c'est par le sang de son ami que M. de Faublas prétend venger les petites tribulations de mademoiselle du Portail! Je vous jure que cela ne sera pas. Mon cher Faublas, j'ai sur vous l'avantage de six années d'expérience; je sais très-bien qu'à seize ans on ne connaît que sa maîtresse et son épée; mais à vingt-deux, un homme du monde ne se bat plus pour une femme.

Je donnai quelques signes d'étonnement qu'il remarqua. Croyez-vous au véritable amour? ajouta-t-il aussitôt; c'est encore une des illusions de l'adolescence, je vous en avertis. Moi, je n'ai vu par-tout que la galanterie. Qu'est-ce d'ailleurs que votre aventure? Une bonne fortune, et rien de plus; et d'une histoire comique, nous ferions une tragédie! nous nous égorgerions pour une belle dame qui me quitte aujourd'hui, et qui demain vous plantera là! Chevalier, gardez votre courage pour une occasion plus importante; on ne peut désormais soupçonner le mien. Il est trop vrai que le fatal concours des circonstances nous force quelquefois à verser le sang d'un ami : puisse l'honneur, l'inflexible honneur, ne vous réduire jamais à cette horrible extrémité !... Mon cher Faublas, j'avais à-peu-près votre âge, quand la marquise de Rosambert, dont je suis le fils unique, achevait sa trente-troisième année; elle était si fraîche encore, qu'on ne lui eût pas donné plus de vingt-cinq ans; dans le monde, on l'appelait ma sœur aînée. Avec les agrémens de la jeunesse, elle avait conservé ses goûts; elle aimait les assemblées nombreuses et les plaisirs bruyans. Une nuit que je l'avais conduite au bal de l'Opéra, on l'y insulta publiquement. J'accourus aux cris de la marquise, qui venait d'ôter son masque ; déja l'insolent inconnu l'avait suppliée d'excuser sa méprise, et se perdait dans la foule. Je le joignis ; je l'obligeai de se démasquer ; je reconnus le jeune Saint-Clair, Saint-Clair, compagnon de mon enfance, et de tous mes amis le plus cher. *Je ne croyais pas que ce fût la marquise de Rosambert!* Voilà tout ce qu'il me dit ; c'était beaucoup, sans doute... Hélas! un murmure général nous fit comprendre que ce n'était pas assez : l'honneur voulait du sang ; nous nous battîmes. Saint-Clair succomba ; je tombai sans connaissance auprès de mon ami mourant. Pendant plus de six semaines, une horrible fièvre brûla mon sang et troubla ma raison. Dans mon délire affreux, je ne voyais que Saint-Clair; sa plaie saignait sous mes yeux; les convulsions de la mort agitaient ses membres tremblans, et cependant il me regardait d'un air attendri; d'une voix éteinte il m'adressait de touchans adieux : dans ses derniers momens, il ne paraissait sensible qu'à la douleur de quitter le barbare qui venait de l'immoler. Long-temps cette affreuse image me poursuivit, long-temps on trembla pour ma vie : enfin la nature, secondée des efforts de l'art, opéra ma guérison; mais je recouvrai ma raison sans perdre mes remords. Le temps qui console de tout, a séché mes pleurs; mais jamais, jamais le souvenir de cet affreux combat ne s'effacera de ma mémoire... Chevalier, je ne me verrais qu'avec peine obligé de me battre avec un inconnu; jugez si j'irai, sans raison, exposer ma vie pour menacer la vôtre... Ah ! si jamais l'inflexible honneur nous y forçait, mon cher Faublas, je vous le jure, votre victoire ne serait ni pénible, ni glorieuse; j'ai trop éprouvé qu'en pareil cas, celui qui meurt n'est pas le plus malheureux.

Rosambert me tendit les bras; je l'embrassai de bon cœur; son trouble se dissipa peu-à-peu.

Déjeûnons, me dit-il ; et reprenant sa première gaieté : Vous veniez me faire une querelle, ingrat, quand vous me devez mille remercîmens. — Je vous dois ?... — Sans doute ; n'est-ce pas moi qui vous ai fait connaître la marquise ? Il est vrai que je ne prévoyais pas le malin tour qu'on me jouerait : j'aurais pu pressentir une infidélité ; mais deviner qu'elle aurait lieu si promptement, avec des circonstances si singulières ! (il se mit à rire.) Oh ! mais plus j'y pense, plus je crois devoir vous féliciter. Elle est délicieuse, votre aventure ! et puis vous entrez dans le monde par la belle porte ! La marquise est jeune, belle, pleine d'esprit, considérée à la ville, bien venue à la cour, intrigante en diable ; elle jouit d'un crédit immense, et sert ses amis chaudement. Je témoignai au comte que je n'emploierais jamais de tels moyens pour aller à la fortune. Et vous avez tort, me répondit-il : combien de gens d'un vrai mérite ne se sont pourtant avancés que par là ! Mais laissons cela : ne me donnerez-vous pas quelques détails sur cette nuit joyeuse, de laquelle vous vous étiez bien trouvé sans doute, puisque, sans moi, vous auriez fait le lendemain ?

Je ne me fis pas presser. Ah ! la rusée marquise ! s'écria le comte, après m'avoir entendu ;

ah! la fine dame! comme elle a filé son bonheur! Et son honnête époux, le cher marquis, le plus doux, le plus crédule, le plus complaisant des commodes maris dont la France abonde! En vérité, il me ferait croire que certains hommes ont été mis dans ce bas monde tout exprès pour servir à l'amusement de leur prochain. Mais sa femme! sa femme!... — Est très-aimable. — Je le sais bien; je le savais même avant vous! et nous nous serions coupé la gorge à cause d'elle! ah! — Je conviens, Rosambert, que nous aurions mal fait. — Très-mal; et puis c'est qu'une telle incartade aurait été d'un exemple fort dangereux. — Comment? — Tenez, Faublas, dans le cercle borné de chacune des sociétés particulières qui composent ce que la bonne compagnie appelle le *monde*, il y a nombre d'intrigues qui se croisent, une foule d'intérêts qui se contrarient: tel est le mari de celle-ci, qui est l'amant de celle-là; tel est aujourd'hui sacrifié, qui demain vous immole. Les hommes sont entreprenans, ils attaquent sans cesse; les femmes sont faibles, elles cèdent toujours. Il résulte de là, que le célibat devient un état fort doux, que le joug du mariage paraît moins insupportable; la jeunesse s'amuse, l'état se peuple, et tout le monde est content. Eh bien! si la jalousie allait répandre aujourd'hui son noir poison ; si les maris qu'on attrape s'armaient pour réparer l'honneur de leurs fragiles moitiés ; si les amans qu'on délaisse s'égorgeaient pour se disputer un cœur volage, vous verriez une désolation générale ; la ville et la cour deviendraient un vaste champ de carnage. Combien de femmes crues sages seraient tout-à-coup veuves! que de beaux enfans, réputés légitimes, pleureraient leurs pères! que de charmans bâtards végéteraient abandonnés! la génération présente passerait après avoir fait, mais avant d'avoir élevé sa postérité. — Quel tableau vous faites! Rosambert: vous peignez la galanterie ; mais l'amour tendre et respectueux... — N'existe plus ; il ennuyait les femmes! les femmes l'ont tué. — Vous n'estimez donc guère les femmes? — Moi! je les aime... comme elles veulent être aimées. Ah! lui répliquai-je avec la plus grande vivacité, je vous pardonne vos blasphêmes, vous ne connaissez pas ma Sophie! Il me demanda l'explication de ces derniers mots; mais je la lui refusai avec cette discrétion qui, surtout dans sa naissance, accompagne le véritable amour.

Cependant nous déjeûnions comme on dîne,

le vin de Champagne n'était pas épargné, et l'on sait que Bacchus est le père de la gaieté. Il me parut que le comte, s'il estimait peu les femmes, les aimait beaucoup, et se plaisait à parler d'elles. Plein du système qu'il soutenait, il l'appuyait du scandaleux récit des anecdotes galantes du jour. Rosambert m'embarrassait sans me persuader; à chaque exemple qu'il me donnait, je répondais toujours qu'une exception, loin de détruire la règle, la prouvait. Mais vous ne savez donc pas, me dit-il avec chaleur, vous ne savez donc pas à quel point la bonne moitié des individus de ce sexe tant honoré, porte chaque jour l'entier oubli de cette modestie naturelle, de cette pudeur innée que vous lui supposez. Il se leva avec vivacité, et riant de toutes ses forces : Parbleu ! tenez... vous n'avez pas disposé de votre journée?... venez avec moi, venez... je vais de ce pas vous présenter à une belle dame... nous en trouverons chez elle beaucoup d'autres... elles sont jolies ; vous serez le maître de les estimer toutes, et tant qu'il vous plaira.

Tous deux en pointe de vin, nous montâmes dans un honnête fiacre, qui s'arrêta devant une maison d'assez belle apparence; mais les airs cavaliers de la maîtresse du logis, le ton leste dont le comte la traitait, l'accueil non moins leste dont elle m'honora, tout me fit soupçonner que j'étais engagé dans une partie de filles. J'en demeurai convaincu, quand la brave dame, de qui le comte paraissait très-connu, et qui voulait, disait-elle poliment, me déniaiser, m'eut montré toutes les curiosités de sa maison.

M. de Rosambert prenait la peine de m'expliquer tout lui-même : voilà, me dit-il, le cabinet de bain; c'est ici que se blanchissent et se parfument les gentilles recrues que la ville et les campagnes fournissent journellement à cette active entremetteuse. Dans cette armoire, vous voyez plusieurs flacons d'une eau très-astringente, dont le grand mérite est de réparer toute espèce de brèche faite à ce que les vierges appellent leur vertu. Beaucoup de demoiselles bien nées s'en servent discrètement, et vont ensuite, la première nuit des noces, offrir au mortel heureux qui les épouse, un honneur tout neuf. A côté, remarquez *l'essence à l'usage des monstres;* elle produit un effet tout contraire ; aussi ne s'en sert-on jamais ! Hélas ! il est passé le temps des miniatures ! et dans tout Paris, je gage, on ne trouverait plus une seule petite femme qui eût besoin de cette eau-là. En revanche, si celle que vous voyez dans ces flacons plus grands, est aussi bonne qu'on le prétend, il s'en fera bientôt une prodigieuse consommation ; vous verrez accourir chez le docteur *Guibert de Préval*, une foule de clercs de procureurs, quelques robins, beaucoup de grands seigneurs, une partie de nos militaires, et presque tous nos abbés; c'est le *fameux spécifique*.

Vous savez, Faublas, ce que c'est qu'un cabinet de toilette; celui-ci n'a rien de remarquable ; passons.

C'est ici la salle de bal; on n'y danse pas, mais on s'y déguise. Vous prenez cela pour une armoire? c'est une porte de communication; elle rend dans une maison qui a son entrée dans une autre rue. Une femme de qualité a-t-elle de secrets besoins qu'elle soit pressée de satisfaire? elle entre par là, se déguise en suivante, montre ses appas sous la bure, et reçoit les vigoureux embrassemens d'un rustre grossier, déguisé en prélat, ou d'un gros prélat, si naturellement travesti, qu'on le prend pour un rustre : ainsi l'on se rend mutuellement service; et comme personne ne se reconnaît, on n'a d'obligation à personne.

Maintenant, entrons dans *l'infirmerie*; que

le mot ne vous alarme pas. Ouvrez, si bon vous semble, ces brochures licencieuses, considérez ces peintures obscènes : elles furent mises ici pour rallumer l'imagination de ces vieux débauchés, que la mort a frappés d'avance dans l'endroit le plus sensible ; et c'est encore avec ces petits faisceaux de genêt parfumés qu'on les ressuscite. Vous concevez qu'un pareil moyen serait trop violent pour le beau sexe ; aussi lui a-t-on réservé ces pastilles : elles sont tellement irritantes, qu'une femme qui en a mangé, prend d'abord ce qu'on appelle la rage d'amour. Au reste, on ne les emploie ordinairement que contre quelques jolies villageoises, froides par tempérament, et vertueuses de bonne foi. Nos honnêtes femmes, qui ont du monde et de l'éducation, ne résistent jamais assez pour qu'on soit réduit à les attaquer avec ces armes-là.

Venez, venez, approchez-vous ; parmi les plantes curieuses du jardin du roi, n'avez-vous pas remarqué celle-ci ? C'est cela que bien des pauvres filles ont appelé leur consolateur. Vous n'imaginez pas à combien de dévotes madame en a fourni.

Cette dernière pièce se nomme le salon de Vulcain. Il n'y a rien de remarquable que cet infernal fauteuil. Une malheureuse qu'on y jette, s'y trouve renversée sur le dos; ses bras restent ouverts, ses jambes s'écartent mollement; on la viole, sans qu'elle puisse opposer la moindre résistance. Vous frémissez, Faublas! et pour cette fois, vous avez raison. Je suis jeune, ardent, libertin, peu scrupuleux, si vous voulez; mais en vérité, je crois que je ne pourrais jamais me résoudre à asseoir de force une pauvre vierge dans ce fauteuil-là.

Le comte ajouta: Si nous étions venus plutôt, on nous aurait donné deux petites bourgeoises; mais faute de mieux, voyons le sérail. C'était ainsi qu'il appelait la salle où se trouvaient rassemblées beaucoup de nymphes, qui toutes passèrent devant nous, en briguant l'honneur du mouchoir. Rosambert prit la plus jolie; j'eus la singulière fantaisie de choisir la plus laide.

En attendant, me dit le comte, qu'on ait servi le dîner que j'ai demandé, nous pouvons, chacun de notre côté, commencer avec notre belle un bout de conversation; à table, nous formerons la partie carrée. Né curieux, je me sentis l'envie d'examiner un peu en détail la nymphe que je m'étais choisie; il me parut important de savoir quelle différence il y avait entre une belle marquise et une laide courtisane. Le sujet était peu digne de mon attention ; la recherche m'amusa d'abord uniquement par les objets de comparaison qu'elle m'offrit : insensiblement j'y pris feu, et machinalement, je songeai à pousser l'examen aussi loin qu'il pouvait aller. La nymphe s'aperçut de mes heureuses dispositions ; et ne me laissant pas le temps de réfléchir davantage, elle m'invita à tenter l'attaque, et se prépara fièrement à la soutenir ; mais tout-à-coup, sans que j'eusse besoin d'expliquer mes intentions pacifiques, la guerrière expérimentée vit qu'il n'y aurait pas entre nous la plus légère escarmouche. Elle se releva nonchalamment, et me regardant avec attention : Tant mieux, dit-elle, c'aurait été dommage ! Il est impossible de se figurer combien je fus frappé du sens très-clair que présentaient ces mots : Ç'aurait été dommage. Je n'examinai pas ce que Rosambert deviendrait, je m'enfuis de cette infame maison, en jurant que je n'y retournerais de ma vie.

Le comte était chez moi le lendemain à dix heures du matin ; il venait savoir quelle terreur panique m'avait saisi, et m'assura que mon aventure, s'étant répandue dans cette maison, avait singulièrement diverti tous ceux qui s'y trouvaient. — Quoi! Rosambert, cette fille me dit : Ç'aurait été dommage, et vous appelez ma terreur une terreur panique! — Oh! cela est différent! la nymphe a un peu tronqué l'aventure... Elle se gardait bien de nous apprendre.... le *Ç'aurait été dommage* change entièrement l'histoire... Il est d'un bon genre le Ç'aurait été dommage! Hé bien! Faublas, cette femme qui vous félicite froidement d'avoir échappé à un danger qu'elle vous invitait à courir, l'estimez-vous? — Vous me faites là une plaisante question, Rosambert; hé! que pourriez-vous conclure de ma réponse, contre son sexe en général? — Vous esquivez! Mon ami, vous êtes donc incorrigible? Hé bien! estimez, estimez, puisque vous le voulez absolument; moi, je vais me coucher. — Comment! vous coucher? D'où venez-vous donc? — Que voulez-vous! dans le monde il faut s'amuser de tout. J'ai trouvé là le commandeur de ***, le petit chevalier de M***, l'abbé de D***; nous avons fait toute la soirée et toute la nuit un vacarme! une orgie! cela était délicieux! mais je vais me coucher.

J'étais à peine habillé quand mon père monta chez moi; il me dit que M. du Portail m'attendait à dîner. Il ajouta : Vous passerez ensemble toute la soirée; je soupe dans ce quartier-là, j'irai vous prendre chez lui, je vous ramènerai.

Je me hâtai de sortir, car j'étais pressé de voir ma jolie cousine. Elle vint au parloir avec ma sœur. Que vous êtes heureux! me dit vivement Adélaïde, vous allez au bal! vous y passez les nuits! vous y avez fait la connaissance d'une fort jolie dame! — Et qui vous a dit tout cela? — M. Person, qui n'a pas de secrets pour nous. Sophie baissait les yeux et gardait le silence; ma sœur continua ainsi : Dites-nous donc quelle est cette dame?... et un bal masqué! cela doit être beau! — Fort ennuyeux; je vous assure; et quant à cette dame, elle est jolie, mais beaucoup moins... oh! beaucoup moins que ma jolie cousine. Sophie, toujours muette, toujours les yeux baissés, ne paraissait occupée que de quelques breloques qui manquaient au cordon de sa montre; mais la rougeur dont son front s'était couvert, la trahit: je vis que notre conversation la touchait d'autant plus, qu'elle affectait de s'y intéresser moins. Vous avez du chagrin, ma jolie cousine? — Répondez donc, mademoiselle, lui dit sa vieille gouvernante. — Non, monsieur; mais c'est que... c'est que j'ai mal dormi cette nuit. — Oui, dit encore la vieille, cela est vrai; mademoiselle, depuis trois ou quatre jours, s'accoutume à ne pas dormir... c'est une fort mauvaise habitude, fort mauvaise; on en meurt très-bien : moi qui vous parle, j'ai connu mademoiselle... tenez, mademoiselle Storch... Vous n'avez pas connu cela, vous, mademoiselle, vous êtes trop jeune... dame! il y a bien quarante-cinq ans que cela est arrivé... Mademoiselle Storch...

La vieille avait ainsi commencé son histoire, et si je ne voulais pas être privé du bonheur de voir ma jolie cousine, il fallait en écouter tranquillement la longue narration. Sophie m'épargna ce déplaisir pour m'en causer un plus vif. Elle se leva; sa gouvernante lui demanda avec humeur ce qu'elle avait; elle répondit qu'elle se sentait fort incommodée; sa voix tremblait. Voilà comme vous faites toujours, répliqua la vieille; on n'a jamais le temps de parler à personne. Monsieur le chevalier, venez demain, vous verrez comme cela est intéressant, et qu'on a bien raison de dire qu'il faut que les jeunes personnes dorment! — Mon frère, vous permettez que je suive ma bonne amie? — Oui, ma chère Adélaïde, oui... Ayez bien soin d'elle! Sophie, en me saluant, leva enfin les yeux; elle laissa tomber sur moi un regard douloureux qui pénétra dans mon cœur pour y éveiller le remords.

Il était temps de me rendre à l'invitation de M. du Portail. Après lui avoir renouvelé mes remercîmens, je lui racontai toute mon aventure, sans oublier le déjeûner de Rosambert; mais je me gardai bien de lui apprendre où notre gaîté nous avait conduits ensuite. Je suis bien aise, me dit-il, que M. de Rosambert, qui, d'après ses propos que vous me rendez, me paraît être un petit-maître dans toute la force du terme, ait au moins de justes idées sur l'honneur véritable. Mon jeune ami, souvenez-vous bien que de toutes les lois de votre pays, celle qui défend le duel est la plus respectable. Dans ce siècle de lumières et de philosophie, la férocité des courages s'est beaucoup adoucie. Combien l'heureuse révolution qui s'est faite à cet égard dans les esprits, a déja épargné de sang à la nation et de larmes aux pères de famille! Quant aux femmes, il paraît en effet que le comte ne les estime point; si ce n'est que par air et à l'exemple de tant de jeunes gens comme lui qu'il affecte pour elles ce profond mépris, que peut-être il n'a pas, je le plains; je le plains davantage, s'il n'a jamais connu que des femmes mésestimables. Faublas, croyez-en mon expérience, plus longue que celle du comte, qui croit à vingt-deux ans avoir beaucoup vu; croyez-en mon jugement plus exercé, mes observations plus réfléchies ; si l'on rencontre dans le monde quelques femmes sans pudeur, on y voit beaucoup plus de jeunes gens sans principes. Gardez-vous d'écouter les vieilles déclamations de ces petits messieurs-là. Il existe des femmes dont les chastes attraits doivent inspirer l'amour tendre et pur, dont le cœur délicat est fait pour le sentir, qui s'attirent nos hommages par leur caractère aimable, et nos respects par leurs douces vertus. On rencontre, moins rarement qu'on ne le dit, des amantes généreuses, des épouses sages, d'excellentes mères de famille : il y en a, mon ami, qui verseraient leur sang pour le bonheur de leurs maris et de leurs enfans. J'en ai connu qui, réunissant aux paisibles vertus de leur sexe, les vertus plus mâles du nôtre, ont donné à des hommes dignes d'elles l'exemple d'un généreux dévouement, les leçons difficiles d'un courage infatigable et d'une patience à toute épreuve. Votre marquise n'est point une héroïne, ajouta-t-il en souriant ; c'est une femme bien jeune, bien imprudente... Mon ami, ayez plus de raison qu'elle, terminez cette aventure dangereuse; quelle que soit la crédulité du mari, il ne faut qu'un événement imprévu pour la détruire : promettez-moi de ne plus retourner chez madame de B***. J'hésitais.

M. du Portail me pressa; d'ailleurs, en faisant l'éloge des femmes, il m'avait rappelé ma Sophie. Je finis par promettre tout ce qu'il voulut. Maintenant, me dit-il, j'ai des secrets importans à vous révéler; quand vous m'aurez entendu, vous sentirez qu'il faut répondre à ma grande confiance par une inviolable discrétion.

Mon histoire offre un exemple effrayant des vicissitudes de la fortune. Il est ordinairement très-commode, mais quelquefois aussi très-dangereux, d'avoir un ancien nom à soutenir, et de grands biens à conserver. Unique rejeton d'une famille illustre, dont l'origine se perd dans la nuit des temps, je devrais occuper dans mon pays les premières charges de l'état, et je me vois condamné à languir à jamais sous un ciel étranger, dans une oisive obscurité. Le nom des Lovzinski est honorablement inscrit dans les fastes de la Pologne, et ce nom va périr en moi! Je sais que l'austère philosophie rejette ou méprise les titres vains et les richesses corruptrices; peut-être me consolerais-je si je n'avais perdu que cela; mais, mon jeune ami, je pleure une épouse adorée, je cherche une fille chérie, et je ne reverrai jamais ma patrie! quel courage assez endurci pourrais-je opposer à de pareilles douleurs?

Mon père, Lovzinski, encore plus distingué par ses vertus que par son rang, jouissait à la cour de cette considération qui suit toujours la faveur du prince, et que le mérite personnel obtient quelquefois. Il donnait à l'éducation de mes deux sœurs l'attention d'un père tendre; il s'occupait sur-tout de la mienne, avec le zèle d'un vieux gentilhomme jaloux de l'honneur de sa maison, dont j'étais l'unique espoir, avec l'activité d'un bon citoyen, qui ne desirait rien tant que de laisser à l'état un successeur digne de lui.

Je faisais mes exercices à Varsovie; là se distinguait entre nous, par les qualités les plus aimables, le jeune M. de P***. Aux charmes d'une figure à-la-fois douce et noble, il joignait les agrémens d'un esprit heureusement cultivé; l'adresse peu commune qu'il déployait dans nos jeux guerriers, la modestie plus rare avec laquelle il paraissait vouloir cacher son mérite à ses propres yeux, pour exalter le mérite moins recommandable de ses rivaux, presque toujours vaincus; l'urbanité de ses mœurs, la douceur de son caractère, fixaient l'attention, commandaient l'estime et le rendaient cher à cette brillante jeunesse qui partageait nos travaux et nos plaisirs. Dire que ce fut la ressemblance des caractères et la sympathie des humeurs qui commencèrent ma liaison avec M. de P***, ce serait me louer beaucoup; quoi qu'il en soit, nous vécûmes bientôt tous deux dans une intime familiarité.

Qu'il est heureux, mais qu'il s'écoule rapidement, cet âge où l'on ignore et l'ambition qui sacrifie tout aux idées de fortune et de gloire dont elle est possédée, et l'amour dont le pouvoir suprême absorbe et concentre toutes nos facultés sur un seul objet! cet âge des plaisirs innocens et de la crédulité confiante, où le cœur, novice encore, suit librement les impulsions de sa sensibilité naissante, et se donne sans partage à l'objet de ses affections désintéressées! Alors, mon cher Faublas, alors l'amitié n'est pas un vain nom. Confident de tous les secrets de M. de P***, je n'entreprenais rien dont je ne l'instruisisse d'abord; ses conseils réglaient ma conduite, les miens déterminaient ses résolutions; et par cette douce réciprocité, notre adolescence n'avait point de plaisirs qui ne fussent partagés, point de peines qui ne se trouvassent adoucies. Avec quel chagrin je vis arriver le moment fatal où M. de P***, forcé par les ordres paternels de quitter Varsovie, me fit ses tendres adieux! Nous nous promîmes de nous conserver, dans tous les temps, ce vif attachement qui avait fait le bonheur de notre adolescence; je jurai témérairement que les passions d'un autre âge ne l'altéreraient jamais. Quel vide immense laissa dans mon cœur l'absence de mon ami! D'abord il me sembla que rien ne pouvait me dédommager de sa perte; la tendresse d'un père, les caresses de mes sœurs, ne me touchaient que faiblement. Je sentis qu'il ne me restait, pour chasser l'ennui, d'autre moyen que d'occuper mes loisirs de quelque travail utile. J'appris la langue française, déja répandue dans toute l'Europe; je lus avec délices des ouvrages fameux, éternels monumens du génie, et j'admirai comment, dans un idiome aussi ingrat, avaient pu se distinguer à ce point tant de poëtes célèbres, tant d'excellens écrivains justement immortalisés. Je m'appliquai sérieusement à l'étude de la géométrie; je me formai sur-tout à ce noble métier, qui fait un héros aux dépens de cent mille malheureux, et que des hommes, moins humains que vaillans, ont appelé le grand art de la guerre. Plusieurs années furent employées à ces études, aussi difficiles qu'approfondies; enfin, elles m'occupèrent uniquement. M. de P***, qui m'écrivait souvent, ne recevait plus que des réponses courtes et rares; notre correspondance languissait négligée, lorsqu'enfin l'amour acheva de me faire oublier l'amitié.

Mon père était, depuis long-temps, lié très-étroitement avec le comte Pulauski. Connu par l'austérité de ses mœurs rigides, fameux par l'inflexibilité de ses vertus vraiment républicaines, Pulauski, à-la-fois grand capitaine et brave soldat, avait signalé, dans plus d'une rencontre, son bouillant courage et son patriotisme ardent. Nourri de la lecture des anciens, il avait puisé dans leur histoire les grandes leçons d'un noble désintéressement, d'une inébranlable constance, d'un dévouement absolu. Comme ces héros à qui Rome idolâtre et reconnaissante éleva des autels, Pulauski eût sacrifié tous ses biens à la prospérité de son pays; il eût versé jusqu'à la dernière goutte de son sang pour sa défense; il eût même immolé sa fille unique, sa chère Lodoïska.

Lodoïska! qu'elle était belle! que je l'aimai! Son nom chéri est toujours sur mes lèvres, son image adorée vit encore dans mon cœur.

Mon ami, dès que je l'eus vue, je ne vis plus qu'elle; j'abandonnai mes études; l'amitié fut entièrement oubliée; je consacrai tous mes momens à Lodoïska. Mon père et le sien n'avaient pu long-temps ignorer mon amour : ils ne m'en parlaient pas, ils l'approuvaient donc? Cette idée me parut assez fondée pour que je me livrasse, sans inquiétude, au doux penchant qui m'entraînait : je pris mes mesures de manière que je voyais presque tous les jours Lodoïska, ou chez elle, ou chez mes sœurs, qu'elle aimait beaucoup. Deux années se passèrent ainsi.

Enfin, Pulauski me tira un jour à l'écart, et me dit : Ton père et moi nous avions fondé sur toi de grandes espérances, que ta conduite avait d'abord justifiées; je t'ai vu long-temps employer ta jeunesse à des travaux aussi honorables qu'utiles. Aujourd'hui... (Il vit que j'allais l'interrompre, et m'en empêcha.) Que vas-tu me dire? Crois-tu m'apprendre quelque chose que j'ignore? Crois-tu que j'avais besoin d'être chaque jour témoin de tes transports, pour sentir combien ma Lodoïska mérite d'être aimée? C'est parce que je sais aussi bien que toi ce que vaut ma fille, que tu ne l'obtiendras qu'en la méritant. Jeune homme, apprends qu'il ne suffit pas que des faiblesses soient légitimes pour être excusées; que celles d'un bon citoyen doivent tourner toutes au profit de sa patrie; que l'amour, l'amour même ne serait, comme toutes les viles passions, que méprisable ou dangereux, s'il n'offrait aux cœurs généreux un motif de plus qui les excitât puissamment à l'honneur. Écoute : notre monarque valétudinaire semble toucher à sa fin ; sa santé, chaque jour plus chancelante, a réveillé l'ambition de nos voisins ; ils se préparent, sans doute, à semer parmi nous les divisions ; ils comptent, en forçant nos suffrages, nous donner un roi de leur choix. Des troupes étrangères ont osé se montrer sur les frontières de la Pologne : déja deux mille gentilshommes se rassemblent pour réprimer leur insolente audace ; va te joindre à cette brave jeunesse ; va, et sur-tout à la fin de la campagne, reviens couvert du sang de nos ennemis, montrer à Pulauski un gendre digne de lui.

Je n'hésitai pas un moment : mon père approuva mes résolutions ; mais il ne parut consentir qu'avec peine à mon départ précipité. Il me tint long-temps pressé contre son sein ; une tendre sollicitude était peinte dans ses regards ; il ne m'adressa que de tristes adieux ; le trouble de son cœur passa dans le mien ; nos pleurs se confondirent sur son visage vénérable. Pulauski, présent à cette scène touchante, nous reprocha stoïquement ce qu'il appelait une faiblesse. Sèche tes pleurs, me dit-il, ou garde-les pour Lodoïska ; ce n'est qu'à de faibles amans qui se séparent pour six mois, qu'il appartient d'en répandre. Il instruisit sa fille en ma présence même, et de mon départ, et des motifs qui me déterminaient. Lodoïska pâlit, soupira, regarda son père en rougissant, et m'assura d'une voix tremblante, que ses vœux hâteraient mon retour, et que son bonheur était dans mes mains. Encouragé de cette sorte, quels dangers pouvais-je craindre ? Je partis ; mais dans le cours de cette campagne, il ne se passa rien qui mérite d'être rapporté ; les ennemis, aussi soigneux que nous d'éviter une action qui eût pu produire entre les deux nations une guerre ouverte, se contentèrent de nous fatiguer par des marches fréquentes : nous nous bornâmes à les suivre et à les observer ; ils nous rencontraient par-tout où le pays ouvert leur eût offert un accès facile. Aux approches de la mauvaise saison, ils parurent se retirer chez eux pour y prendre leurs quartiers d'hiver ; et notre petite armée, presque toute composée de gentilshommes, se sépara. Je revenais à Varsovie, plein d'impatience et de joie : je croyais que l'hymen et l'amour allaient me donner Lodoïska... Hélas ! je n'avais plus de père ! j'appris, en entrant dans la capitale, que la veille même, Lovzinski était mort d'une apoplexie. Ainsi, je n'eus pas même la douloureuse consolation de recevoir les derniers soupirs du plus tendre des pères; je ne pus que me traîner sur sa tombe, que j'arrosai de mes pleurs.

Ce n'est point, me dit Pulauski, peu touché de ma douleur profonde, ce n'est point par des larmes stériles qu'on honore la mémoire d'un père tel que le tien. La Pologne regrette en lui un héros citoyen, qui l'aurait utilement servie dans la circonstance critique à laquelle nous touchons. Épuisé par une maladie longue, notre monarque n'a pas quinze jours à vivre, et du choix de son successeur dépendent le bonheur ou le malheur de nos concitoyens. De tous les droits que la mort de ton père te transmet, le plus beau, sans doute, est celui d'assister aux états, où tu vas le représenter; c'est là qu'il doit revivre en toi ; c'est là qu'il faut prouver un courage plus difficile que celui qui ne consiste qu'à braver la mort dans les combats. La vaillance d'un soldat n'est qu'une vertu commune; mais ceux-là ne sont pas des hommes ordinaires, qui, conservant dans les occasions pressantes un courage tranquille, et déployant une activité pénétrante, découvrent les projets du puissant qui cabale, déconcertent les sourdes intrigues, affrontent les factions hardies; qui, toujours fermes, incorruptibles et justes, ne donnent leur suffrage qu'à celui qu'ils en ont jugé le plus digne; qui ne considèrent que le bien de leur pays; que l'or et les promesses ne peuvent séduire; que les prières ne sauraient fléchir; que les menaces n'étonnent pas. Voilà les vertus qui distinguaient ton père; voilà l'héritage vraiment précieux que tu dois t'empresser à recueillir. Le jour où nos états s'assemblent pour l'élection d'un roi, est l'époque certaine à laquelle se manifestent les prétentions de plusieurs concitoyens, plus occupés de leur intérêt personnel, que jaloux de la prospérité de leur patrie, et les desseins pernicieux des puissances voisines, dont la cruelle politique détruit nos forces en les divisant. Mon ami, je me trompe, ou le moment fatal approche, qui va fixer à jamais les destins de mon pays menacé; ses ennemis conspirent sa ruine; ils ont préparé dans le silence une révolution qu'ils ne consommeront pas, tant que mon bras pourra soutenir une épée. Veuille le Dieu protecteur de mon pays lui épargner les horreurs d'une guerre civile! mais cette extrémité, quelqu'affreuse qu'elle soit, deviendra peut-être nécessaire : je me flatte qu'au moins ce ne sera qu'une crise violente, après laquelle cet état régénéré reprendra son antique splendeur. Tu seconderas mes efforts, Lovzinski ; les faibles intérêts de l'amour doivent tous disparaître devant des intérêts plus sacrés : je ne puis te donner ma fille dans ces momens de deuil, où la patrie est en danger; mais je te promets que les premiers jours de la paix seront marqués par ton hymen avec Lodoïska.

Pulauski ne parla pas en vain : je sentis quels devoirs plus essentiels j'avais désormais à remplir; mais les soins importans dont je m'occupais, n'offrirent à ma douleur que d'insuffisantes distractions. Je l'avouerai sans rougir : la tristesse de mes sœurs, leur amitié compatissante, les caresses plus réservées, mais non moins douces de mon amante, firent sur mon cœur ému plus d'impression que les conseils patriotiques de Pulauski. Je vis Lodoïska vivement touchée de ma perte irréparable, aussi affligée que moi des événemens cruels qui différaient notre union ; et mes chagrins ainsi partagés, se trouvèrent sensiblement adoucis.

Cependant le roi mourut, et la diète fut

convoquée. Le jour même qu'elle devait s'ouvrir, à l'instant où j'allais m'y rendre, un inconnu se présente dans mon palais, et demande à me parler sans témoins. Dès que mes gens se sont retirés, il entre avec précipitation, se jette dans mes bras, et m'embrasse tendrement. C'était M. de P***; dix années écoulées depuis notre séparation ne l'avaient pas tellement changé, que je ne pusse le reconnaître. Je lui témoignai la surprise et la joie que me causait son retour inattendu. Vous serez bien plus étonné, me dit-il, quand vous en saurez la cause. J'arrive à l'instant, et vais me rendre à l'assemblée des états; est-ce trop présumer de votre amitié, que de compter sur votre voix? — Sur ma voix! et pour qui? — Pour moi, mon ami. Il vit mon étonnement : Oui, pour moi, continua-t-il avec vivacité; il n'est pas temps de vous raconter quelle heureuse révolution s'est faite dans ma fortune, et me permet de nourrir de si hautes espérances; qu'il vous suffise maintenant de savoir que du moins mon ambition est justifiée par le plus grand nombre des suffrages, et qu'en vain deux faibles rivaux se préparent à me disputer la couronne à laquelle je prétends. Lovzinski, poursuivit-il, en m'embrassant encore, si vous n'étiez pas mon ami, si je vous estimais moins, peut-être m'efforcerais-je de vous éblouir par de grandes promesses; peut-être vous montrerais-je quelle faveur vous attend, que d'honorables distinctions vous sont réservées, quelle noble et vaste carrière va désormais vous être ouverte ; mais je n'ai pas besoin de vous séduire, et je vais vous persuader. Je le vois avec douleur, et vous le savez comme moi : depuis plusieurs années, notre Pologne affaiblie ne doit son salut qu'à la mésintelligence des trois puissances qui l'environnent ; et le desir de s'enrichir de nos dépouilles peut réunir en un moment nos ennemis divisés. Empêchons, s'il se peut, ce triumvirat funeste, dont le démembrement de nos provinces deviendrait l'infaillible suite. Sans doute, en des temps plus heureux, nos ancêtres ont dû maintenir la liberté des élections; il faut aujourd'hui céder à la nécessité qui nous presse. La Russie protégera nécessairement un roi qui sera son ouvrage : en recevant celui qu'elle a choisi, vous prévenez la triple alliance qui rendrait notre perte inévitable, et vous vous assurez un allié puissant que nous opposerons, avec succès, aux deux ennemis qui nous restent. Voilà les raisons qui m'ont déterminé ; je n'abandonne une partie de nos droits que pour conserver nos droits les plus précieux ; je ne veux monter sur un trône chancelant, que pour l'affermir par une saine politique ; je n'altère enfin la constitution de cet état, que pour sauver l'état entier.

Nous nous rendîmes à la diète ; j'y votai pour M. de P*** ; il obtint en effet le plus grand nombre des suffrages ; mais Pulauski, Zaremba et quelques autres se déclarèrent pour le prince C*** : on ne put rien décider dans le tumulte de cette première assemblée.

Quand nous en sortîmes, M. de P*** revint à moi ; il m'invita à le suivre dans le palais que des émissaires secrets lui avaient déjà préparé dans la capitale (1). Nous nous enfermâmes pendant plusieurs heures : alors se renouvelèrent entre nous les protestations d'une amitié toujours durable ; alors j'instruisis M. de P*** de mes liaisons intimes avec Pulauski, et de mon amour pour Lodoïska. Il répondit à ma confiance par une confiance plus grande ; il m'apprit quels événemens avaient préparé sa gran-

---

(1) La diète pour l'élection des rois de Pologne se tient à une demi-lieue de Varsovie, en pleine campagne, de l'autre côté de la Vistule, près du village de Vola.

deur prochaine; il m'expliqua ses desseins secrets, et je le quittai, convaincu qu'il était moins occupé du desir de s'élever, que de celui de rendre à la Pologne son antique prospérité.

Ainsi disposé, je volai chez mon futur beau-père, que je brûlais de ramener au parti de mon ami. Pulauski se promenait à grands pas dans l'appartement de sa fille, qui paraissait aussi agitée que lui. Le voilà, dit-il à Lodoïska, dès qu'il me vit paraître; le voilà, cet homme que j'estimais et que vous aimiez! il nous sacrifie tous deux à son aveugle amitié. Je voulus répondre, il poursuivit : Vous avez été lié dès l'enfance avec M. de P***; une faction puissante le porte sur le trône; vous le saviez, vous saviez ses desseins; ce matin, à la diète, vous avez voté pour lui ; vous m'avez trompé; mais croyez-vous qu'on me trompe impunément? Je le priai de m'entendre; il se contraignit pour garder un silence farouche. Je lui appris comment M. de P***, que j'avais négligé depuis long-temps, m'avait surpris par son retour imprévu. Lodoïska paraissait charmée d'entendre ma justification. On ne m'abuse pas comme une femme crédule, me dit Pulauski; mais n'importe, continuez. Je lui rendis compte du court entretien que j'avais eu avec M. de P***, avant de me rendre à l'assemblée des états. Et voilà vos projets! s'écria-t-il; M. de P*** ne voit d'autre remède aux maux de ses concitoyens que leur esclavage! il le propose, un Lovzinski l'approuve! et l'on me méprise assez pour tenter de me faire entrer dans cet infame complot! Moi! je verrais sous le nom d'un Polonais, les Russes commander dans nos provinces! les Russes! répéta-t-il avec fureur, ils régneraient dans mon pays! (il vint à moi avec la plus grande impétuosité) Perfide! tu m'as trompé, et tu trahis ta patrie! sors de ce palais à l'instant, ou crains que je ne t'en fasse arracher.

Je vous l'avoue, Faublas, un affront si cruel et si peu mérité me mit hors de moi-même : dans le premier transport de ma colère, je portai la main sur mon épée; plus prompt que l'éclair, Pulauski tira la sienne. Sa fille, sa fille éperdue se précipita sur moi : Lovzinski, qu'allez-vous faire? Aux accens de sa voix si chère, je repris ma raison égarée; mais je sentis qu'un seul instant venait de m'enlever Lodoïska pour toujours. Elle m'avait quitté pour se jeter dans les bras de son père; le cruel vit ma douleur amère, et se plut à l'augmenter : Va! traître, me dit-il, va! tu la vois pour la dernière fois.

Je retournai chez moi désespéré; les noms odieux que Pulauski m'avait prodigués, revenaient sans cesse à ma pensée : les intérêts de la Pologne et ceux de M. de P*** me paraissaient si étroitement liés, que je ne concevais pas comment je pouvais trahir mes concitoyens en servant mon ami. Cependant il fallait l'abandonner ou renoncer à Lodoïska. Que résoudre? quel parti prendre? Je passai la nuit tout entière dans cette cruelle incertitude; et quand le jour parut, j'allai chez Pulauski, sans savoir encore à quoi je pourrais me déterminer.

Un domestique, resté seul dans le palais, me dit que son maître était parti au commencement de la nuit avec Lodoïska, après avoir congédié tous ses gens. Vous jugez de mon désespoir à cette nouvelle. Je demandai à ce domestique où Pulauski était allé. Je l'ignore absolument, me répondit-il; tout ce que je puis vous dire, c'est qu'hier au soir, vous sortiez à peine d'ici, quand nous entendîmes un grand bruit dans l'appartement de sa fille. Encore effrayé de la scène terrible qui venait de se passer entre vous, j'osai m'approcher et prêter l'oreille. Lodoïska pleurait; son père furieux l'accablait d'injures, lui donnait sa malédiction, et je l'entendis qui lui disait : Qui peut aimer un traître, peut l'être aussi ; ingrate ! je vais vous conduire dans une maison sûre, où vous serez désormais à l'abri de la séduction.

Pouvais-je encore douter de mon malheur ? J'appelai Boleslas, un de mes serviteurs les plus fidèles : je lui ordonnai de placer autour du palais de Pulauski des espions vigilans qui pussent me rendre compte de tout ce qui s'y serait passé ; de faire suivre Pulauski par-tout, s'il rentrait avant moi dans la capitale ; et ne désespérant pas de le rencontrer encore dans ses terres les plus prochaines, je me mis moi-même à sa poursuite.

Je parcourus tous les domaines de Pulauski ; je demandai Lodoïska à tous les voyageurs que je rencontrai ; ce fut inutilement. Après avoir perdu huit jours dans cette recherche pénible, je me décidai à retourner à Varsovie. Je ne fus pas médiocrement étonné de voir une armée russe campée presque sous ses murs, sur les bords de la *Vistule*.

Il était nuit quand je rentrai dans la capitale ; les palais des grands étaient illuminés ; un peuple immense remplissait les rues ; j'entendis les chants d'allégresse ; je vis le vin couler à grands flots dans les places publiques ; tout m'annonça que la Pologne avait un roi.

Boleslas m'attendait avec impatience. Pulauski, me dit-il, est revenu seul dès le second jour ; il n'est sorti de chez lui que pour se rendre à la diète ; où, malgré ses efforts, l'ascendant de la Russie s'est manifesté chaque jour de plus en plus. Dans la dernière assemblée, tenue ce matin, M. de P*** réunissait presque toutes les voix ; il allait être élu ; Pulauski a prononcé le fatal *veto* : à l'instant vingt sabres ont été tirés. Le fier palatin de***, que Pulauski avait peu ménagé dans l'assemblée précédente, s'est élancé le premier, et lui a porté sur la tête un coup terrible. Zaremba et quelques autres ont volé à la défense de leur ami ; mais tous leurs efforts n'auraient pu le sauver, si M. de P*** lui-même ne s'était rangé parmi eux, en criant qu'il immolerait de sa main celui qui oserait approcher. Les assaillans se sont retirés. Cependant Pulauski perdait son sang et ses forces ; il s'est évanoui ; on l'a emporté. Zaremba est sorti en jurant de le venger. Restés maîtres des délibérations, les nombreux partisans de M. de P*** l'ont sur-le-champ proclamé roi. Pulauski, rapporté dans son palais, a bientôt repris connaissance. Les chirurgiens appelés pour voir sa blessure, ont déclaré qu'elle n'était pas mortelle ; alors, quoiqu'il ressentît de grandes douleurs, quoique plusieurs de ses amis s'opposassent à son dessein, il s'est fait porter dans sa voiture. Il était à peine midi quand il est sorti de Varsovie, accompagné de Mazeppa et de quelques mécontens. On le suit, et sans doute on viendra sous peu de jours vous apprendre le lieu qu'il aura choisi pour sa retraite.

On ne pouvait guère m'annoncer de plus mauvaises nouvelles. Mon ami était sur le trône; mais ma réconciliation avec Pulauski paraissait désormais impossible, et vraisemblablement, j'avais perdu Lodoïska pour toujours. Je connaissais assez son père pour craindre qu'il ne prît des résolutions extrêmes; le présent m'effrayait, je n'osai porter mes regards sur l'avenir, et mes chagrins m'accablèrent au point, que je n'allai pas même féliciter le nouveau roi.

Celui de mes gens, que Boleslas avait détaché à la poursuite de Pulauski, revint le quatrième jour; il l'avait suivi jusqu'à quinze lieues de la capitale : là, Zaremba voyant toujours un inconnu à quelque distance de sa chaise de poste, avait conçu des soupçons. Un peu plus loin, quatre de ses gens, cachés derrière une masure, avaient surpris mon courrier, et l'avaient conduit à Pulauski. Celui-ci, le pistolet à la main, l'avait forcé d'avouer à qui il appartenait : Je te renverrai à Lovzinski, lui avait-il dit ; annonce-lui de ma part qu'il n'échappera pas à ma juste vengeance. A ces mots, on avait bandé les yeux à mon courrier ; il ne pouvait dire où on l'avait conduit et renfermé ; mais au bout de trois jours, on l'était venu chercher : on avait encore pris la précaution de lui bander les yeux, et de le promener pendant plusieurs heures ; enfin la voiture s'était arrêtée, on l'en avait fait descendre. A peine il mettait pied à terre, que ses gardes s'étaient éloignés au grand galop; il avait détaché son bandeau, et s'était retrouvé précisément à l'endroit où d'abord on l'avait arrêté.

Ces nouvelles me donnèrent beaucoup d'inquiétude ; les menaces de Pulauski m'effrayaient beaucoup moins pour moi que pour Lodoïska, qui restait en son pouvoir : il pouvait, dans sa fureur, se porter contre elle aux dernières extrémités ; je résolus de m'exposer à tout pour découvrir la retraite du père et la prison de la fille. Le lendemain j'instruisis mes sœurs de mon dessein, et je quittai la capitale. Le seul Boleslas m'accompagnait ; je me donnai par-tout pour son frère. Nous parcourûmes toute la Pologne ; je vis alors que l'événement ne justifiait que trop les craintes de Pulauski. Sous prétexte de faire prêter le serment de fidélité pour le nouveau roi, les Russes, répandus dans nos provinces, commettaient mille exactions dans les villes, et désolaient les campagnes. Après avoir perdu trois mois en recherches vaines, désespéré de ne pouvoir retrouver Lodoïska, vivement touché des malheurs de ma patrie, pleurant à-la-fois sur elle et sur moi, j'allais retourner à Varsovie, pour apprendre moi-même au nouveau roi à quels excès des étrangers se portaient dans ses états, lorsque une rencontre qui semblait devoir être pour moi très-fâcheuse, me força de prendre un parti tout différent.

Les Turcs venaient de déclarer la guerre à la Russie, et les Tartares du Budziac et de la Crimée faisaient de fréquentes incursions dans la Volhynie, où je me trouvais alors. Quatre de ces brigands nous attaquèrent à la sortie d'un bois, près d'Ostropol. J'avais très-imprudemment négligé de charger mes pistolets; mais je me servis de mon sabre avec tant d'adresse et de bonheur, que bientôt deux d'entre eux tombèrent grièvement blessés. Boleslas occupait le troisième; le quatrième me combattait avec vigueur; il me fit à la cuisse une légère blessure, et reçut en même temps un coup terrible qui le renversa de son cheval. Boleslas se vit à l'instant débarrassé de son ennemi, qui, au bruit de la chûte de son camarade, prit la fuite. Celui que j'avais renversé le dernier, me dit en mauvais polonais : Un aussi brave homme que toi, doit être généreux; je te demande la vie; ami, au lieu de m'achever, secours-moi; crois-moi, viens m'aider à me relever, bande ma plaie. Il demandait quartier d'un ton si noble et si nouveau, que je ne balançai pas. Je descendis de cheval; Boleslas et moi nous le relevâmes; nous bandâmes sa plaie. Tu fais bien, brave homme, me disait le Tartare, tu fais bien. Comme il parlait, nous vîmes s'élever autour de nous un nuage de poussière; plus de trois cents Tartares accouraient à nous ventre à terre. Ne crains rien, me dit celui que j'avais épargné; je suis le chef de cette troupe. Effectivement, d'un signe il arrêta ses soldats prêts à me massacrer; il leur dit dans leur langue quelques mots que je ne compris pas; ils ouvrirent leurs rangs pour laisser passer Boleslas et moi. Brave homme, me dit encore leur capitaine, n'avais-je pas raison de te dire que tu faisais bien ? Tu m'as laissé la vie, je sauve la tienne; il est quelquefois bon d'épargner un ennemi, et même un voleur. Écoute, mon ami, en t'attaquant j'ai fait mon métier; tu as fait ton devoir en m'étrillant bien; je te pardonne, tu me pardonnes, embrassons-nous. Il ajouta : Le jour commence à baisser, je ne te conseille pas de voyager dans ces cantons cette nuit ; ces gens-là vont aller chacun à son poste, et je ne pourrais te répondre d'eux. Tu vois ce château sur la hauteur à droite; il appartient à un certain comte Dourlinski, à qui nous en voulons beaucoup, parce qu'il est fort riche : va lui demander un asyle; dis-lui que tu as blessé Titsikan, que Titsikan te poursuit; il me connaît de nom; je lui ai déja fait passer quelques mauvaises journées : au reste, compte que pendant que tu seras chez lui, sa maison sera respectée; garde-toi sur-tout d'en sortir avant trois jours, et d'y rester plus de huit. Adieu.

Ce fut avec un vrai plaisir que nous prîmes congé de Titsikan et de sa compagnie. Les avis du Tartare étaient des ordres; je dis à Boleslas : Gagnons promptement ce château qu'il nous a montré; aussi-bien je connais ce Dourlinski, de nom. Pulauski m'a quelquefois parlé de lui; il n'ignore peut-être pas où Pulauski s'est retiré; il n'est pas impossible qu'avec un peu d'adresse nous le sachions de lui. Je dirai à tout hasard que c'est Pulauski qui nous envoie, cette recommandation vaudra bien celle de Titsikan : toi, Boleslas, n'oublie pas que je suis ton frère, et ne me découvre pas.

Nous arrivâmes aux fossés du château ; les gens de Dourlinski nous demandèrent qui nous étions ; je répondis que nous venions pour parler à leur maître, de la part de Pulauski ; que des brigands nous avaient attaqués et nous poursuivaient. Le pont-levis fut baissé ; nous entrâmes : on nous dit que pour le moment nous ne pouvions parler à Dourlinski, mais que le lendemain, sur les dix heures, il pourrait nous donner audience. On nous demanda nos armes, que nous rendîmes sans difficulté. Boleslas visita ma blessure ; les chairs étaient à peine entamées. On ne tarda pas à nous servir dans la cuisine un frugal repas ; nous fûmes conduits ensuite dans une chambre basse, où deux mauvais lits venaient d'être préparés : on nous y laissa sans lumière, et l'on nous y enferma.

Je ne pus fermer l'œil de la nuit : Titsikan ne m'avait fait qu'une légère blessure : mais celle de mon cœur était si profonde ! Au point du jour je m'impatientai dans ma prison ; je voulus ouvrir les volets ; ils étaient fermés à clé. Je les secoue vigoureusement, les ferrures sautent ; je vois un fort beau parc ; la fenêtre était basse, je m'élance, et me voilà dans les jardins de Dourlinski. Après m'y être promené quelques minutes, j'allai m'asseoir sur un banc de pierre placé au pied d'une tour, dont je considérai quelque temps l'architecture antique. Je restais là plongé dans mes réflexions, lorsque une tuile tomba à mes pieds : je crus qu'elle s'était détachée de la couverture de ce vieux bâtiment; et pour éviter un accident pareil, j'allai me placer à l'autre bout du banc. Quelques instans après, une seconde tuile tomba à côté de moi ; le hasard me parut surprenant. Je me levai avec inquiétude ; j'examinai la tour attentivement. J'aperçus à vingt-cinq ou trente pieds de hauteur, une étroite ouverture ; je ramassai les tuiles qu'on m'avait jetées ; sur la première je déchiffrai ces mots, tracés avec du plâtre : Lovzinski, c'est donc vous ! vous vivez ! et sur la seconde, ceux-ci : Délivrez-moi, sauvez Lodoïska.

Vous ne pouvez, mon cher Faublas, vous figurer combien de sentimens divers m'agitèrent à-la-fois ; mon étonnement, ma joie, ma douleur, mon embarras, ne sauraient s'exprimer. J'examinais la prison de Lodoïska; je cherchais comment je pourrais l'en tirer. Elle m'envoya encore une tuile; je lus : A minuit, apportez du papier, de l'encre et des plumes; demain, une heure après le soleil levé, venez chercher une lettre ; éloignez-vous.

Je retournai à ma chambre, j'appelai Boleslas, qui m'aida à rentrer par la fenêtre; nous raccommodâmes le volet de notre mieux. J'appris à mon serviteur fidèle la rencontre inespérée qui mettait fin à mes courses et redoublait mes inquiétudes. Comment pénétrer dans cette tour? Comment nous procurer des armes? Le moyen de tirer Lodoïska de sa prison? Le moyen de l'enlever sous les yeux de Dourlinski, au milieu de ses gens, dans un château fortifié? Et en supposant que tant d'obstacles ne fussent pas insurmontables, pouvais-je tenter une entreprise aussi difficile dans le court délai que Titsikan m'avait laissé. Titsikan ne m'avait-il pas recommandé de rester chez Dourlinski trois jours, et de n'y pas demeurer plus de huit? Sortir de ce château avant le troisième jour, ou après le huitième, n'était-ce pas nous exposer aux attaques des Tartares? Tirer ma chère Lodoïska de sa prison pour la livrer à des brigands! être à jamais séparé d'elle par l'esclavage ou par la mort! cela était horrible à penser.

Mais pourquoi était-elle dans une aussi affreuse prison ? La lettre qu'elle m'avait promise m'en instruirait sans doute. Il fallait nous procurer du papier; je chargeai Boleslas de ce soin, et moi je me préparai à soutenir devant Dourlinski le rôle délicat d'un émissaire de Pulauski.

Il était grand jour quand on vint nous mettre en liberté; on nous dit que Dourlinski pouvait et voulait nous voir. Nous nous présentâmes avec assurance; nous vîmes un homme de soixante ans à-peu-près, dont l'abord était brusque et les manières repoussantes. Il nous demanda qui nous étions. Mon frère et moi, lui dis-je, appartenons au seigneur Pulauski; mon maître m'a chargé pour vous d'une commission secrète; mon frère m'a accompagné pour un autre objet; je dois, pour m'expliquer, être seul; je dois ne parler qu'à vous seul. Hé bien! répondit Dourlinski, que ton frère s'en aille; et vous aussi, allez vous-en, dit-il à ses gens; quant à celui-ci (il montra celui qui était son confident), tu trouveras bon qu'il reste; tu peux tout dire devant lui. Pulauski m'envoie... — Je le vois bien qu'il t'envoie. — Pour vous demander... — Quoi ? — (Je pris courage.) Pour vous demander des nouvelles de sa fille! Pulauski t'a dit... — Oui, mon maître m'a dit que Lodoïska était ici. Je m'aperçus que Dourlinski pâlissait; il regarda son confident et me fixa long-temps en silence. Tu m'étonnes, reprit-il enfin ; pour te confier un secret de cette importance, il faut que ton maître soit bien imprudent. — Pas plus que vous, seigneur; n'avez-vous pas aussi un confident ? Les grands seraient bien à plaindre s'ils ne pouvaient donner leur confiance à personne. Pulauski m'a chargé de vous dire que Lovzinski avait déjà parcouru une grande partie de la Pologne, et que sans doute il visiterait vos cantons. S'il ose venir ici, me répondit-il aussitôt, avec la plus grande vivacité, je lui garde un logement qu'il occupera long-temps; le connais-tu ce Lovzinski ? — Je l'ai vu souvent chez mon maître, à Varsovie. — On le dit bel homme? — Il est bien fait, et de ma taille à-peu-près. — Sa figure ? — Est prévenante; c'est un... C'est un insolent, interrompit-il avec colère; si jamais il tombe en mes mains! — Seigneur, on assure qu'il est brave. — Lui! je parie qu'il ne sait que séduire des filles! si jamais il tombe en mes mains! (Je me contins; il ajouta d'un ton plus calme): Il y a bien long-temps que Pulauski ne m'a écrit; où est-il à-présent ? — Seigneur, j'ai des ordres précis de ne pas répondre à cette question-là : tout ce que je puis vous dire, c'est qu'il a, pour cacher sa retraite, et pour n'écrire à personne, de grandes raisons qu'il viendra bientôt vous expliquer lui-même.

Dourlinski parut très-étonné; je crus même remarquer quelques signes de frayeur; il regarda son confident, qui semblait aussi embarrassé que lui. — Tu dis que Pulauski viendra bientôt... — Oui, seigneur, sous quinzaine, au plus tard. Il regarda encore son confident, et puis affectant tout-à-coup autant de sang-froid qu'il avait montré d'embarras : Retourne à ton maître; je suis fâché de n'avoir que de mauvaises nouvelles à lui donner; tu lui diras que Lodoïska n'est plus ici. Je fus à mon tour fort surpris. Quoi! seigneur, Lodoïska... — N'est plus ici, te dis-je. Pour obliger Pulauski, que j'estime, je me suis chargé, quoique avec répugnance, du soin de garder sa fille dans mon château : personne que moi et lui (il me montra son confident) ne savait qu'elle y fût. Il y a environ un mois, nous allâmes, comme à l'ordinaire, lui porter des vivres pour sa journée; il n'y avait plus personne dans son appartement. J'ignore comment elle a fait;

mais ce que je sais bien, c'est qu'elle s'est échappée; je n'ai pas entendu parler d'elle depuis : elle sera sans doute allée joindre Lovzinski à Varsovie, si pourtant les Tartares ne l'ont pas enlevée sur la route.

Mon étonnement devint extrême; comment concilier ce que j'avais vu dans le jardin avec ce que Dourlinski me disait? Il y avait là quelque mystère que j'étais bien impatient d'approfondir; cependant je me gardai bien de faire paraître le moindre doute : Seigneur, voilà des nouvelles bien tristes pour mon maître. — Sans doute; mais ce n'est pas ma faute. — Seigneur, j'ai une grace à vous demander. — Voyons. — Les Tartares dévastent les environs de votre château; ils nous ont attaqués; nous leur avons échappé comme par miracle ; ne nous accorderez-vous pas, à mon frère et à moi, la permission de nous reposer ici seulement deux jours? — Seulement deux jours; j'y consens. Où les a-t-on logés? demanda-t-il à son confident. Au rez-de-chaussée, répondit celui-ci, dans une chambre basse... Qui donne sur mes jardins! interrompit Dourlinski, avec inquiétude. Les volets ferment à clé, répondit l'autre. — N'importe, il faut les mettre ailleurs. Ces mots me firent trembler. Le confident répliqua : Cela n'est pas possible ; mais... il lui dit le reste à l'oreille. A la bonne heure, répondit le maître, et qu'on le fasse à l'instant; et s'adressant à moi : Ton frère et toi vous vous en irez après-demain; avant de partir, tu me parleras; je te donnerai une lettre pour Pulauski.

J'allai rejoindre Boleslas dans la cuisine, où il déjeûnait : il me remit une petite bouteille pleine d'encre, plusieurs plumes et quelques feuilles de papier, qu'il s'était procurées sans peine. Je brûlais d'envie d'écrire à Lodoïska ; l'embarras était de trouver un lieu commode, où les curieux ne pussent m'inquiéter. On avait déja prévenu Boleslas que nous ne rentrerions dans la chambre où nous avions passé la nuit, que pour y coucher. Je m'avisai d'un stratagême qui me réussit parfaitement. Les gens de Dourlinski buvaient avec mon prétendu frère; ils me proposèrent poliment de les aider aussi à vider quelques flacons. J'avalai de bonne grace et coup sur coup, plusieurs verres d'un fort mauvais vin : bientôt mes jambes chancelèrent, ma langue s'embarrassa; je fis à la troupe joyeuse cent contes aussi plaisans que déraisonnables; en un mot, je jouai si bien l'ivresse, que Boleslas lui-même en fut la dupe. Il tremblait que, dans ce moment où je paraissais disposé à tout dire, mon secret ne m'échappât. Messieurs, dit-il aux buveurs étonnés, mon frère n'a pas la tête forte aujourd'hui ; c'est peut-être un effet de sa blessure ; ne le faisons plus ni parler ni boire ; je crains que cela ne l'incommode, et même, si vous vouliez m'obliger, vous m'aideriez à le porter sur son lit. Sur le sien? non, cela ne se peut pas, répondit l'un deux ; mais je prêterai volontiers ma chambre. On me prit, on m'entraîna ; on me monta dans un grenier, dont un lit, une table et une chaise formaient tout l'ameublement. On m'enferma dans ce taudis ; c'était là tout ce que je voulais. Dès que je fus seul, j'écrivis à Lodoïska une lettre de plusieurs pages. Je commençais par me justifier pleinement des crimes que Pulauski m'avait supposés ; je lui racontais ensuite tout ce qui m'était arrivé depuis le moment de notre séparation, jusqu'à celui où j'avais été reçu chez Dourlinski ; je lui détaillais l'entretien que je venais d'avoir avec celui-ci ; je finissais par l'assurer de l'amour le plus tendre et le plus respectueux ; je lui jurais que, dès qu'elle m'aurait donné sur son sort les éclaircissemens nécessaires, je m'exposerais à tout pour finir son horrible esclavage.

Dès que ma lettre fut fermée, je me livrai à des réflexions qui me jetèrent dans une étrange perplexité. Était-ce bien Lodoïska qui m'avait jeté ces tuiles dans le jardin ? Pulauski aurait-il eu l'injustice de punir sa fille d'un amour que lui-même avait approuvé ? Aurait-il eu l'inhumanité de la plonger dans une affreuse prison ? Et quand même la haine qu'il m'avait jurée l'aurait aveuglé à ce point, comment Dourlinski avait-il pu se résoudre à servir ainsi sa vengeance ? Mais d'un autre côté, depuis trois mois je ne portais, pour me déguiser mieux, que des habits grossiers ; les fatigues d'un long voyage et mes chagrins m'avaient beaucoup changé ; quelle autre qu'une amante avait pu reconnaître Lovzinski dans les jardins de Dourlinski ? N'avais-je pas vu d'ailleurs le nom de Lodoïska tracé sur la tuile ? Dourlinski lui-même n'avouait-il pas que Lodoïska avait été chez lui prisonnière ? Il ajoutait, il est vrai, qu'elle s'était échappée ; mais cela était-il croyable ? Et pourquoi cette haine que Dourlinski m'avait vouée, à moi, sans me connaître ? Pourquoi cet air d'inquiétude, quand on lui avait dit que les émissaires de Pulauski occupaient une chambre qui donnait sur le jardin ? Pourquoi, sur-tout, cet air d'effroi, quand je lui avais annoncé la prochaine arrivée de mon prétendu maître? Tout cela était bien fait pour me donner de terribles inquiétudes; j'entrevoyais des choses affreuses, que je ne pouvais expliquer. Depuis deux heures, je me faisais sans cesse de nouvelles questions, auxquelles j'étais fort embarrassé de répondre, lorsque enfin Boleslas vint voir si son frère avait recouvré la raison. Je n'eus pas de peine à le convaincre que mon ivresse avait été feinte; nous descendîmes dans la cuisine, où nous passâmes le reste de la journée. Quelle soirée ! mon cher Faublas; aucune de ma vie ne me parut si longue, pas même celles qui la suivirent.

Enfin l'on nous conduisit dans notre chambre, où l'on nous enferma comme la veille, sans nous laisser de lumière; il fallut encore attendre près de deux heures avant que minuit sonnât. Au premier coup de la cloche, nous ouvrîmes doucement les volets et la fenêtre; je me préparais à sauter dans le jardin; mon embarras fut égal à mon désespoir, quand je me vis retenu par des barreaux. Voilà, dis-je à Boleslas, ce que le maudit confident de Dourlinski lui disait à l'oreille ; voilà ce qu'approuvait le maître odieux, quand il répondit : *A la bonne heure, et qu'on le fasse à l'instant;* voilà ce qu'ils ont exécuté dans la journée ; c'est pour cela que l'entrée de cette chambre nous a été interdite. Seigneur, ils ont travaillé en dehors, me répondit Boleslas, car ils n'ont pas aperçu que ce volet avait été forcé. Hé! qu'ils l'aient vu ou non, m'écriai-je avec violence, que m'importe? cette grille fatale renverse toutes mes espérances ; elle assure l'esclavage de Lodoïska, elle assure ma mort.

Oui, sans doute, elle assure ta mort, me cria-t-on, en ouvrant ma porte. Dourlinski, précédé de quelques hommes armés, et suivi de quelques autres qui portaient des flambeaux, Dourlinski entra le sabre à la main. Traître! me dit-il, en me lançant des regards où sa fureur était peinte, j'ai tout entendu : je saurai qui tu es ; tu me diras ton nom ; ton prétendu frère le dira ; tremble! je suis de tous les ennemis de Lovzinski le plus implacable! Qu'on les fouille! dit-il à ses gens. Ils se précipitèrent sur moi ; j'étais sans armes, je fis une résistance inutile : ils m'enlevèrent mes papiers et la lettre que j'avais préparée pour Lodoïska. Dourlinski donna, en la lisant, mille signes d'impatience ; il y était peu ménagé. Lovzinski, me dit-il avec une rage étouffée, je mérite déja toute ta haine, bientôt je la mériterai davantage ; en attendant, tu resteras avec ton digne confident dans cette chambre que tu aimes. A ces mots, il sortit; on ferma la porte à double tour ; il posa une sentinelle en dehors, et une autre vis-à-vis des fenêtres, dans le jardin.

Vous vous figurez dans quel accablement nous restâmes plongés, Boleslas et moi. Mes malheurs étaient à leur comble; ceux de Lodoïska m'affectaient bien plus vivement : l'infortunée ! quelle devait être son inquiétude ! elle attendait Lovzinski, et Lovzinski l'abandonnait ! mais non, Lodoïska me connaissait trop bien; elle ne me soupçonnerait pas d'une aussi lâche perfidie. Lodoïska ! elle jugerait son amant d'après elle ! elle sentirait que Lovzinski partageait son sort ; puisqu'il ne la secourait pas... hélas ! et la certitude de mon malheur augmenterait encore le sien !

Telles furent, dans le premier moment, mes réflexions cruelles : on me laissa tout le temps d'en faire beaucoup d'autres non moins tristes. Le lendemain, on nous passa par les barreaux de notre fenêtre, les provisions pour notre journée. A la qualité des alimens qu'on nous fournissait, Boleslas jugea qu'on ne chercherait pas à nous rendre notre prison fort agréable. Boleslas, moins malheureux que moi, supportait son sort plus courageusement; il m'offrit ma part du maigre repas qu'il allait faire. Je ne voulais point manger; il me pressait vainement; l'existence était devenue pour moi un insupportable fardeau. Ah! vivez, me dit-il enfin, en versant un torrent de larmes; vivez! si ce n'est pas pour Boleslas, que ce soit pour Lodoïska. Ces mots firent sur moi la plus vive impression; ils ranimèrent mon courage; l'espérance rentra dans mon cœur; j'embrassai mon serviteur fidèle. O! mon ami! m'écriai-je avec transport, ô! mon véritable ami! je t'ai perdu, et mes maux me touchent plus que les tiens! donne, Boleslas, donne; je vivrai pour Lodoïska, je vivrai pour toi : veuille le juste ciel me rendre bientôt ma fortune et mon rang; tu verras que ton maître n'est pas un ingrat. Nous nous embrassâmes encore. Ah! mon cher Faublas, si vous saviez comme le malheur rapproche les hommes! comme il est doux, lorsqu'on souffre, d'entendre un autre infortuné vous adresser un mot de consolation!

Il y avait douze jours que nous gémissions dans cette prison, lorsqu'on vint m'en tirer pour me conduire à Dourlinski. Boleslas voulut me suivre, on le repoussa durement; cependant on me permit de lui parler un moment. Je tirai de mon doigt une bague que je portais depuis plus de dix ans; je dis à Boleslas : cette bague me fut donnée par M. de P***, lorsque nous faisions ensemble nos exercices à Varsovie ; prends-la, mon ami, conserve-la à cause de moi. Si Dourlinski consomme aujourd'hui sa trahison, en me faisant assassiner, s'il te permet ensuite de sortir de ce château, va trouver ton roi, montre-lui ce bijou, rappelle-lui notre ancienne amitié, raconte-lui mes malheurs; Boleslas, il te récompensera, il fera secourir Lodoïska. Adieu, mon ami.

On me conduisit à l'appartement de Dourlinski. Dès que la porte s'entr'ouvrit, j'aperçus dans un fauteuil une femme évanouie : j'approchai; c'était Lodoïska. Dieu! que je la trouvai changée!... mais qu'elle était belle encore ! Barbare! dis-je à Dourlinski. A la voix de son amant, Lodoïska reprit ses sens. Ah! mon cher Lovzinski, sais-tu ce que l'infame me propose ? sais-tu à quel prix il m'offre ta liberté ? Oui, s'écria Dourlinski furieux, oui, je le veux : te voilà bien sûre qu'il est en mon pouvoir; si dans trois jours je n'obtiens rien, dans trois jours il est mort. Je voulais me jeter aux genoux de Lodoïska, mes gardes m'en empêchèrent : Je vous revois enfin, tous mes maux sont oubliés;

Lodoïska, la mort n'a plus rien qui m'épouvante... Toi, lâche, songe que Pulauski vengera sa fille, songe que le roi vengera son ami. Qu'on l'emmène! s'écria Dourlinski. Ah! me dit Lodoïska, mon amour t'a perdu! Je voulais répondre, on m'entraîna; on me reconduisit dans ma prison. Boleslas me reçut avec des transports de joie inexprimables; il m'avoua qu'il m'avait cru perdu. Je lui racontai comment ma mort n'était que différée. La scène dont je venais d'être témoin avait enfin confirmé tous mes soupçons; il était clair que Pulauski ignorait les indignes traitemens que sa fille essuyait; il était clair que Dourlinski, amoureux et jaloux, satisferait sa passion à quelque prix que ce fût.

Cependant, des trois jours que Dourlinski avait laissés à Lodoïska pour se déterminer, deux déja s'étaient écoulés; nous étions au milieu de la nuit qui précédait le troisième; je ne pouvais dormir, je me promenais dans ma chambre à grands pas. Tout-à-coup j'entends crier aux armes; des hurlemens affreux s'élèvent de toutes parts autour du château; il se fait un grand mouvement dans l'intérieur; la sentinelle posée devant nos fenêtres quitte son poste : Boleslas et moi nous distinguons la voix de Dourlinski; il appelle, il encourage ses gens; nous entendons distinctement le cliquetis des armes, les plaintes des blessés, les gémissemens des mourans. Le bruit, d'abord très-grand, semble diminuer; il recommence ensuite; il se prolonge, il redouble; on crie victoire! beaucoup de gens accourent et ferment les portes sur eux avec force. Tout-à-coup à ce vacarme affreux succède un silence effrayant : bientôt un bruissement sourd frappe nos oreilles; l'air siffle avec violence; la nuit devient moins sombre; les arbres du jardin se colorent d'une teinte jaune et rougeâtre; nous volons à la fenêtre : les flammes dévoraient le château de Dourlinski; elles gagnaient de tous côtés la chambre où nous étions, et pour comble d'horreur, des cris perçans partaient de la tour où je savais que Lodoïska était enfermée.

Ici M. du Portail fut interrompu par le marquis de B***, qui, n'ayant trouvé aucun laquais dans l'antichambre, entra sans avoir été annoncé. Il recula deux pas en me voyant : Ah! ah! dit-il en saluant M. du Portail, c'est que vous avez aussi un fils? Puis s'adressant à moi : Monsieur est apparemment le frère?... — De ma sœur, oui, monsieur. — Hé bien! vous avez une sœur fort aimable, charmante, mais charmante! Vous êtes aussi honnête qu'indulgent, interrompit M. du Portail. — Indulgent! oh, je ne le suis pas toujours; par exemple, je suis venu pour vous faire des reproches à vous, monsieur. — A moi? aurais-je eu le malheur?... — Oui, vous nous avez joué avant-hier un tour sanglant. — Comment, monsieur?— Vous avez chargé ce petit Rosambert de nous enlever mademoiselle du Portail; la marquise comptait bien que sa chère fille passerait la nuit chez elle. Point du tout. — J'ai craint, monsieur, que ma fille ne vous causât beaucoup d'embarras. — Aucun, aucun, monsieur; mademoiselle du Portail est charmante, ma femme raffole d'elle, je vous l'ai déja dit: en vérité, ajouta-t-il en ricanant, je crois que la marquise aime cette enfant-là, plus qu'elle ne m'aime moi-même. Je suis pourtant son mari!... Au moins si vous étiez venu vous-même la chercher! — Pardon, monsieur, j'étais incommodé, je le suis même encore beaucoup... je sais que je dois à madame de B*** des remercîmens... — Ce n'est pas pour cela! (Pendant ce dialogue, on sent que je n'étais pas tout-à-fait à mon aise; le marquis me considérait avec une attention qui m'inquiétait.) Savez-vous bien, me dit-il enfin, que vous ressemblez beaucoup à mademoiselle votre sœur?—Monsieur, vous me flattez. — Mais, c'est que cela est frappant : allez, allez, je m'y connais bien; d'abord tous mes amis conviennent que je suis physionomiste; je vous le demande à vous-même : je ne vous avais jamais vu, et je vous ai reconnu tout de suite!

M. du Portail ne put s'empêcher de rire avec moi de la bonne foi du marquis : Monsieur, dit-il à celui-ci, c'est que, comme vous l'avez fort bien remarqué, mon fils et ma fille se ressemblent un peu; il faut convenir qu'il y a un air de famille. Oui, répondit le marquis en me regardant toujours, ce jeune homme est bien, fort bien; mais sa sœur est encore mieux, beaucoup mieux. (Il me prit par le bras.) Elle est un peu plus grande, elle a l'air plus raisonnable; quoiqu'elle soit un peu espiègle, c'est bien là sa figure; mais il y a dans vos traits quelque chose de plus hardi; vous avez moins de graces dans le maintien, et dans toute l'habitude du corps quelque chose de plus... nerveux, de plus roide. Oh! dame, n'allez pas vous fâcher, tout cela est bien naturel; il ne faut pas qu'un garçon soit fait comme une fille! (Le flegme de M. du Portail ne put tenir contre ces derniers propos : le marquis nous vit rire, et se mit à rire de tout son cœur. Oh! reprit-il, je vous l'ai dit, je suis grand physionomiste, moi!... Mais n'aurai-je pas le bonheur de voir la chère sœur? Monsieur du Portail se hâta de répondre : Non, monsieur, elle est allée faire ses adieux. — Ses adieux! — Oui, monsieur; elle part demain pour son couvent. — Pour son couvent! à Paris? — Non... à... Soissons. — A Soissons! demain matin? Cette chère enfant nous quitte? — Il le faut bien, monsieur. — Elle fait actuellement ses visites? — Oui, monsieur. — Et sans doute elle viendra dire adieu à sa maman? — Assurément, monsieur, et elle doit même être actuellement chez vous. — Ah! que je suis fâché! ce matin, la marquise était encore malade, elle a voulu sortir ce soir! je lui ai représenté qu'il faisait froid, qu'elle s'enrhumerait; mais les femmes veulent ce qu'elles veulent, elle est sortie : hé bien! tant pis pour elle, elle ne verra pas sa chère fille, et moi je la verrai; car elle ne tardera sûrement pas à revenir. Elle a plusieurs visites à faire, dis-je au marquis. Oui, ajouta M. du Portail, nous ne l'attendons que pour souper. — On soupe donc ici? vous avez raison; ils ont tous la manie de ne pas manger le soir : moi, je n'aime pas à mourir de faim, parce que c'est la mode. Vous soupez, vous! hé bien! je reste, je soupe avec vous; vous allez dire que j'en use bien librement; mais je suis ainsi fait, je veux qu'on agisse de même avec moi; quand vous me connaîtrez mieux, vous verrez que je suis un bon diable.

Il n'y avait pas moyen de reculer. M. du Portail prit son parti sur-le-champ. Je suis fort aise, monsieur le marquis, que vous vouliez bien être des nôtres. Vous permettrez seulement que mon fils nous quitte pour une heure ou deux; il a quelques affaires pressées. — Monsieur, qu'on ne se gêne pas pour moi, qu'il nous quitte, mais qu'il revienne, car il est fort aimable, monsieur votre fils. — Vous permettrez aussi que je vous laisse un moment pour lui dire deux mots? — Faites, monsieur, comme si je n'étais pas là. (Je saluai le marquis; il se leva précipitamment, me prit par la main, et dit à M. du Portail) : Tenez, monsieur, vous direz tout ce que vous voudrez, ce jeune homme-là ressemble à sa sœur comme deux gouttes d'eau. Je me connais en figures; je soutiendrais cela devant l'abbé Pernetti (1). Oui, monsieur,

---

(1) M. l'abbé Pernetti a fait sur la physionomie un

répondit M. du Portail, il y a un air de famille.

A ces mots, il passa avec moi dans un autre appartement. Parbleu, me dit-il, c'est un singulier homme que votre marquis ! il ne se gêne pas avec ceux qu'il aime. — Mon très-cher père, il est bien vrai que le marquis est venu sans façon s'impatroniser chez nous; mais, quant à moi, j'aurais tort de m'en plaindre, je me suis mis chez lui fort à mon aise. — Quant à vous, c'est bien dit ; mais laissons la plaisanterie, et voyons comment nous allons sortir de là. Si je ne considérais que lui, cela serait bientôt fini ; mais, mon ami, vous avez des ménagemens à garder à cause de sa femme... Écoutez... retournez chez vous, faites prendre à votre laquais un habit quelconque, et qu'il vienne annoncer ici que mademoiselle du Portail soupe chez madame de ***, le premier nom qui vous viendra à l'esprit. — Hé bien ! après ? Le marquis soupera toujours avec vous, et il attendra tranquillement le retour de votre fille : c'est ainsi qu'il est fait, il vous l'a dit lui-même. — Comment donc faire ?... — Comment ? mon très-cher père, je fais si bien la demoiselle ! je vais m'ha-

---

ouvrage en deux volumes, intitulé : *Connaissance de l'homme moral par l'homme physique.*

biller en femme, et votre fille viendra réellement souper avec vous. Ce sera votre fils, au contraire, qui sera retenu, et qui ne viendra pas. Il est six heures, je serai de retour à dix; j'ai le temps. — A la bonne heure. Convenez pourtant que Lovzinski joue là un singulier rôle... Vous m'avez embarqué dans une aventure!... mais il n'y a plus à s'en dédire : allez vîte, et revenez.

Je courus à l'hôtel. Jasmin me dit que mon père était sorti, et qu'une fort jolie demoiselle m'attendait chez moi depuis plus d'une heure. Une jolie demoiselle, Jasmin ! Je m'élançai comme un trait dans mon appartement. Ah! ah ! Justine, c'est toi ! Jasmin disait bien que c'était une jolie demoiselle ; et j'embrassai Justine. Gardez cela pour ma maîtresse, me dit-elle d'un petit air boudeur. — Pour ta maîtresse, Justine? tu la vaux bien ! — Qui vous l'a dit? — Je le soupçonne ; il ne tient qu'à toi que j'en sois certain; et j'embrassai Justine, et Justine me laissait faire, en répétant : Gardez cela pour ma maîtresse. Mon dieu ! que vous êtes bien avec vos habits, ajouta-t-elle ; est-ce que vous les quitterez encore pour vous déguiser en femme ? — Ce soir, pour la dernière fois, Justine : après cela, je serai toujours homme...

à ton service, belle enfant. — A mon service ? oh ! que non ; au service de madame. — Au sien et au tien en même temps, Justine. — Oui dà ! il vous en faut donc deux à-la-fois ? — Je sens, ma chère, que ce n'est pas trop ; et j'embrassai Justine, et mes mains se promenaient sur une gorge fort blanche, qu'on ne défendait presque pas. Mais voyez donc comme il est hardi ! disait Justine. Qu'est devenue la modestie de mademoiselle du Portail ? — Ah ! Justine, ah ! tu ne sais pas comme une nuit m'a changé ! — Cette nuit-là avait bien changé ma maîtresse aussi ; le lendemain elle était pâle, fatiguée..... Mon dieu ! en la voyant, je n'ai pas eu de peine à deviner que mademoiselle du Portail était un bien brave jeune homme ! — Quand je te dis, Justine, que je n'en aurais pas trop de deux !

Je voulus l'embrasser. Pour cette fois elle se défendit en reculant. Mon lit se trouva derrière elle, elle y tomba à la renverse ; et, par un malheur auquel on s'attend peut-être, je perdis l'équilibre au même instant.

Quelques minutes après, Justine, qui ne se pressait pas de réparer son désordre, me demanda en riant ce que je pensais de la petite espièglerie qu'elle avait faite au marquis. — Quoi donc, mon enfant ? — L'étiquette au milieu du dos. Que dites-vous du tour ? — Charmant, délicieux, presque aussi bon que celui que nous venons de faire à la marquise. — A propos d'elle, et ma commission donc ! ma maîtresse vous attend... — Elle m'attend ? J'y cours. — Là ! le voilà parti ; et où courez-vous ? — Je n'en sais rien. — Voyez donc comme il me plantait là ! — Justine, c'est que... tu conçois... — Je conçois que vous êtes un franc libertin. — Tiens, Justine, faisons la paix : un louis d'or et un baiser. — Je prends l'un très-volontiers... et je vous donne l'autre de bon cœur. Le charmant jeune homme ! joli, vif et généreux ! Oh ! comme vous avancerez dans le monde ! Ah çà, partons ; suivez-moi par derrière, à quelque distance, et sans affectation. Vous me verrez entrer dans une boutique ; à côté est une porte cochère que vous trouverez entr'ouverte, vous entrerez vite. Un portier vous demandera qui vous êtes ; vous répondrez, *l'Amour*. Vous grimperez au premier étage. Sur une petite porte blanche vous lirez ce mot, *Paphos*. Vous ouvrirez avec la clé que voici, et vous ne resterez pas long-temps seul.

Avant de sortir, j'appelai Jasmin pour lui ordonner de prendre un autre habit que celui de la maison, et d'aller, de la part de M. de

Saint-Luc, annoncer à M. du Portail que son fils ne reviendrait pas souper.

Cependant Justine s'impatientait. Je la suivis. Elle entra chez une marchande de modes. Je me précipitai dans la porte cochère. *L'Amour*, criai-je au portier, et d'un saut je fus à *Paphos*. J'ouvris, j'entrai. Le lieu me parut digne du dieu qu'on y adorait. Un petit nombre de bougies n'y répandait qu'un jour doux. Je vis des peintures charmantes ; je vis des meubles aussi élégans que commodes ; je remarquai sur-tout, dans le fond d'une alcove dorée, tapissée de glaces, un lit à ressort, dont les draps de satin noir devaient relever merveilleusement l'éclat d'une peau fine et blanche : alors je me ressouvins que j'avais promis à M. du Portail de ne plus revoir la marquise, et l'on devine que je m'en ressouvins trop tard.

Une porte, que je n'avais pas remarquée, s'ouvrit tout-à-coup. La marquise entra. Voler dans ses bras, lui donner vingt baisers, l'emporter dans l'alcove, la poser sur le lit mouvant, m'y plonger avec elle dans une douce extase, ce fut l'affaire d'un moment. La marquise reprit ses sens en même temps que moi. Je lui demandai comment elle se portait. Que dites-vous donc? répondit-elle d'un air étonné.

Je répétai : Ma chère petite maman, comment vous portez-vous? Elle partit d'un éclat de rire : Je croyais avoir mal entendu ; le *comment vous portez-vous* est excellent ; mais si j'étais incommodée, il serait bien temps de me le demander. Croyez-vous que ce régime-ci convienne à une personne malade ? Mon cher Faublas, ajouta-t-elle en m'embrassant tendrement, vous êtes bien vif. — Ma chère petite maman, c'est que je sais aujourd'hui bien des choses que j'ignorais il y a trois jours. — Craignez-vous de les oublier ? fripon que vous êtes. — Oh! non. Oh! non, répéta-t-elle en me contrefaisant ; je vous crois bien, monsieur le libertin. (Elle m'embrassa encore.) Promettez de ne vous en souvenir jamais qu'avec moi, de ces choses-là. — Je vous le promets, ma petite maman. — Vous jurez d'être fidèle ? — Je le jure. — Toujours ? — Oui, toujours. — Mais, dites-moi donc, vous avez beaucoup tardé à me venir joindre, petit ingrat. — Je n'étais pas chez moi ; j'ai dîné chez M. du Portail. — Chez M. du Portail! Il vous a parlé de moi? — Oui. — Vous ne lui avez pas compté les folies ?... — Non, maman. Elle continua d'un ton très-sérieux : Vous lui avez bien dit que j'ai été, comme le marquis, trompée par les apparences? — Oui, maman. Et que je le suis encore? poursuivit-elle d'une voix tremblante, mais en me donnant le baiser le plus tendre. — Oui; maman. Charmant enfant! s'écria-t-elle; il faudra donc que je t'adore! — Si vous ne voulez pas être une ingrate, il le faudra. Cette réponse me valut plusieurs caresses; et puis un reste d'inquiétude se faisant sentir encore : Ainsi vous avez assuré M. du Portail que je vous crois... fille? ajouta la marquise en rougissant. — Oui. — Vous savez donc mentir? — Est-ce que j'ai menti? — Je pense que le fripon se moque de sa maman!

Je feignis de vouloir m'enfuir; elle me retint. Demandez pardon tout-à-l'heure, monsieur. Je le demandai comme un homme qui était bien sûr de l'obtenir; le badinage s'échauffa, la paix fut signée.

Vous n'êtes plus fâchée? dis-je à la marquise. Bon! répondit-elle en riant, est-ce que la colère d'une amante tient contre de pareils procédés? — Petite maman, je passe avec vous des momens bien doux : savez-vous à qui j'en ai l'obligation? — Il serait bien singulier que vous crussiez devoir de la reconnaissance à quelqu'autre qu'à moi. — Cela est singulier, j'en conviens; mais cela est. — Expliquez-vous, mon bon ami. — J'ignorais le bonheur que vous me prépariez ; je serais encore chez M. du Portail, si votre cher mari n'était venu faire une visite..... — A M. du Portail? — Et à moi, maman. — Il vous a vu chez M. du Portail?

Ici, je racontai à ma belle maîtresse tout ce qui s'était passé dans la visite que le marquis nous avait faite. Elle se contint beaucoup pour ne pas rire. Ce pauvre marquis, me dit-elle, il a la plus maligne étoile! il semble qu'il aille exprès chercher le ridicule! Une femme est bien malheureuse, mon cher Faublas, dès qu'elle aime quelqu'un; son mari n'est plus qu'un sot. — Petite maman, vous n'êtes pas tant à plaindre! il me semble que dans ce cas, le malheur est pour le mari. Ah! c'est que, répondit-elle en prenant un air sérieux, on souffre toujours des humiliations qu'un mari reçoit. — On en souffre quelquefois, je le veux bien; mais aussi n'en profite-t-on jamais? — Faublas! vous vous ferez battre!... Mais, dites-moi, il faut que vous alliez souper avec le marquis, et vous n'avez pas de robe; et puis, comptez-vous me quitter sitôt? — Le plus tard qu'il me sera possible, ma belle maman. — Mais vous pouvez vous habiller ici. A ces mots elle sonna Justine : Va, lui dit-elle, chercher une de mes robes; il faut que nous habillions mademoiselle. Je fermai la porte sur Justine, qui me donna un petit soufflet; la marquise ne s'en aperçut pas; je retournai près d'elle.

Petite maman, êtes-vous bien sûre que votre femme-de-chambre ne jasera pas? — Oui, mon ami; je lui donnerai pour se taire, beaucoup plus d'argent qu'on ne lui en donnerait pour parler. Je ne pouvais vous recevoir chez moi; il fallait renoncer au plaisir de vous voir, ou me décider à faire une imprudence: mon cher Faublas, je n'ai pas balancé... Charmant enfant! ce n'est pas la première folie que tu me fais faire. Elle prit ma main qu'elle baisa, et dont elle se couvrit les yeux. — Petite maman, vous ne me voulez plus voir? Ah! toujours et par-tout! s'écria-t-elle; ou bien il eût fallu ne te voir jamais.

Ma main, qui tout-à-l'heure me cachait ses yeux, maintenant était pressée sur son cœur: son cœur ému palpitait; ses longues paupières se remplissaient de larmes, et sa bouche charmante, approchée de la mienne, demandait un baiser: elle en reçut mille! un feu dévorant me brûlait; je crus qu'il était partagé, je voulus l'éteindre; mais mon amante plus heureuse, plongée dans l'ivresse d'un tendre épanchement, goûtait les inexprimables douceurs des plaisirs qui viennent de l'ame : elle refusa des jouissances moins ravissantes, quoique délicieuses.

Ne plus te voir! reprit-elle, ce serait ne plus exister, et je n'existe que depuis quelques jours... Une imprudence! ajouta-t-elle bientôt, en promenant sur tous les objets qui nous environnaient ses regards étonnés; ah! n'en ai-je fait qu'une? ah! combien j'en dois risquer encore, si j'en juge par celles qu'en si peu de temps tu m'as obligée de commettre! — Chère maman, je me permets une question peut-être bien indiscrète : mais vous excitez ma vive curiosité. Chez qui sommes-nous donc ici? Cette question tira la marquise de l'extase où elle était : — Chez qui nous sommes?... chez... chez une de mes amies. — Cette amie-là aime... Madame de B***, tout-à-fait remise, se hâta de m'interrompre : Oui, Faublas, elle aime, vous avez dit le mot; elle aime!... c'est l'amour qui a fait ce lieu charmant; c'est pour son amant... — Et pour le vôtre, ma petite maman. — Oui, mon bon ami, elle a bien voulu me prêter ce boudoir pour ce soir. — Cette porte par laquelle vous êtes entrée? — Donne dans ses appartemens. — Maman, encore une question. — Voyons. — Comment vous portez-vous? (Elle me regarda d'un air étonné et riant.) Oui, continuai-je, plaisanterie à part, vous étiez malade avant-hier... M. de Rosambert...—Ne me parlez pas de lui. M. de Rosambert est un indigne homme, capable de me faire à moi mille noirceurs, et à vous mille mensonges. Qu'il vous trouve disposé à le croire, il vous affirmera confidemment qu'il a eu tout l'univers. Encore, s'il n'était que fat, on pourrait le lui pardonner; mais ses odieux procédés pour moi, quand même je les aurais mérités, seraient toujours inexcusables. —Il est vrai qu'il nous a bien tourmentés avant-hier. — Je n'ai pas fermé l'œil de la nuit! laissons cela cependant... Quand je te vois, mon bon ami, je ne songe plus à ce que j'ai souffert pour toi... Qu'il est bien dans ses habits d'homme!... qu'il est joli!... qu'il est charmant! mais, quel dommage! ajouta-t-elle en se levant d'un air léger, il faut quitter tout cela! Allons, monsieur de Faublas, faites place à mademoiselle du Portail. A ces mots, elle défit d'un coup de main tous les boutons de ma veste. Je me vengeai sur un fichu perfide, que j'avais déjà beaucoup dérangé, et que j'enlevai tout-à-fait. Elle continua l'attaque, je me plaisais à la vengeance; nous ôtions tout, sans rien rétablir. Je montrai à la marquise demi-nue, l'alcove fortunée, et cette fois elle s'y laissa conduire.

On grattait doucement à la porte; c'était Justine. Il faut lui rendre justice, pour cette fois elle avait fait promptement sa commission. Quoique peu décemment vêtu, j'allais, sans y songer, ouvrir à la femme-de-chambre : la marquise tira un cordon; des rideaux se fermèrent sur nous, la porte s'ouvrit. — Madame, voici tout ce qu'il faut ; vous aiderai-je à l'habiller? — Non, Justine, je m'en charge ; mais tu la coifferas; je te sonnerai. Justine sortit ; nous nous amusâmes quelque temps encore à contempler les tableaux rians et multipliés que nous offraient les glaces dont nous étions environnés. Allons, me dit la marquise en m'embrassant, il faut que j'habille ma fille. Je voulus marquer l'instant de la retraite par une dernière victoire. Non, mon bon ami, ajouta-t-elle, il ne faut abuser de rien.

Ma toilette commença. Tandis que la marquise s'en occupait sérieusement, je m'amusais à toute autre chose. Voyez s'il finira, disait ma belle maîtresse; allons, songez qu'il faut être sage, vous voilà demoiselle. J'étais affublé d'un jupon et d'un corset. Ma petite maman, il faut d'abord que Justine me coiffe ; ensuite elle finira de m'habiller. (J'allais sonner.) — Qu'il est étourdi! ne voyez-vous pas dans quel état vous m'avez mise? ne faut-il pas que je m'habille aussi? J'offris mes services à la marquise; je faisais tout de travers : Petite maman, il faut plus de temps pour réparer que pour détruire. — Oh! oui; je le vois bien! quelle femme-de-chambre j'ai là! elle est encore plus curieuse que maladroite.

Enfin nous sonnâmes Justine. Petite, il faut coiffer cette enfant. — Oui, madame. Mais ne faudra-t-il pas que j'arrange vos cheveux aussi? — Pourquoi donc? suis-je décoiffée? — Madame, il me semble que oui. La marquise ouvrit une armoire; on y fourra mes habits d'homme. Demain matin, me dit-on, un commissionnaire discret vous reportera tout cela chez vous. Dans une autre armoire plus profonde, se trouvait une table de toilette qu'on roula jusqu'à moi; et voilà Justine exerçant ses petits doigts légers.

La marquise, en se plaçant auprès de moi, me dit : Mademoiselle du Portail, permettez-moi de vous faire ma cour. Oui, oui, interrompit Justine, en attendant que M. de Faublas vous fasse encore la sienne. Que dit donc cette écervelée? répondit la marquise. — Elle dit que

je vous aime bien. — Dit-elle vrai, Faublas?
— En doutez-vous, maman? et je lui baisai la main. Cela déplut à Justine, apparemment : Diables de cheveux, dit-elle, en donnant un coup de peigne vigoureux, comme ils sont mêlés! — Haï!... Justine, tu me fais mal! — Ne faites pas attention, monsieur ; songez à votre affaire, madame vous parle. — Petite, je ne dis mot ; je regarde mademoiselle du Portail. Tu la fais bien jolie? — C'est pour qu'elle plaise davantage à madame. — Petite, je crois qu'au fond cela t'amuse. Mademoiselle du Portail ne te déplaît pas? — Madame, j'aime encore mieux M. de Faublas. — Elle est de bonne foi, au moins. — De très-bonne foi, madame : demandez-lui plutôt à lui-même. — Moi, Justine, je n'en sais rien. — Vous mentez, monsieur. —
— Comment, je mens! — Oui, monsieur; vous savez bien que quand il faut faire quelque chose pour vous, je suis toujours prête... Madame m'envoie chez vous, zeste, je pars. Oui, interrompit la marquise, mais tu ne reviens pas. — Madame, aujourd'hui ce n'est pas ma faute, il m'a fait attendre. (Ici Justine me chatouilla doucement le cou, en tournant une boucle.) — C'est qu'il n'est pas pressé quand il faut venir me voir. — Ah! petite maman, je

ne suis heureux qu'auprès de vous. J'embrassai la marquise, qui faisait mine de s'en défendre. Justine trouva le badinage trop long; elle me pinça rudement. La douleur m'arracha un cri. Prenez donc garde à ce que vous faites, dit la marquise à Justine, avec un peu d'humeur. — Mais, madame, aussi, il ne peut pas se tenir un moment tranquille!

Il y eut quelques instants de silence. Ma belle maîtresse avait une de mes mains dans les siennes; l'espiègle soubrette occupa l'autre, en me faisant tenir un bout de ruban qui devait nouer mes cheveux; et, saisissant le moment, elle m'appliqua un peu de pommade sur la figure. Justine! lui dis-je. Petite! dit la marquise. — Madame, je n'emploie qu'une main, que ne se défend-il avec l'autre? et puis, feignant que la houppe lui était échappée, elle me jeta de la poudre sur les yeux. — Petite! vous êtes bien folle!... je ne vous enverrai plus chez lui! — Bon! madame, est-ce qu'il est dangereux? Je n'ai pas peur de lui. — Mais, Justine, c'est que tu ne sais pas comment il est vif! — Oh que si! madame. — Tu le sais, petite? — Oui, madame. Madame se souvient du soir qu'elle a couché chez nous cette belle demoiselle! — Hé bien? — J'ai offert de la déshabiller; madame n'a pas voulu. — Sans doute ; elle avait un air si modeste, si timide! Qui n'en aurait été la dupe? Je ne sais pas comment j'ai pu lui pardonner. — C'est que madame est si bonne!... — Madame, je disais donc que vous n'aviez pas voulu. Mademoiselle du Portail se déshabillait derrière les rideaux. Je passai par hasard près d'elle au moment où, ayant ôté son dernier jupon, elle s'élançait dans le lit. — Enfin ? — Enfin, madame, cette drôle de demoiselle sauta si vite, si singulièrement, que... Hé bien ! achève donc, dis-je à Justine. — Ah ! mais je n'ose. Finis donc, dit la marquise, en se cachant le visage avec son éventail. — Elle sauta si singulièrement et avec si peu de précaution, que je m'aperçus... Quoi! Justine, interrompit la marquise d'un ton presque sérieux, vous aperçûtes?... — Que c'était un jeune homme ; oui, madame. — Comment! et vous ne m'avez pas avertie! — Bon! madame, et le pouvais-je? vos femmes dans votre appartement! le marquis près d'y entrer ! cela aurait fait un beau vacarme! et puis madame le savait peut-être. A ces derniers mots, la marquise pâlit. Vous me manquez, mademoiselle ; sachez que si je veux bien m'oublier, je ne veux pas qu'on s'oublie ! Le ton dont ces paroles furent prononcées fit trembler la pauvre Justine ; elle s'excusa de son mieux. Madame, je plaisantais. — Je le crois, mademoiselle ; si je pensais que vous eussiez parlé sérieusement, je vous chasserais dès ce soir. Justine se mit à pleurer. Je tâchai d'apaiser la marquise. Convenez, me dit celle-ci, qu'elle m'a dit une impertinence.... Comment ! oser supposer, oser me dire en face et devant vous que je savais... (Elle rougit beaucoup, me prit la main, et me la serra doucement.) Mon cher Faublas, mon bon ami, vous savez comme tout cela s'est passé ; vous savez si ma faiblesse est excusable ! votre déguisement trompe tout le monde. Je vois au bal une jeune demoiselle, jolie, pleine d'esprit, pour qui je me sens beaucoup d'inclination ; elle soupe chez moi, elle y couche ; tout le monde se retire... l'aimable demoiselle est dans mon lit, à côté de moi... il se trouve que c'est un charmant jeune homme !... Jusqu'ici le hasard, ou plutôt l'amour, a tout fait ! Après cela, j'ai sans doute été bien faible ; mais quelle femme à ma place aurait résisté ? Le lendemain, je m'applaudis du hasard qui a fait mon bonheur et qui l'assure. Faublas, vous connaissez le marquis ; on m'a mariée malgré moi, on m'a sacrifiée : quelle femme excusera-t-on, si l'on me juge à la rigueur? (Je vis la marquise prête à pleurer; j'essayai de la consoler par le baiser le plus tendre; je voulus parler): Un moment, me dit-elle, un moment, mon ami. Le lendemain, je confie à mademoiselle mon étonnante aventure. Je lui dis tout, tout! Faublas.... Elle a le secret de ma vie, mon secret le plus cher! elle paraît me plaindre, m'aimer : point du tout, elle abuse de ma confiance; elle suppose une horreur. Elle me dit en face...

Justine fondait en larmes; elle tomba aux genoux de sa maîtresse; elle lui demanda vingt fois pardon. Je joignis mes instances aux siennes, car j'étais vivement ému. La marquise fut attendrie. Allez, dit-elle, allez, je vous pardonne, Justine; oui, je vous pardonne. Justine baisa la main de sa maîtresse, et s'excusa de nouveau. C'est assez, lui répondit-on, c'est assez; je suis calmée, je suis contente; relevez-vous, Justine, et n'oubliez jamais que si votre maîtresse a des faiblesses, il ne faut pas lui supposer des vices; que, loin de chercher à la trouver plus coupable, vous devez l'excuser ou la plaindre; et qu'enfin vous ne pouvez, sans vous rendre indigne de ses bontés, lui manquer de fidélité et de respect. Allons, petite, ajouta-t-elle avec beaucoup de douceur, ne pleure plus ; relève-toi, je te dis que je te pardonne; finis cette coiffure, et qu'il ne soit plus question de cela.

Justine reprit son ouvrage en me lorgnant d'un air confus. La marquise me regardait languissamment. Nous gardions tous trois le silence ; ma toilette n'en alla que plus vîte ; j'eus deux femmes-de-chambre au lieu d'une. Il était neuf heures, il fallut se séparer ; nous nous donnâmes le baiser d'adieu. Allez, friponne, me dit la marquise, et ménagez mon mari ; demain je vous donnerai de mes nouvelles. Je descendis ; un fiacre était à la porte. Comme j'y montais, deux jeunes gens passèrent ; ils me regardèrent de très-près, et se permirent quelques plaisanteries, plus grossières que galantes. J'en fus surpris ; la maison d'où je sortais pouvait-elle être suspecte ? c'était celle d'une amie de la marquise. Ma mise n'était pas non plus celle d'une fille ; pourquoi donc ces messieurs s'égayaient-ils sur mon compte ? c'est qu'apparemment il leur avait paru étrange de voir une femme bien parée et sans domestiques monter seule dans un fiacre à neuf heures du soir.

A mesure que mon phaéton avançait, mes réflexions prirent un autre cours, et changèrent d'objet. J'étais seul, je pensai à ma Sophie. Je ne lui avais fait dans la matinée qu'une courte visite ; dans la soirée je ne donnais qu'un moment à son souvenir : mais si le lecteur veut m'excuser, qu'il songe aux doux plaisirs que vient de m'offrir une femme charmante, voluptueuse et belle ; qu'il sache que Justine a la plus jolie petite figure chiffonnée ; qu'il se souvienne sur-tout que Faublas commence son noviciat, et n'a guère que seize ans.

J'arrivai chez M. du Porfail. Le marquis, en me faisant de profondes révérences, commença par me demander si j'avais vu sa femme. Répondre non, c'était bien mentir ; il fallut m'y déterminer pourtant. Non, monsieur le marquis. — Je le savais bien ; j'en étais sûr. M. du Portail l'interrompit : Ma fille, vous vous êtes fait long-temps attendre. Nous allons nous mettre à table. — Sans mon frère ? — Il m'a fait dire qu'il soupait en ville. — Comment ! la veille de mon départ ! — Belle demoiselle, vous ne m'aviez pas dit que vous aviez un frère. — Monsieur, je crois l'avoir dit à madame la marquise. — Elle ne m'en a pas parlé. — Bon ! — Je vous donne ma parole d'honneur qu'elle ne m'en a pas parlé. — Monsieur, je vous crois. — Ah ! c'est que cela tire à conséquence ! Monsieur votre père croirait que je fais le connaisseur, et que je ne le suis pas. — Comment donc ? — Comment, mademoiselle ! vous ne croiriez jamais ce qui m'est arrivé ! En entrant ici, j'ai reconnu monsieur votre frère, que je n'avais jamais vu. — Oh ! bah ! — Demandez à monsieur votre père. — A la bonne heure, monsieur, vous l'avez reconnu ; mais madame la marquise... — Ne m'en a pas parlé, je vous le jure. — Bon ! — Je vous en donne ma parole d'honneur. — C'est donc M. de Rosambert ? — Il ne m'en a pas parlé non plus. — Je crois pourtant l'avoir entendu vous dire à-peu-près... — Pas un mot qui ressemble à cela, je vous le proteste. (Et le marquis se fâchait presque.) — C'est donc moi qui me suis trompée ! En ce cas, monsieur, il faut que vous soyez grand physionomiste. — Oh ! ça, c'est vrai, répondit-il avec une joie extrême, personne ne se connaît en physionomie comme moi.

M. du Portail s'amusait de la conversation ; et de peur qu'elle ne finît trop tôt, Il faut convenir aussi, dit-il au marquis, qu'il y a un air de famille. — J'en conviens, répliqua celui-ci, j'en conviens ; mais c'est justement cet air de famille qu'il faut saisir, qu'il faut distinguer dans les traits ; c'est là ce qui constitue les vrais connaisseurs ! Entre père, mère, frères et sœurs, il y a toujours un air de famille. Toujours, m'écriai-je, toujours! vous croyez, monsieur? — Si je le crois! mais j'en suis sûr. Quelquefois cet air-là est enveloppé dans le maintien, dans les manières, dans les regards... enveloppé, vous dis-je, enveloppé de sorte qu'il n'est pas aisé de l'apercevoir. Hé bien! un homme habile le cherche... le débrouille... vous concevez? — De sorte que, si après m'avoir vue, mais avant d'avoir vu mon père, mon père que voici, vous l'aviez par hasard rencontré au milieu de vingt personnes... — Lui! dans mille je l'aurais reconnu.

M. du Portail et moi nous nous mîmes à rire. Le marquis se leva, quitta la table, alla à M. du Portail, lui prit la tête d'une main, et promenant un doigt sur le visage de mon prétendu père, Ne riez donc pas, monsieur, ne riez donc pas. Tenez, mademoiselle, voyez-vous ce trait-là, qui prend ici, qui passe par là, qui revient ensuite?... Revient-il?... non, il ne revient pas, il reste-là. Hé bien! tenez... (il venait à moi). — Monsieur, je ne veux pas qu'on me touche. (Il s'arrêta, et promena son doigt, mais sans le poser sur mon visage.) — Hé bien! mademoiselle, ce même trait, le voilà, là, ici, et encore là... là; voyez-vous? — Hé! monsieur, comment voulez-vous que je voie? — Vous riez!... il ne faut pas rire, cela est sérieux... Vous voyez bien, vous, monsieur? — Trèsbien. — Outre cela, monsieur, il y a dans l'ensemble... dans la configuration du corps, certaines nuances.... de ressemblance.... certains rapports secrets.... occultes.... Occultes! répétai-je, occultes! — Oui, oui, occultes. Vous ne savez peut-être pas ce que c'est qu'occultes? Cela n'est pas étonnant, une demoiselle !... Je disais donc, monsieur, qu'il y a des ressemblances occultes... Non, ce n'est pas ressemblance que j'avais dit, c'est un autre mot.... plus... là... mieux... ah! dame, je ne sais plus où j'en étais, on m'a interrompu. — Monsieur, vous aviez dit des rapports occultes. — Ah! oui, des rapports! des rapports! et je vais vous faire concevoir cela, à vous, monsieur, qui êtes raisonnable. — Comment! monsieur le marquis, vous m'injuriez, je crois! — Non, ma belle demoiselle, vous ne pouvez pas savoir tout ce que monsieur votre père sait. — Ah! dans ce sens-là... — Oui, dans ce sens-là, ma belle demoiselle ; mais, de grace, laissez-moi expliquer à monsieur... Monsieur, les pères et les mères, dans la... procréation des individus, font des êtres qui ressemblent... qui ont des rapports occultes avec les êtres qui les ont procréés, parce que la mère de son côté, et le père du sien... Chut! chut! je vous entends, interrompit M. du Portail. Oh! elle ne comprend pas cela, répondit le marquis, elle est trop jeune... Cela est pourtant clair, ce que je vous explique; mais cela est clair pour vous. Ces choses-là, monsieur, sont physiques; elles ont été physiquement prouvées par des... par de grands physiciens, qui entendaient très-bien ces parties-là.

Monsieur le marquis, pourquoi donc parler bas? — J'ai fini, mademoiselle, j'ai fini; monsieur votre père est au fait. — Vous vous connaissez en physionomie, monsieur le marquis; mais vous connaissez-vous aussi en étoffes? Que dites-vous de cette robe-là? — Elle est très-jolie, très-jolie. Je crois que la marquise en a une pareille... oui, toute pareille. — De la même étoffe? de la même couleur? — De la même étoffe, je ne sais pas; mais, pour la couleur, c'est absolument la même : elle est très-jolie; elle vous va au mieux. Il partit de là pour me faire des complimens à sa manière, tandis que M. du Portail, devinant à qui la robe appartenait, me regardait d'un air mécontent, et semblait me reprocher d'avoir sitôt oublié la parole que je lui avais donnée.

Nous sortions de table, quand mon véritable père, M. de Faublas, qui m'avait promis de me venir chercher, arriva. Son étonnement fut extrême de retrouver chez M. du Portail son fils encore travesti, et le marquis de B***. Encore! dit-il, en me regardant d'un air sévère; et vous, monsieur du Portail, vous avez la bonté... — Eh! bon soir, mon ami, ne reconnaissez-vous pas monsieur le marquis de B***? Il m'a fait l'honneur de me venir demander à souper pour faire ses adieux à ma fille, qui part demain. Qui part demain? répliqua le baron, en saluant froidement le marquis. — Oui, mon ami, elle retourne à son couvent; ne le savez-vous pas? Hé! non, dit le baron avec impatience; hé! non, je ne le sais pas. — Hé bien! mon ami, je vous le dis, elle part. Oui, monsieur, interrompit le marquis, en s'adressant à mon père, elle part; j'en ai bien du chagrin, et ma femme en sera très-fâchée. Et moi, monsieur, répondit le baron, j'en suis bien aise; il est temps que cela finisse, ajouta-t-il en me regardant. M. du Portail craignit qu'il ne s'emportât; il le tira à part. Qu'est-ce donc que cet homme-là? me dit alors le marquis; ne l'ai-je pas vu ici l'autre jour? — Justement. — Je l'ai reconnu tout d'un coup;

quand une fois j'ai vu une figure, elle est là. Mais cet homme-là me déplaît; il a toujours l'air fâché. Est-ce un de vos parens? — Point du tout. — Oh! je l'aurais gagé qu'il n'était point de la famille! Il n'y a pas entre vos figures la moindre ressemblance : la vôtre est toujours gaie ; la sienne est toujours sombre, à moins qu'un ris platonique... non ! sartonique... est-ce sartonique ou sard... Enfin, vous comprenez : je veux dire que lorsqu'il ne vous regarde pas de travers, cet homme-là, il vous rit au nez. — Ne faites pas attention à cela, c'est un philosophe. Un philosophe ! reprit le marquis d'un air effrayé, je ne m'étonne plus. Un philosophe! ah! je m'en vais. M. du Portail et le baron s'entretenaient ensemble, et nous tournaient le dos. Le marquis alla dire adieu à M. du Portail. Ne vous dérangez pas, dit-il au baron, qui se retourna pour le saluer; monsieur, ne vous dérangez pas; je n'aime pas les philosophes, moi, et je suis fort aise que vous ne soyez pas de la famille. Un philosophe ! un philosophe ! répéta-t-il en s'enfuyant.

Quand il fut parti, mon père et M. du Portail recommencèrent à causer tout bas. Je m'endormis au coin du feu. Un songe heureux me présenta l'image de ma Sophie. Faublas! cria le baron, allons nous-en. Voir ma jolie cousine? lui dis-je encore tout étourdi. — Sa jolie cousine ! voyez s'il ne dort pas tout debout. M. du Portail riait. Il me dit : Allez vous-en, mon ami, allez dormir chez vous, je crois que vous en avez besoin ; nous nous reverrons ; je vous dois encore des reproches, et le récit de mes malheurs : nous nous reverrons.

En rentrant, je demandai M. Person ; il venait de se coucher. J'en fis autant, et je fis bien. Jamais on ne dormit plus profondément aux harangues fraternelles de nos francs-maçons, aux lectures publiques du musée moderne, aux rares plaidoyers des D***, des D***, des DL***, et de tant d'autres grands orateurs inscrits sur le fameux tableau.

A mon réveil, je sonnai Jasmin, pour le prévenir qu'on me rapporterait dans la matinée mes habits que j'avais laissés la veille chez un ami. Ensuite je fis appeler M. Person. Je lui demandai comment se portaient Adélaïde et mademoiselle de Pontis. Vous les avez vues hier, me répondit-il. — Et vous aussi, M. Person, vous les avez vues, et même vous leur avez dit que j'avais fait une connaissance au bal. — Hé bien ! monsieur, quel mal ? — Et quelle nécessité, monsieur ? Dites à ma sœur vos secrets, à la bonne heure; mais les miens, je vous prie de les respecter. — En vérité, monsieur, vous le prenez sur un ton... depuis quelques jours on ne vous reconnaît plus... Je me plaindrai à monsieur votre père. — Et moi, monsieur, à ma sœur (je le vis pâlir). Croyez-moi, soyons bons amis; mon père desire que je sorte avec vous. — Hé bien! finissez votre toilette, et allons au couvent.

Nous partions, quand Rosambert arriva. Dès qu'il sut où nous allions, il me pria de lui permettre de nous accompagner. Depuis quatre mois, me dit-il, vous m'avez promis de me faire connaître votre aimable sœur. Rosambert, je vais vous tenir parole, et vous allez voir une demoiselle que vous serez forcé d'estimer. — Mon ami, distinguons; je suis très-convaincu que mademoiselle de Faublas est dans le cas de l'exception; mais je retorquerai sur vous le terrible argument dont vous vous êtes armé contre moi : une exception ne détruit pas la règle, elle la prouve. — Tout comme il vous plaira. Je vous préviens que vous allez voir une demoiselle de quatorze ans et demi, innocente, ingénue jusqu'à la simplicité; cependant elle est aussi grande qu'on peut l'être à son âge, et elle ne manque ni d'esprit, ni d'éducation.

Person fut plus heureux que moi ; ma sœur vint au parloir ; ma Sophie n'y vint pas. Après les révérences et les complimens d'usage, après quelques minutes d'une conversation générale, je ne pus dissimuler mon inquiétude : Adélaïde, dites-moi donc ce qu'a ma jolie cousine? Oh! mon frère, il faut que son mal soit bien amer, car elle le cache, et elle s'en occupe toute la journée. Je ne reconnais plus ma bonne amie ; autrefois elle était étourdie, gaie, folle comme moi; maintenant je la vois triste, rêveuse, inquiète. Nous la trouvons toujours presque aussi douce, aussi caressante; mais elle est rarement avec nous. Dans nos heures de récréation, elle jouait, elle courait au jardin avec nos compagnes ; à présent, mon frère, elle cherche un petit coin pour s'y promener toute seule. Oh! elle est malade! elle est vraiment malade! elle mange peu, elle ne dort pas, elle ne rit plus ; et moi, mon frère, et moi qu'elle aimait tant, elle a l'air de me craindre! oui, en vérité, je l'ai remarqué, elle fuit tout le monde ; mais c'est moi sur-tout qu'elle évite! Hier, je la vois entrer dans une petite allée couverte au bout du jardin : j'arrive à pas de loup, je la trouve s'essuyant les yeux : Ma bonne amie, dis-moi donc où tu as mal?...

Elle me regarde d'un air... d'un air... mais c'est que je n'ai vu personne avoir cet air-là... Enfin elle me répond : *Adélaïde, tu ne le devines pas! ah! que tu es heureuse! mais que je suis à plaindre!* et puis elle rougit, elle soupire, elle pleure. Je tâche de la consoler : plus je lui parle, plus elle se chagrine. Je l'embrasse, elle me fixe long-temps, et paraît tranquille; tout d'un coup elle met sa main sur mes yeux, et elle me dit : *Adélaïde, cache ton visage! oh! cache-le! il est trop... il me fait mal! laisse-moi, va-t'en un moment, laisse-moi seule;* et elle se remet à pleurer. Moi qui vois que son mal augmente, je lui dis : Sophie...

A ce nom de Sophie, Rosambert se pencha à mon oreille : la jolie cousine, c'est Sophie; c'est cette Sophie que j'ai blasphémée! Ah! pardon. Ma sœur reprit :

Je lui dis : Sophie, attends un moment, je vais chercher ta gouvernante... Alors elle se remet; elle s'essuie les yeux; elle me prie de ne rien dire. Je suis obligée de le lui promettre; mais, au fond, cela n'est pas raisonnable. Vouloir être malade, et ne pas vouloir que sa gouvernante le sache! — Ma chère Adélaïde! pourquoi n'est-elle pas venue au parloir avec vous aujourd'hui? — C'est qu'elle est si distraite! si préoccupée! elle vous aimait presqu'autant que moi, autrefois... — Et maintenant? — Je crois qu'elle ne vous aime plus. Tout-à-l'heure je lui ai dit que vous étiez-là... *Le jeune cousin!* s'est-elle écriée d'un air content ; elle venait ; elle s'est arrêtée : *Non, je n'irai pas*, m'a-t-elle dit; *je ne veux pas, je ne peux pas... dites-lui de ma part que...* Elle paraissait chercher, j'attendais qu'elle s'expliquât : *Mon dieu ! ne savez-vous pas ce qu'il faut lui dire ?* a-t-elle ajouté avec un peu d'humeur, *ce qu'on dit en pareil cas, les complimens d'usage !* et elle m'a quittée assez brusquement.

Je m'enivrais du plaisir d'entendre ma sœur ingénue me peindre, avec l'innocence d'un enfant, les tendres agitations, les douces peines de Sophie. Rosambert, encore plus étonné que je n'étais ravi, prêtait une oreille attentive ; et le petit M. Person, nous regardant tous trois, paraissait en même temps inquiet et charmé.

Adélaïde, vous croyez donc que Sophie ne m'aime plus ? — Mon frère, j'en suis presque sûre. Tout ce qui se rapporte à vous lui donne de l'humeur, et moi j'en suis quelquefois la victime. — Comment ! — Oui, l'autre jour, monsieur, que voilà (montrant M. Person), nous apprit que vous aviez passé la nuit tout entière chez madame la marquise de B***. Hé bien! quand monsieur fut parti, dès que nous fûmes seules, Sophie me dit d'un ton très-sérieux : *Votre frère n'a pas couché à l'hôtel! il n'est pas rangé, votre frère! cela n'est pas bien...* Votre frère! Elle me tutoie ordinairement. Votre frère!... quand même vous seriez dérangé, Faublas, doit-elle se fâcher contre moi? Votre frère!... Le jour d'après, je crois, vous avez été au bal masqué. M. Person nous l'est venu dire; car il nous dit tout, M. Person. Dès que nous avons été seules, Sophie m'a dit : *Votre frère s'amuse au bal, et nous nous ennuyons ici!* Point du tout, lui ai-je répondu, on ne s'ennuie point avec sa bonne amie.... *Ah! oui*, a-t-elle répliqué, *ah! oui, avec sa bonne amie, cela est vrai.* Cependant, mon frère, voyez cette singularité; un moment après elle a répété tristement : *Il s'amuse au bal, et nous nous ennuyons ici!...* Nous nous ennuyons! et mais, quand cela serait vrai, cela n'est pas poli; elle ne doit pas le dire!... Oh! si elle n'était pas malade, je lui en voudrais beaucoup. Je me rappelle encore un trait. Hier, vous nous avez dit que madame de B*** était jolie. Le soir, j'ai poursuivi Sophie, et je l'ai forcée de se promener avec moi. *Votre frère*, m'a-t-elle dit, car à présent c'est toujours Votre frère..... *il trouve cette marquise jolie, il est sans doute amoureux d'elle?* J'ai répondu : Ma bonne amie, cela ne se peut pas, cette madame de B*** est mariée. Elle m'a pris la main, et elle m'a dit : *Adélaïde! ah! que tu es heureuse!* et il y avait dans son regard, dans son sourire, du dédain, de la pitié. Est-ce honnête, cela?.... Ah! que tu es heureuse!... Hé! mais sûrement, je suis heureuse, je me porte bien, moi!

Mais, Adélaïde, tout ce que vous me dites là ne prouve pas que ma jolie cousine ne m'aime plus; elle peut être un peu fâchée; mais tous les jours on boude les gens qu'on aime. — Oh! sans doute, s'il n'y avait que cela! — Et qu'y a-t-il donc encore? — Hé bien! autrefois elle m'entretenait sans cesse de vous; elle était joyeuse de vous voir; à présent elle me parle encore de mon frère, mais c'est si rarement! et d'un ton toujours si sérieux! Hier ne l'avez-vous pas remarqué? elle n'a pas dit un mot, pas un seul mot, pendant que vous étiez là. Allez, allez, mon frère, quand on aime les gens, on leur parle! Je vous assure que ma bonne amie ne vous aime plus.

Ici Rosambert se mêla de la conversation, qui changea d'objet. On parla danse, musique, histoire et géographie. Ma sœur, qui venait de causer comme une fille de dix ans, raisonna alors comme une femme de vingt. Le comte, à chaque instant plus surpris, semblait ne pas s'apercevoir que les heures s'écoulaient, quoique M. Person eût pris la peine de l'en avertir plusieurs fois. Enfin, le son d'une cloche qui appelait les pensionnaires au réfectoire nous obligea de nous retirer.

Je vous avoue, me dit le comte, que j'ai peine à croire ce que j'ai vu. Comment peut-on allier l'ignorance et le savoir, la modestie et la beauté, l'ingénuité de l'enfance et la raison de l'âge mûr; enfin, permettez-moi de le dire, une innocence aussi extrême, avec un physique aussi précoce? Je croyais cette réunion impossible, mon ami; votre sœur est le chef-d'œuvre de la nature et de l'éducation. — Rosambert, ce chef-d'œuvre est le fruit de quatorze ans de soins et de bonheur; il fut produit par le concours le plus rare des circonstances les plus heureuses. Le baron de Faublas a d'abord reconnu que l'éducation d'une fille était, pour un militaire, un fardeau trop pesant; ma mère, que nos regrets honorent tous les jours, ma vertueuse mère s'est trouvée digne d'en être chargée. Le hasard aussi l'a bien secondée : il s'est rencontré pour sa fille des domestiques qui obéissaient et ne raisonnaient pas ; une gouvernante qui ne contait pas d'histoires galantes et ne lisait pas de romans ; des maîtres qui ne s'occupaient avec leur élève que de sa leçon ; une société de gens attentifs, qui ne se permettaient jamais un geste suspect, un mot équivoque ; et, ce qui n'est pas le moins essentiel et le plus commun, un directeur qui, dans son confessional, écoutait et ne questionnait pas. Enfin, mon ami, il n'y a pas six mois qu'Adélaïde est au couvent. — Six mois ! ah ! dans un espace de temps beaucoup plus court, combien de demoiselles qu'on dit bien élevées, acquièrent là de grandes lumières, et reçoivent même certaines leçons qui avancent beaucoup une jeune fille ! — C'est ici, Rosambert, qu'il faut encore admirer le bonheur d'Adélaïde ! vive, folâtre, enjouée avec toutes ses compagnes, elle n'en a distingué qu'une, une aussi délicate, aussi honnête, aussi sage qu'elle... une ! un peu plus éclairée peut-être, parce que depuis quelque temps l'amour... — Je vous entends, c'est la jolie cousine. — Oui, mon ami. Sophie, non moins vertueuse qu'Adélaïde, quoique sensible un peu plutôt, Sophie est devenue l'unique amie de ma sœur. Ces

deux cœurs si purs se sont pour ainsi dire sentis, attirés, confondus. Adélaïde, privée de sa mère, n'a plus pensé, n'a plus vécu que par Sophie : leur amitié, aussi délicate que vive, les a sauvées des dangers dont vous me parlez, et auxquels je conçois que doivent être exposées, dans l'enceinte où elles se trouvent rassemblées, pressées pour ainsi dire, tant de jeunes filles ardentes, inquiètes, curieuses, que le temps, l'heure, les lieux invitent continuellement à des liaisons qui, devenant très-intimes, peuvent bien n'être pas toujours désintéressées. Depuis quelque temps, j'ai troublé l'union des deux amies ; il m'est permis de croire que je suis devenu l'heureux objet des plus chères affections de ma jolie cousine. Adélaïde, à qui l'amour (je regardais M. Person) n'a pas encore montré son vainqueur, a porté sur Sophie sa sensibilité tout entière, et l'amertume de ses plaintes nous a prouvé l'excès de son amitié... — Et vous a assuré en même temps de votre bonheur. En vérité, Faublas, je vous félicite, si Sophie est aussi aimable, aussi belle qu'Adélaïde. — Plus belle, mon ami, plus belle encore ! — Cela me paraît difficile. — Oh ! plus belle !... vous la verrez ; plus belle ! imaginez...
— Chut ! chut ! doucement, comme il s'é-

chauffe !... Dites-moi donc, l'homme à sentimens ! puisque vous aviez une si charmante maîtresse, pourquoi m'avez-vous soufflé la mienne ? Puisque M. de Faublas aimait tant le parloir, pourquoi mademoiselle du Portail a-t-elle couché chez la marquise ? Comment donc arrangez-vous tout cela ? — Mais, Rosambert, cela n'est pas difficile... — Ni désagréable, je le conçois. — Vous riez ! écoutez donc, mon ami. Vous savez comment les choses se sont passées entre la marquise et moi ? — Oui, oui, à-peu-près. — Mais, rieur éternel, écoutez-moi. Élevé à-peu-près comme ma sœur, je n'étais guère moins ignorant qu'elle, il y a huit jours. Je n'ai pas pris madame de B***, c'est elle qui s'est donnée... je suis excusable. — Allons, passe pour le bal paré ; mais au moins vous étiez le maître de ne pas retourner chez elle. Le bal masqué ! heim ! qu'en dites-vous ? — Je dis qu'on m'y avait attiré... Je n'ai guère que seize ans, moi ! mes sens sont neufs. — Ah ! Sophie, pauvre Sophie ! — Ne la plaignez pas, je l'adore !... Mais, Rosambert, je sais bien qu'il n'y a que des nœuds légitimes qui puissent m'assurer sa possession. — Cela doit être, du moins. — Hé bien ! en attendant que l'hymen nous unisse, je respecterai toujours ma Sophie... — C'est ce que l'on saura par la suite. — Cependant mon célibat me paraîtra dur. — Je le crois! — Ma vivacité m'emportera quelquefois. — Sans doute. — Je ferai peut-être quelque infidélité à ma jolie cousine... — Cela est plus que probable. — Mais dès qu'un heureux mariage... — Ah, oui! — Alors, ma Sophie, je n'aimerai que toi... — Cela n'est pas si sûr. — Je t'aimerai toute ma vie. — Celui-là me paraît fort.

Rosambert me quitta. Jasmin, à qui je demandai, en rentrant, si l'on avait rapporté mes habits, me dit qu'il n'avait vu personne; j'attendis jusqu'au soir le commissionnaire, qui ne vint pas. J'étais inquiet, parce que j'avais laissé dans mes poches un porte-feuille qui contenait deux lettres; l'une m'avait été envoyée de province par un vieux domestique de mon père; le bonhomme me souhaitait une bonne année. J'aurais été fâché de perdre l'autre; c'était celle que la marquise m'avait écrite quelques jours auparavant; elle était, comme on sait, adressée à mademoiselle du Portail, et je voulais la conserver.

Les habits me furent rapportés le lendemain matin; mais je cherchai vainement dans les poches, le porte-feuille ne s'y trouvait plus. Madame Dutour vint me faire oublier mon inquiétude, en me remettant une lettre de la marquise. J'ouvris avec empressement, je lus :

« Ce soir, mon bon ami, à sept heures pré-
« cises, trouvez-vous à la porte de mon hôtel ;
« vous pourrez suivre avec assurance la per-
« sonne qui, après avoir soulevé le chapeau
« dont vous vous serez couvert les yeux, vous
« nommera l'Adonis. Je ne puis vous en écrire
« davantage, depuis le matin je suis obsédée ;
« on me fatigue des détails de la science phy-
« sionomique ; ce n'est pas celle-là que je me
« soucie d'approfondir. O, mon ami ! vous pos-
« sédez si bien l'art de plaire, que, quand on
« vous connaît, on ne sait plus qu'aimer, on
« ne veut plus savoir que cela. »

Cette lettre était si flatteuse, l'invitation qu'elle contenait était si séduisante, que je ne balançai pas. J'assurai la Dutour que je ne manquerais pas de me rendre au lieu indiqué. Cependant, quand la messagère fut partie, je sentis quelques irrésolutions. Ne devais-je pas désormais, uniquement occupé de Sophie, éviter toute occasion de revoir sa trop dangereuse rivale ?... Mais pourquoi m'imposerais-je cette loi cruelle, sans nécessité ? Avais-je déclaré mon amour à Sophie ? Sophie m'avait-elle avoué le sien ? avait-elle acquis le droit d'exiger de moi ce sacrifice?... D'ailleurs, à le bien prendre, ce que j'allais faire ne pouvait pas s'appeler une infidélité! je ne m'embarquais pas dans une intrigue nouvelle! puisque j'avais passé la nuit avec la marquise, puisque je l'avais revue depuis dans ce galant boudoir; quel inconvénient de lui faire encore une visite? Cela ne faisait jamais que trois rendez-vous au lieu de deux : le crime était-il dans le nombre? et puis, ma jolie cousine ne serait pas instruite de celui-là... Enfin, ma parole était engagée : le lecteur voit bien que je ne pouvais me dispenser d'aller à ce rendez-vous.

Je ne me fis pas attendre; Justine aussi ne me laissa pas morfondre à la porte; elle souleva mon chapeau : Venez, bel Adonis. Je la suivis à petits pas. Cependant le Suisse, quoique à demi ivre, entendit quelque bruit, et demanda qui c'était. C'est moi! c'est moi! répondit Justine. Oui, reprit l'autre, c'est vous! mais ce jeune gaillard? — Hé bien! c'est mon cousin. Le Suisse était en gaieté, il se mit à fredonner : Voilà mon cousin l'allure, mon cousin, voilà mon cousin l'allure.

Cependant Justine me conduisait au fond de la cour; nous enfilâmes un escalier dérobé : on conçoit que la jolie soubrette fut embrassée plusieurs fois, avant que nous fussions au premier étage. Alors elle me fit signe d'être plus sage, et m'ouvrit une petite porte ; je me trouvai dans le boudoir de la marquise. Entrez, me dit Justine, entrez dans la chambre à coucher; vous seriez mal ici. Elle sortit, et ferma la porte sur elle.

J'entrai dans la chambre à coucher; ma belle maîtresse vint à moi. Ah! maman, c'est donc ici que pour la seconde fois... Elle m'interrompit : Mon dieu! je crois entendre le marquis! le voilà revenu pour toute la soirée; sauvez-vous, partez! D'un saut, je regagnai le boudoir; mais je ne songeai pas à tirer sur moi la porte de la chambre à coucher; elle resta entr'ouverte; et pour comble de malheur, cette étourdie de Justine avait fermé à double tour l'autre porte, qui conduisait à l'escalier dérobé. La marquise, qui ne pouvait deviner que la retraite me fût fermée, s'était assise tranquillement. Déja le marquis était entré dans son appartement, et s'y promenait d'un air effaré. Je tremblais qu'il ne m'aperçût dans le boudoir ; il n'y avait pas moyen d'en sortir : comment faire? Je me jetai sous l'ottomane, et dans une situation très-incommode, j'entendis une conversation fort singulière, qui eut un dénouement plus singulier encore.

Vous voilà de retour de bonne heure, monsieur? — Oui, madame. — Je ne vous attendais pas sitôt. — Cela se peut bien, madame. — Vous paraissez agité, monsieur, qu'avez-vous donc? — Ce que j'ai, madame, ce que j'ai!... j'ai que... je suis furieux. — Modérez-vous, monsieur... peut-on savoir?... — J'ai que... il n'y a plus de mœurs nulle part... les femmes!... — Monsieur, la remarque est honnête, et l'application heureuse! — Madame, c'est que je n'aime pas qu'on me joue!... et quand on me joue, je m'en aperçois bien vîte! — Comment! monsieur, des reproches! des injures!... cela s'adresserait-il... vous vous expliquerez, sans doute? — Oui, madame, je m'expliquerai, et vous allez être convaincue! — Convaincue!... de quoi? monsieur. — De quoi! de quoi! un moment donc, madame! vous ne me laissez pas le temps de respirer!... Madame, vous avez reçu chez vous, logé chez vous, couché avec vous mademoiselle du Portail? (La marquise avec fermeté): Hé bien! monsieur? — Hé bien! madame, savez-vous ce que c'est que mademoiselle du Portail? — Je le sais... comme vous, monsieur. Elle m'a été présentée par M. de Rosambert; son père est un honnête gentilhomme, chez qui vous avez soupé encore avant-hier. — Il ne s'agit pas de cela, madame. Savez-vous ce que c'est que mademoiselle du Portail? — Je vous le répète, monsieur, je sais comme vous que mademoiselle du Portail est une fille bien née, bien élevée, fort aimable. — Il ne s'agit pas de cela, madame. — Hé! monsieur, de quoi s'agit-il donc! Avez-vous juré de pousser ma patience à bout? — Un moment donc, madame; mademoiselle du Portail n'est point une fille... (La marquise très-vivement): N'est point une fille! — N'est point une fille bien née, madame; c'est une fille d'une espèce... de ces filles qui... là... vous m'entendez? — Je vous assure que non, monsieur. — Je m'explique pourtant bien, c'est une fille qui... dont... que... enfin suffit, vous y êtes? — Oh! point du tout, monsieur, je vous assure. — C'est que je voudrais vous gazer cela... Madame, c'est une p..... vous comprenez? — Mademoiselle du Portail! une...... Pardon, monsieur, mais je n'y tiens pas, il faut que je rie. (En effet, la marquise se mit à rire de toutes ses forces.) — Riez, riez, madame... tenez, connaissez-vous cette lettre-là? — Oui, c'est celle que j'ai écrite à mademoiselle du Portail, le lendemain du jour qu'elle a couché chez moi. — Justement, madame. Et celle-ci, la connaissez-vous? — Non, monsieur. — Regardez-la, madame; vous voyez bien l'adresse: A monsieur, monsieur le chevalier de Faublas; et lisez le dedans : « Mon cher maître, j'ai « l'honneur de prendre la liberté d'oser vous « interrompre pour vous souhaiter que cette « année qui commence, vous soit belle et « bonne, etc. J'ai l'honneur d'être avec un pro- « fond respect, mon cher maître, etc. » C'est une lettre de bonne année d'un domestique à son maître, qui est ce monsieur de Faublas. Hé bien ! madame, ces deux lettres-là étaient dans le porte-feuille que voici. — Enfin, monsieur? — Madame, et le porte-feuille, vous ne devineriez jamais où je l'ai trouvé? — Dites, dites, monsieur. — Je l'ai trouvé dans un endroit où... là... — Hé! monsieur, dites tout de suite le mot, vous seriez toujours obligé d'en venir là; ainsi... — Hé bien! madame, je l'ai trouvé dans un mauvais lieu. — Dans un mauvais lieu! — Oui, madame. — Où vous aviez affaire, monsieur? — Où la curiosité m'a conduit. Tenez, je vais vous conter cela. Une femme a fait courir depuis quelques jours des billets imprimés, par lesquels elle donne avis aux amateurs, qu'elle peut leur offrir de charmans boudoirs qu'elle louera à tant par heure; moi, j'ai été voir cela par curiosité, uniquement par curiosité, comme je vous le disais tout-à-l'heure. — Quel jour y avez-vous été, monsieur? — Hier l'après-dînée, madame; les boudoirs sont en effet charmans!... il y en a un sur-tout au premier étage... il est vraiment joli!... on y voit des tableaux, des estampes, des glaces, un alcove, un lit... ah! c'est le lit sur-tout! figurez-vous que ce diable de lit est à ressorts!... ah! c'est très-plaisant! tenez, il faut quelque jour que je vous fasse voir cela. Un mari et sa femme en partie fine! répondit la marquise, cela serait beau!

J'entendis quelque bruit ; la marquise se défendait; le marquis l'embrassa. Leur conversation, qui dans les commencemens m'avait inquiété, m'amusait alors au point que je sentais moins la gêne de ma situation. Le marquis reprit ainsi :

Mais c'est que rien n'y manque! il y a dans ce boudoir, au premier étage, une porte qui communique chez une marchande de modes qui loge à côté... cela est fort bien imaginé... Vous entendez qu'une femme comme il faut a l'air d'être chez sa marchande de modes : point du tout; elle monte l'escalier, et puis on vous en plante à un pauvre mari!... Mais, écoutez-moi, madame : dans ce boudoir j'ai ouvert une petite armoire, et, dans cette armoire, j'ai trouvé ce portefeuille. Ainsi il est clair que mademoiselle du Portail a été là avec ce M. de Faublas! et cela est très-vilain à elle, et très-malhonnête à M. de Rosambert, qui la connaissait, de nous l'avoir présentée, et très-imprudent à son père de la laisser sortir accompagnée seulement d'une femme-de-chambre. Et je n'en ai point été la dupe! Il y a dans sa figure... vous savez comme je suis physionomiste!... elle est jolie, sa figure! mais il y a quelque chose dans les traits qui annonce un sang... cette fille-là a du tempérament, et je l'ai bien vu!... Vous souvenez-vous de ce soir que Rosambert lui dit qu'il y avait des circonstances... heim! des circonstances! Vous n'aviez pas remarqué cela, vous! moi! je vous ai relevé le mot! ah! l'on ne m'attrape pas! et tenez, le même jour... venez, venez, madame...

La marquise, qui me croyait parti, se laissa conduire à son boudoir. Le marquis continua :

Elle était ici, dans ce boudoir... là ; vous, vous étiez couchée sur cette ottomane... je suis arrivé... madame; elle avait le teint animé, les yeux brillans, un air! Oh! je vous le dis, cette fille a un tempérament de feu! Vous savez que je m'y connais; mais, laissez-moi faire, j'y mettrai bon ordre. — Comment! monsieur, vous y mettrez bon ordre? — Oui, oui, madame : d'abord, je dirai à Rosambert ce que je pense de son procédé. Il y a peut-être été avec elle, Rosambert ! ensuite je verrai M. du Portail, et je l'instruirai de la conduite de sa fille. Quoi ! monsieur, vous ferez à M. de Rosambert une mauvaise querelle? — Madame ! madame! Rosambert savait ce qui en était ; il était jaloux de moi comme un tigre. — De vous! monsieur. — Oui, madame, de moi, parce que la petite avait l'air de me préférer... Elle me faisait même des avances, et c'est en cela qu'elle m'a joué, elle! car elle avait alors ce M. de Faublas. Je saurai ce que c'est que ce M. de Faublas, et je verrai M. du Portail. — Quoi ! monsieur, vous pourriez aller dire à un père ?... — Oui, madame, c'est un service à lui rendre ; je le verrai, je l'instruirai de tout. — J'espère, monsieur, que vous n'en ferez rien. — Je le ferai, madame. — Monsieur, si vous avez quelque considération pour moi, vous laisserez tout cela tomber de soi-même. — Point! point! je saurai... — Monsieur, je vous le demande en grace. — Non, non, madame. — Vous m'éclairez, monsieur, je vois le motif de l'intérêt si pressant que vous prenez à ce qui regarde mademoiselle du Portail. Je vous connais trop bien pour être la dupe de cette austérité de mœurs dont vous vous parez aujourd'hui ; vous êtes fâché, non pas de ce que mademoiselle du Portail a été dans un lieu suspect, mais de ce qu'elle y a été avec un autre que vous. — Oh ! madame. — Et quand j'accueillais chez moi une demoiselle que je croyais honnète, vous aviez des desseins sur elle ! — Madame ! — Et vous osez venir vous plaindre à moi-même d'avoir été joué ! c'était moi, c'était moi seule qu'on jouait !

Elle se laissa tomber sur l'ottomane. Son mari jeta un cri, et puis il embrassa la marquise, en lui disant : Si vous saviez comme je vous aime ! — Si vous m'aimiez, monsieur, vous auriez plus de considération pour moi, plus de respect pour vous-même, plus de ménagement pour un enfant, peut-être moins à blâmer qu'à plaindre... Que faites-vous donc, monsieur ? laissez-moi. Si vous m'aimiez, vous n'iriez pas apprendre à un père malheureux les égaremens de sa fille ; vous n'iriez pas conter cette aventure à M. de Rosambert, qui en rira, qui se moquera de vous, et qui dira par-tout que j'ai reçu chez moi une fille à intrigue !..... Mais, monsieur, finissez donc ; ce que vous faites là ne ressemble à rien. — Madame, je vous aime. — Il suffit bien de le dire! il faut le prouver. — Mais, depuis trois ou quatre jours, mon cœur, vous ne voulez jamais que je vous le prouve. — Ce ne sont pas de ces preuves-là que je vous demande, monsieur... Mais, monsieur, finissez donc. — Allons, madame, allons, mon cœur. — En vérité, monsieur, cela est d'un ridicule! — Nous sommes seuls. — Il vaudrait mieux qu'il y eût du monde, cela serait décent! Mais, finissez donc, n'avons-nous pas toujours le temps de faire ces choses-là?.... finissez donc... quoi! des gens mariés!... à votre âge!... dans un boudoir!... sur une ottomane!... comme deux amans!... et quand j'ai lieu de vous en vouloir! encore. — Hé bien! mon ange, je ne dirai rien à Rosambert, rien à M. du Portail. — Vous me le promettez bien? — Je vous en donne ma parole... — Hé bien! un moment; rendez-moi le portefeuille; laissez-le moi. — De tout mon cœur, le voilà. (Il y eut un moment de silence.) En vérité, monsieur, dit la marquise, d'une voix presque éteinte, vous l'avez voulu; mais cela est bien ridicule.

Je les entendis bégayer, soupirer, se pâmer tous deux. On ne peut se figurer ce que je souffrais sous l'ottomane pendant cette étrange scène; j'aurais étranglé les acteurs de mes mains;

En vérité, monsieur dit la Marquise, d'une voix presque
éteinte, vous l'avez voulu; mais cela est bien ridicule.

et, dans l'excès de mon dépit, j'étais tenté de me découvrir, de reprocher à la marquise cette infidélité d'un nouveau genre, et de rendre au marquis l'amère mystification qu'il me faisait essuyer sans le savoir. Justine vint terminer mes irrésolutions ; elle ouvrit tout-à-coup la porte de l'escalier dérobé. La marquise jeta un cri. Le marquis se sauva dans la chambre à coucher, pour y réparer son désordre. Justine, apercevant un mari au lieu d'un amant, demeura stupéfaite, et la marquise ne fut pas moins étonnée qu'elle en me voyant sortir de dessous l'ottomane. Je remerciai tout bas la femme-de-chambre. Grand merci, Justine, tu m'as rendu service ; j'étais fort mal dessous, tandis que madame était dessus, très à son aise. La marquise, interdite et tremblante, n'osa ni me répondre, ni me retenir ; son mari était si près de là ! probablement il allait rentrer dès qu'il serait plus décemment vêtu. Justine se rangea pour me laisser passer. Je descendis l'escalier dérobé sans lumière, au risque de me rompre vingt fois le cou. Je traversai la cour rapidement, et je sortis de l'hôtel, en maudissant ses maîtres.

Le lendemain, j'étais encore au lit quand Jasmin m'annonça Justine, et se retira discrètement. Mon enfant, je songeais à toi! — Ah! monsieur, laissez-moi; cette fois-ci vous ne m'y prendrez pas. Je veux commencer par ma commission. Savez-vous que j'ai été encore bien grondée hier? vous nous avez fait une belle peur! Vous n'étiez pas encore au bas de l'escalier quand le marquis est rentré dans le boudoir. Voyez cette sotte, a-t-il dit, qui entre ici comme un coup de pistolet! Dès qu'il nous a quittées, madame, désolée de l'aventure, m'a dit qu'elle ne concevait pas pourquoi vous vous étiez caché sous l'ottomane. J'ai été forcée de lui avouer que j'avois, sans y songer, fermé la porte à double tour. Elle m'a fait une scène! et puis ce matin elle m'a remis cette lettre pour vous. — Fort bien, ma petite Justine; voilà ta commission faite, car je n'ouvrirai pas la lettre. — Vous ne l'ouvrirez pas, monsieur? — Non, je suis fâché contre ta maîtresse. — Vous avez tort. — Mais je ne suis pas fâché contre toi, Justine. — Et vous avez raison... Finissez!... mais, tenez, je le veux bien, à condition que vous lirez la lettre. — Oh! qu'une maîtresse est heureuse d'avoir une fille comme toi! Hé bien! oui, je lirai.

Justine remplit de si bonne grace les conditions du traité, qu'il y aurait eu de ma part de la perfidie à ne pas tenir parole. J'ouvris la lettre.

« Que notre aventure d'hier m'a peinée ! mon
« bon ami. Cette scène, qui n'eût été que bi-
« zarre si, comme je le croyais, vous n'en
« aviez pas été le témoin, est devenue, par
« votre présence, aussi désagréable pour moi
« que mortifiante pour vous. Quels mots vous
« avez dit en partant ! ingrat ! Vous ne savez
« pas le mal que vous m'avez fait ! Revenez à
« moi, mon bon ami, revenez à celle qui vous
« aime ! trouvez-vous à midi au lieu qu'on vous
« désignera. Là, je n'aurai pas de peine à me
« justifier ; là, quand mon amant sera bien
« convaincu de son injustice, il me trouvera
« prête à lui pardonner sa vivacité. »

Monsieur, reprit Justine, dès que j'eus fini ma lecture, madame vous attendra à midi au boudoir de l'autre jour... vous savez bien ?... où nous vous avons habillé. — Oui, Justine, et où tu as tant pleuré ! Si tu savais comme j'ai souffert pour toi ! mais aussi, friponne, tu ne te contentes pas de faire des malices, tu en dis ! — Ne me parlez pas de cela, j'en suis encore toute honteuse... Finissez donc... Donnez-moi votre réponse pour ma maîtresse. — Ma réponse, Justine, est que je n'irai pas au rendez-vous. — Vous n'irez pas ? — Non, Justine. — Quoi ! vous donnerez ce chagrin-là à ma maîtresse ? — Oui, mon enfant. — Mais, vous allez me faire gronder. — Je me charge de te consoler d'avance. — Vous êtes bien décidé ? — Très-décidé, Justine. — Hé bien ! en ce cas, faites un bout de lettre... Finissez donc... (Elle m'embrassa.) Ecrivez un mot pour ma maîtresse. — Non, mon enfant, je n'écrirai pas. — Laissez-moi !... Mais, tenez, je le veux bien encore, à condition que vous écrirez. — Ah ! Justine, je le répète, qu'une maîtresse est heureuse d'avoir une fille comme toi ! Hé bien ! oui, j'écrirai.

J'écrivis en effet :

« Je ne sais, madame, si l'aventure d'hier
« vous a beaucoup *peinée;* mais, à la manière
« dont vous avez rempli votre emploi sur l'ot-
« tomane, j'ai lieu de croire qu'il ne vous pa-
« raissait pas très-pénible. Quand on a un mari
« aimable, galant, et tendrement aimé, ma-
« dame, on doit s'en tenir là. Je suis, avec le
« plus vif regret, etc. »

Oh ! ma jolie cousine ! oh ! combien, en songeant à vous, je m'applaudis de l'effort généreux que je venais de faire ! Oh ! qu'il me fut doux de penser qu'enfin je vous avais sacrifié un rendez-vous, et qu'à l'heure même où la marquise avait cru me revoir chez son *amie*, je jouirais près de vous du bonheur de vous admirer !

Hélas ! elle ne vint pas au parloir ! — Ah ! ma sœur ! pourquoi votre amie n'est-elle pas avec vous ? — Je vous disais bien qu'elle était malade ! Hier encore elle a pleuré toute la journée; de la nuit elle n'a fermé l'œil; la fièvre s'est déclarée ce matin. — La fièvre ! Sophie a la fièvre ! Sophie est en danger ! — Ne parlez pas si haut, mon frère; je ne sais pas s'il y a du danger, mais elle souffre. Elle a le teint pâle, les yeux rouges, la tête penchée, la respiration lente, la parole brève et entrecoupée. J'ai cru même surprendre quelques momens de délire. Ce matin, son visage s'est enflammé tout-à-coup, ses yeux sont devenus vifs et brillans. Elle a prononcé très-vîte et très-bas quelques mots que je n'ai pu entendre; mais bientôt elle est retombée dans un accablement plus profond : *Non, non*, a-t-elle dit, *cela n'est pas possible... je ne le puis, je ne le dois pas... jamais il ne le saura...* J'ai vu des larmes couler de ses yeux. Elle a ajouté d'un ton douloureux : *Comme je me suis trompée ! j'en mourrai ! j'en mourrai ! le cruel ! l'ingrat !* J'ai pris sa main, elle a serré la mienne, et puis elle m'a redit ce qu'elle me répète sans cesse : *Adélaïde! Adélaïde! ah! que tu es heureuse!* Sa gouvernante rentrait : Sophie m'a encore conjuré de ne lui rien dire. Cependant, mon frère, il faudra que j'avertisse madame Munich (c'était le nom de la gouvernante de Sophie), parce que je crains pour ma bonne amie. Qu'en pensez-vous ? — Adélaïde, lui avez-vous dit que j'étais ici ? — Oui; mais j'avais bien raison de vous soutenir hier qu'elle ne vous aimait plus; elle me l'a dit elle-même. — Sophie vous a dit.... — Oui, monsieur, elle me l'a dit, et elle m'a chargée de vous le dire. Hier, avant souper, je lui racontais que vous aviez amené avec vous un jeune monsieur fort aimable. Elle a demandé son nom. J'ai répondu, le comte de Rosambert. *Rosambert!* a-t-elle répété avec étonnement, *Rosambert! c'est celui qui a mené votre frère chez la marquise de B***. Ce n'est pas un jeune homme honnête! votre frère en fait son ami : il gâtera tout-à-fait votre frère!... Adélaïde, il commence à se déranger, votre frère!...* Ah! ma bonne amie, je lui en ai fait des reproches, et je lui ai même dit que tu ne l'aimes plus. — *Vous lui avez dit que je ne l'aime plus ?* — Oui, ma bonne amie, mais il n'a pas voulu me croire, et il s'est mis à rire, et M. de Rosambert a ri aussi... *Ces messieurs se sont mis à rire !* m'a répliqué Sophie d'un ton fâché. *Votre frère a ri, et n'a pas voulu vous croire ! Adélaïde, quand revient-il, votre frère ?* — Demain, ma bonne amie. — *Hé bien ! dites-lui qu'il est vrai que j'ai eu de l'amitié pour lui, mais que je n'en ai plus, plus du tout ; et qu'afin de l'en convaincre, je ne le verrai de ma vie.* Elle m'a quittée ; et puis, un moment après, elle est revenue me dire en riant : *Oui, ma chère Adélaïde, tu as raison ; je n'aime pas ton frère, je ne l'aime pas. Ne manque pas de le lui dire demain.* Elle riait ; et cependant je vous assure, Faublas, que tout de suite elle s'est mise à pleurer.

Tandis qu'Adélaïde me parlait, mon cœur était pénétré de douleur et de joie.

Il faut, reprit ma sœur, il faut que je vous fasse part d'une singulière idée qui m'était venue dans l'esprit, je ne sais comment, je ne sais pourquoi. En voyant ma bonne amie rire et pleurer en même temps, je ne puis m'empêcher de craindre qu'elle ne soit un peu folle : cependant il y a là-dedans quelque mystère que je ne pénètre pas. Sûrement quelqu'un lui donne du chagrin... mon frère, j'ai vraiment eu peur que ce ne fût vous. Pourquoi le hait-elle à présent? me suis-je dit. Pourquoi ne veut-elle plus le voir ? Serait-ce lui qu'elle appelle ingrat et cruel?... Vous sentez bien, Faublas, qu'en y réfléchissant un peu, je me suis convaincue que cette idée n'était pas raisonnable... Mon frère un ingrat! un cruel! cela ne se peut pas. Et puis, quel mal a-t-il fait à ma bonne amie ! quel mal aurait-il pu lui faire?

Adélaïde ! m'écriai-je, ma chère Adélaïde!

Comment! vous pleurez! me dit-elle; seriez-vous fâché contre moi? Je vous assure que j'ai pensé tout cela malgré moi, et que je ne vous l'ai pas dit pour vous offenser. — Je le sais bien, ma chère sœur, je le sais bien ; c'est la maladie de ta bonne amie qui me fait pleurer. — Mon frère, pensez-vous qu'elle puisse devenir sérieuse ? pensez-vous que je doive avertir la gouvernante de Sophie? — Non, Adélaïde, non, ne l'avertis pas. Ta bonne amie a la fièvre, comme tu dis bien ; et je connais un remède qui la guérira. Adélaïde, je vous apporterai demain matin la recette écrite sur un morceau de papier soigneusement cacheté. Vous ne montrerez ce papier à personne; vous le donnerez à Sophie quand madame Munich ne sera pas avec elle. Il est essentiel que madame

Munich ne voie pas ce papier. Vous m'entendez bien ! — Oui, oui, soyez tranquille. Ah! que je vous aurai d'obligations si vous guérissez ma bonne amie ! — Adélaïde ! dites à ma jolie cousine que je crois connaître son mal, que je le partage, et que j'espère lui rendre sa tranquillité. Lui direz-vous bien cela, ma sœur? — Ah! mot pour mot. Vous connaissez son mal, vous le partagez, vous le guérirez. Mon frère, je lui dirai même que vous avez pleuré. Mais, ne manquez pas de venir demain; demain apportez la recette, et, en attendant, ne négligez rien pour que son succès soit entier. Gardez-vous de ne vous en rapporter qu'à vous seul; vous n'êtes pas médecin, mon frère : courez aujourd'hui chez les plus célèbres d'entre eux ; voyez, interrogez, consultez ; la maladie n'est pas ordinaire, jamais je n'en ai vu de semblable, et je tremble qu'elle ne devienne infiniment dangereuse. Bon dieu! si, en voulant détruire le mal, vous alliez le rendre incurable !... Mon frère, il faut que la guérison soit radicale.... et prompte aussi ! bien prompte ! Hâtez-vous, hâtez-vous pour Sophie, qui souffre, qui dépérit, qui brûle ; pour moi, qui suis si malheureuse de sa peine; et, tenez, pour vous-même, mon frère ; car ma bonne amie, dès qu'elle se portera bien, vous aimera sans doute autant qu'elle vous aimait autrefois.

Revenu chez moi, je ne m'occupai que des discours d'Adélaïde, que des peines de Sophie. Malheureusement mon père donnait à dîner ce jour-là. Il fallut d'abord tenir table, et faire ensuite un maudit brelan, qui me retint jusqu'à plus de minuit. Quel tourment quand on aime bien, quand on se croit aimé, quand on veut écrire à sa maîtresse, quel tourment d'être obligé de jouer toute la soirée ! je ne le souhaite pas à mon plus cruel ennemi.

On devine que je dormis peu cette nuit. Le lendemain, je passai dans un petit cabinet pratiqué au fond de ma chambre à coucher; j'avais là quelques livres d'étude dont mon commode gouverneur ne m'ennuyait pas souvent. Je me mis à mon secrétaire. J'écrivis une première lettre, que je déchirai ; j'en fis une seconde pleine de ratures, qu'il fallait bien corriger ; et je prie le lecteur de ne pas dire que j'aurais dû recommencer encore la troisième, que voici :

MA JOLIE COUSINE,

« Il est enfin venu ce moment tant souhaité

« où je puis librement vous ouvrir mon cœur,
« solliciter de votre tendresse un aveu bien
« doux, et peut-être assurer ainsi notre bon-
« heur commun.

« Ah ! Sophie ! Sophie ! si vous saviez ce
« que j'éprouvai le premier jour que je vous
« vis ! comme ma vue se troubla ! comme mon
« cœur fut agité ! Mon amour n'a fait qu'aug-
« menter depuis : un feu dévorant circule au-
« jourd'hui dans mes veines... Sophie ! je n'existe
« plus que par toi ! »

J'en étais là quand Jasmin, entrant brusquement, m'annonça le vicomte de Florville. —
Le vicomte de Florville ! je ne le connais pas !
Dites que je n'y suis pas. — Monsieur, il est
dans votre chambre à coucher. — Comment !
vous laisseriez donc entrer toute la terre ! —
Monsieur, il a forcé la porte. — Au diable le
vicomte de Florville !

Tremblant que cet inconnu si peu civil ne
vînt jusque dans mon cabinet, et que, d'un
œil profane, il ne parcourût ce papier, déposi-
taire de mes plus secrets sentimens, je me
précipitai dans ma chambre à coucher. Un cri
de surprise et de joie m'échappa. Ce prétendu
vicomte, c'était la marquise de B***. Mon premier mouvement fut de pousser Jasmin de-

hors; le second, de verrouiller la porte; le troisième, d'embrasser le charmant cavalier; le quatrième!... Les esprits pénétrans l'ont déja deviné.

La marquise, toujours étonnée de ma vivacité, dès qu'elle eut repris ses esprits, me dit: Vous êtes un bien singulier jeune homme! ne vous lasserez-vous jamais de prendre ainsi le roman par la queue? Il n'y a que vous dans le monde capable de commencer un raccommodement par où il doit finir! — Hé bien! maman, prenez qu'il n'y ait rien de fait; voyons, disputons-nous. — Oui, afin de nous raccommoder encore, n'est-il pas vrai, petit libertin? — Ah! ma chère maman, je n'ai pas une idée que vous ne compreniez d'abord. — Hier pourtant vous ne m'avez pas compris, ingrat que vous êtes! — Hier, je boudais encore. — Et de quoi, s'il vous plaît? Pouvais-je soupçonner que vous fussiez sous cette ottomane? N'était-il pas essentiel pour vous et pour moi de retirer ce portefeuille des mains du marquis? — Tout cela est vrai, maman; mais, le dépit... — Le dépit!... vous avez du dépit! vous, pour qui j'oublie mes devoirs... toutes les bienséances... le soin même de ma réputation; et de quel ton répondez-vous à la lettre la plus tendre. (Elle tira la mienne de sa poche.) Tenez, ingrat, relisez-la votre lettre; relisez-la de sang-froid, si vous pouvez. Quelle cruelle ironie! quel persiflage amer! Et cependant je vous pardonne! et cependant je viens vous chercher! Je me conduis avec autant de faiblesse et d'imprudence qu'un enfant de douze ans... Faublas! Faublas! il faut que le charme soit bien fort... il faut... que vous m'ayez ensorcelée! — Petite maman! — Hé bien? — Grondez-moi fort, parce que nous nous raccommoderons. — Comment! fripon, vous n'avouerez seulement pas que vous avez eu tort? vous ne demanderez pas pardon? — Si fait!... Oh! que vous êtes belle!... oh! que je vous demande pardon!

Les gens qui ont de l'esprit, et même ceux qui n'en ont pas, devineront encore qu'ici la marquise et moi nous nous raccommodâmes.

On croit que nous allons recommencer à nous quereller; point du tout. Voici l'instant des petites caresses et des complimens tendres.

Mon dieu! Florville, que vous êtes séduisant dans ce joli négligé! que ce frac anglais vous va bien! — Mon ami, je l'ai fait faire hier tout exprès. Il est, si je ne me suis pas trompée, de la même étoffe et de la même couleur que ce charmant habit d'amazone dans lequel l'amour, qui voulait ma défaite, te fit paraître à mes yeux pour la première fois. Devenue chevalier de mademoiselle du Portail, j'ai senti qu'il me convenait de prendre ses couleurs. (Je le serrai dans mes bras.) — Et moi, désormais l'esclave du vicomte de Florville, je me plairai toujours à porter ses chaînes. Maman, quelle douce réciprocité ! — Mon ami, l'amour est un enfant qui s'amuse de ses métamorphoses; il fit de mademoiselle du Portail une vierge folle ; il fait de la marquise de B*** un jeune homme imprudent. Ah ! puisse le vicomte de Florville te paraître aussi aimable que mademoiselle du Portail me sembla jolie ! — Aussi aimable ?... bien davantage ! Oh ! non, répondit-elle, en se mirant avec complaisance, en me considérant avec tendresse : oh ! non ; vous êtes mieux, mon ami, plus grand, plus dégagé : il y a dans votre air quelque chose de hardi, de martial... — Oui, maman ; et, si j'en crois un grand physionomiste, quelque chose de plus nerveux... — Faublas, laissez là monsieur le marquis... N'est-ce pas assez du mauvais tour que nous lui jouons ?... Enfin, je ne suis pas venue ici pour m'occuper de lui... Oh! çà, mon ami, dis-moi sans flatterie comment tu me trouves ? — Bien, plus que bien. Je n'aurais pas de peine à vous dire comment vous êtes mieux ; mais puisque absolument, homme ou femme, il faut qu'on s'habille, ah! je défie que, d'une manière ou de l'autre, personne soit jamais aussi jolie que vous. — Voilà bien le langage d'un amant! toujours enthousiaste, toujours exagéré!... Mon cher Faublas! quelle femme sera plus heureuse que moi, si tu me vois toujours des mêmes yeux!...— Oh! maman, toute ma vie!

Je la tenais dans mes bras ; elle m'échappa pour aller prendre une épée qu'elle aperçut sur un fauteuil. En ajustant le ceinturon, elle me dit : J'ai un joli cheval anglais que je monte quelquefois. Nous touchons au printemps; j'aime beaucoup à me promener à cheval dans les environs de Paris. Voudrez-vous bien m'accompagner quelquefois, Faublas?... Veux-tu, mon ami, t'égarer de temps en temps dans les bois avec le vicomte de Florville? — Mais on nous verra. — Non, le marquis est souvent obligé d'aller à la cour. — Hé bien, maman, quel jour? — Laissez donc paraître la verdure.

En me parlant, elle avait tiré mon épée; et s'escrimant en face de moi : En garde, chevalier, me dit-elle. — Je ne sais pas si le vicomte est redoutable; mais ce que je sais bien, c'est que ce n'est pas là : ce n'est pas ainsi que je dois me battre avec la marquise. Ose-t-elle accepter une autre espèce de combat? (Elle vola dans mes bras.) Ah! Faublas, me dit-elle en riant; ah! s'il n'y en avait jamais de plus meurtriers!...—Maman, ce ne serait plus parmi les hommes qu'on chercherait des héros.

Je venais de mettre la marquise hors d'état de me battre, et bien m'en prit.

Ma belle maîtresse me donna encore deux heures, que nous employâmes passablement bien. Si je n'écoutais que mon cœur, me dit-elle enfin, je resterais ici toute la journée; mais voici l'heure à laquelle je dois rejoindre Justine dans un endroit, et mes gens dans un autre. Nous nous dîmes adieu; je reconduisis poliment le vicomte de Florville. Déja sortis de mon appartement, nous allions descendre l'escalier, lorsqu'à travers les rampes, je distinguai, dans le vestibule, Rosambert qui se disposait à monter. J'en avertis la marquise : Rentrons promptement, me dit-elle, je vais me cacher dans quelque coin de votre appartement; vous le renverrez vîte. A ces mots, sans me donner le temps de la réflexion, elle rentra, traversa ma chambre à coucher comme une folle, et se jeta dans mon cabinet.

Rosambert entra : Bon jour, mon ami ; comment se porte Adélaïde ? Comment se porte la jolie cousine ? — Chut ! chut ! ne parlez pas de cela, mon père est là. — Où ? — Dans ce cabinet. — Dans ce cabinet ! votre père ? — Oui. — Et que fait-il là ? — Il examine mes livres. — Comment, vos livres ?... Mais non, il n'est pas dans ce cabinet ; car, tenez, le voilà qui entre... Il y a de la marquise dans tout ceci !... Et pourquoi ne pas me dire tout bonnement que vous êtes en affaire ? Adieu, Faublas ; à demain. Il passa devant mon père, et le salua : Monsieur, vous avez quelque chose à dire à monsieur votre fils, je vous laisse.

Cependant le baron me regardait d'un air sévère, et se promenait à grands pas. Impatient de savoir ce que m'annonçait cet abord sinistre, je lui demandai respectueusement pourquoi il m'avait fait l'honneur de monter chez moi. — Vous le saurez tout-à-l'heure, monsieur. Un domestique parut : Va-t-il venir ? cria le baron. — Le voilà, monsieur, et mon cher gouverneur entra.

Le baron lui dit : Monsieur, ne vous ai-je pas chargé de la conduite et de l'éducation de mon fils ? — Oui, sans doute... — Hé bien, monsieur, l'une est très-négligée, et l'autre très-mauvaise. — Monsieur, ce n'est pas ma faute; monsieur votre fils n'aime pas l'étude..., — — C'est là le moindre mal, interrompit le baron; mais comment ne suis-je pas instruit de ce qui se passe chez moi? Pourquoi ne m'avertissez-vous pas des désordres de mon fils? — Monsieur, quant à ce qui se passe chez vous, je ne puis répondre que de ce que je vois; au-dehors, je ne puis répondre de rien. Monsieur votre fils, quand il sort, souffre rarement que je l'accompagne; et... (un regard que je jetai sur M. Person, l'avertit qu'il en avait assez dit). Le baron reprit : Monsieur, je n'ai qu'un mot à vous dire; si ce jeune homme se conduit toujours aussi mal, je me verrai forcé de lui choisir un autre instituteur. Laissez-nous, je vous prie.

Lorsque M. Person fut sorti, le baron prit un fauteuil, et me fit signe de m'asseoir. — Pardon, mon père, mais j'ai affaire. — Je le sais, monsieur; et c'est précisément pour que cette affaire ne s'achève pas, que je viens vous parler. — Mon père... encore une fois, pardon; mais il faut que je sorte... — Non, monsieur, vous resterez : asseyez-vous. Il fallut bien s'asseoir. J'étais sur les épines : le baron commença :

Se peut-il que Faublas ait de sang-froid médité des horreurs? Se peut-il qu'il veuille abuser la simple innocence, et préparer des piéges à la vertu? — Moi! mon père! — Oui, vous. Je viens du couvent, je sais tout.

Si mon fils, encore trop jeune pour sentir que plus une conquête est aisée, moins elle est flatteuse; qu'il faut se garder de confondre une intrigue avec une passion ; que l'amour du plaisir ne fut jamais de l'amour... — Mon père, daignez parler moins haut. — Si mon fils, trop enivré de ce qu'on ne peut appeler qu'une bonne fortune... — Plus bas, je vous en supplie. — Trop charmé de la découverte d'un sens nouveau et de la possession d'une femme qui n'est pas sans attraits; si mon fils, dans les bras de la marquise de B***... — C'en est trop! de grace, mon père... — Avait oublié son père, son état, ses devoirs, je l'aurais plaint, mais je l'aurais excusé; je lui aurais donné les conseils d'un ami; je lui aurais dit : Plus la marquise... — Mon père, si vous saviez... — Plus la marquise est belle, et plus elle est dangereuse. Examine avec moi la conduite de cette femme dont tu es épris. Au premier coup-d'œil, ta figure la décide : elle te prend en une soirée... — Je vous conjure de ménager... — Pour satisfaire sa folle passion, elle expose sa vie et la tienne. Qu'elle doit être vive, ardente, emportée, celle... — Mon dieu! — Celle qui sacrifie à la soif du plaisir son repos, son honneur, l'estime publique!... — Ah! mon père! ah! monsieur! — Je le répète, mon ami; plus la marquise est belle, plus elle est dangereuse! Tu croiras dans ses bras que la nature a des ressources inépuisables...

Désolé de ne pouvoir m'expliquer, bien convaincu que le baron ne se tairait pas, je me déterminai à attendre patiemment la fin de cette remontrance, que, dans une autre occasion, je n'aurais peut-être pas trouvé trop longue. Le coude gauche posé sur le bras de mon fauteuil, je mordais ma main de dépit, et mon pied droit, toujours en mouvement, battait la mesure sur le parquet. Mon père cependant continuait :

Tu l'énerveras, la nature, au moment de la puberté, dans cet âge critique, où, travaillant au développement des organes, elle a besoin de toutes ses forces pour achever son ouvrage. Je sais bien que l'excès des plaisirs produira la satiété; mais le dégoût viendra trop tard, peut-être; mais déja tu pleureras ta santé détruite, ta mémoire perdue, ton imagination flétrie, toutes

tes facultés altérées. Infortuné! tu deviendras, à la fleur de ton âge, la proie des noirs chagrins, des infirmités repoussantes; et dans les horreurs d'une vieillesse prématurée, tu gémiras d'être obligé de supporter le fardeau de la vie... O! mon ami! redoute ces malheurs, plus communs qu'on ne pense : jouis du présent, mais songe à l'avenir; use de ta jeunesse, mais garde des consolations pour l'âge mûr.

Cependant, ajouta le baron, mon fils, peu touché de mes représentations paternelles, aurait donné, en m'écoutant, mille signes d'impatience, il se serait dandiné sur son fauteuil, il m'aurait interrompu cent fois, je n'aurais pas eu l'air de m'en apercevoir. Plus effrayé de ses dangers, que sensible à mes injures, j'aurais continué tranquillement; je lui aurais dit : La marquise de B***...

On conçoit ce que je souffrais depuis un quart-d'heure ; je ne pus contenir davantage mon impatience long-temps concentrée : Hé! mon père, m'écriai-je, n'auriez-vous pas pu lui dire tout cela un autre jour ? Le baron était naturellement violent; il se leva furieux. Craignant l'effet d'un premier transport, je me sauvai dans le cabinet, dont je poussai la porte sur moi.

J'y trouvai la marquise dans une situation bien pénible. Les bras appuyés sur le devant de mon secrétaire, elle tenait avec ses mains ses oreilles bouchées, et lisait, en sanglotant, un papier posé devant elle. Je m'approchai de ma belle maîtresse : Oh! madame, combien je suis désolé!... La marquise me regarda d'un air égaré : Cruel enfant! quelles fautes tu m'as fait faire!... — Parlez donc plus bas. — Mais quel châtiment j'en reçois! — De grace, parlez plus bas. — Ton père!.... ton indigne père!.... il osa.... — Mon amie, vous allez vous perdre! — Mais tu es cent fois plus cruel que lui. Tiens, regarde cet écrit funeste.... vois ces caractères perfides... mes pleurs les ont effacés. (Elle me montrait la lettre commencée pour Sophie.)

Faublas, cria le baron, ouvrez cette porte. Vous n'êtes pas seul dans ce cabinet? — Pardonnez-moi, mon père. — J'entends quelqu'un vous parler. Ouvrez cette porte. — Mon père, je ne le puis. — Je le veux : ne me laissez pas appeler mes gens. — La marquise se leva brusquement : Faublas, dites-lui que vous êtes avec un de vos amis qui demande la permission de sortir... De sortir! Oh! oui, reprit-elle avec désespoir; quelque honte qu'il y ait à sortir, il y en aura moins qu'à rester. — Mon père, je suis avec un de mes amis qui demande la liberté de sortir. — Avec un de vos amis? — Oui, mon père. — Hé! que ne me disiez-vous plutôt qu'il y avait quelqu'un dans ce cabinet? Ouvrez, ouvrez; ne craignez rien : je suis tranquille. Votre ami peut sortir.

Conduisez-moi, me dit la marquise. Elle se couvrit le visage avec ses mains : j'ouvris la porte, nous entrâmes dans la chambre à coucher; nous allions gagner la porte opposée qui conduisait à l'escalier. Mon père, étonné des précautions que l'inconnu prenait pour se cacher, se jeta sur notre passage; il dit à ma malheureuse amie : Monsieur, je ne vous demande pas qui vous êtes; mais vous permettrez au moins que j'aie l'honneur de vous voir. — Mon père, je vous conjure pour mon ami de ne pas exiger.... Que signifie donc ce mystère? interrompit le Baron. Quel est donc ce jeune homme qui se cache chez vous, et qui craint qu'on ne le voie en face? Je prétends savoir à l'instant.... — Mon père, je vous le dirai. Je vous donne ma parole d'honneur que je vous le dirai. — Non, non, monsieur ne sortira pas que je ne sache.... La marquise se jeta dans un fauteuil, le visage toujours couvert de ses mains : Monsieur, vous avez des droits sur un fils; mais sur moi! je ne le croyais pas. Le baron, entendant le son clair d'une voix féminine, soupçonna enfin la vérité : Quoi! s'écria-t-il, il se pourrait!... Oh que je suis fâché!... que j'ai de regrets!... Que d'excuses.... Mon fils, vous devez sentir que votre père, jaloux de vous rendre à vos devoirs, s'est permis sur le compte de madame la marquise de B*** des expressions trop fortes que le baron de Faublas désavoue.... Mon fils, reconduisez votre ami.

La marquise, dès que nous fûmes dans l'escalier, donna un libre cours à ses larmes. Que je suis cruellement punie de mon imprudence! disait-elle. Je voulus hasarder quelques mots de consolation. — Laissez-moi! laissez-moi! Votre barbare père est moins barbare que vous!

Nous étions dans le vestibule. J'ordonnai qu'on allât promptement chercher un fiacre; et en attendant qu'il arrivât, je fis entrer la marquise dans la loge du suisse. Il n'y avait qu'un instant que nous y étions, lorsqu'un homme présenta sa figure par le vagislas (1) entr'ouvert, et demanda si le baron était chez lui. La marquise se cacha le visage dans ses mains; je me

---

(1) Vagislas, c'est le nom que l'on donne à la vitre que les portiers ouvrent et ferment à volonté.

jetai devant elle pour la couvrir de mon corps: mais tout cela ne put se faire assez promptement. M. du Portail (car c'était lui) eut le temps de jeter un coup-d'œil sur la marquise. — Monsieur le baron est chez moi; si vous voulez prendre la peine d'y monter, je vous rejoins dans un moment. Oui! oui! me répondit M. du Portail, en souriant.

On vint nous dire que la voiture était à la porte. La marquise monta promptement; je voulus m'y placer un moment auprès d'elle : Non, non, monsieur, je ne le souffrirai pas. La douleur dont je voyais son cœur serré passa dans le mien. Je laissai tomber quelques larmes sur une de ses mains que j'avais saisie, et qu'elle ne retirait pas : Ah! vous vous croyez auprès de Sophie! Je voulus encore entrer dans le carrosse, elle retira sa main, et me repoussa : Monsieur, si, malgré les discours de votre père, il vous reste encore quelque estime, quelque considération pour moi, je vous prie de descendre et de me laisser. — Hélas! ne vous reverrai-je donc plus? Elle ne me répondit pas; mais ses larmes recommencèrent à couler avec plus d'abondance : Ma chère maman! quand pourrai-je vous revoir? Dans quel lieu me permettrez-vous?.... — Ingrat! je suis trop sûre que vous ne m'aimez pas; mais vous devez me plaindre au moins.... Laissez-moi.... Remontez chez vous; le baron vous y attend. Elle dit au cocher de la conduire chez madame ***, marchande de modes, rue ***. Il fallut bien me décider à la quitter.

Je retrouvai dans l'escalier M. du Portail qui m'y attendait : Mon ami, si je suis aussi bon physionomiste que le marquis de B***, ce si joli garçon que vous quittez, c'est sa belle moitié... Mais qu'avez-vous donc? vous pleurez! — Je ne sais où M. Person s'était fourré, nous le vîmes tout-à-coup derrière nous; il me dit d'un ton suffisant : Je savais bien, monsieur, que tout cela finirait mal; vous ne faites aucun cas de mes avis. — Vos avis! monsieur, faites-m'en grace.... En vérité, c'est précisément le maître d'école de la Fontaine; je me noie, et il me sermonne! Mais qu'est-ce donc que tout cela? reprit M. du Portail. — Montez, montez chez moi, vous allez le savoir; mon père m'a fait une scène!

En entrant, M. du Portail demanda au baron ce qu'il y avait. Ce qu'il y a! répondit mon père. Je l'interrompis : Ce qu'il y a! M. du Portail, ce qu'il y a!.... Tenez, madame de B*** était dans ce cabinet : mon père entre ici, il s'assied là, il me fait des représentations sans doute très-justes, très-paternelles; mais la marquise entendait tout, et mon père la traitait.... Ah! vous n'en avez pas d'idée! Moi, de peur de compromettre une femme... honnête... oui, honnête, quoi qu'on en puisse dire, je n'osais m'expliquer; mais mon père connaît le profond respect que je lui porte; jamais je ne m'en suis écarté... Hé bien! il est témoin que je souffre, que je m'impatiente, que je lui manque... Monsieur, il ne sent pas qu'il y a là-dessous quelque chose qui n'est pas naturel! il continue toujours! il ne veut rien deviner! Jeune homme, répliqua le baron, votre excuse est dans vos pleurs; je vous pardonne les reproches que vous osez me faire, à cause de la douleur dont vous paraissez oppressé; mais plus vous semblez aimer la marquise... — Mon père... — Monsieur! madame de B*** n'est plus là. Pourquoi donc m'interrompez-vous?... Plus vous semblez aimer la marquise, et plus je suis mécontent de vous. Si votre cœur est préoccupé de cette passion, c'est donc avec froideur que vous avez médité la perte d'une fille vertueuse, d'un enfant respectable, de Sophie! Vous n'êtes donc qu'un vil séducteur! — Mon père, entre Sophie et moi il n'y a d'autre séducteur que l'amour. —

Vous n'aimez donc pas la marquise? — Mon père... — Monsieur, que vous soyez, ou que vous ne soyez pas véritablement attaché à madame de B***, vous concevez que je m'en soucie peu ; mais ce qui m'importe, c'est que mon fils ne soit pas indigne de moi. Ah! baron! interrompit M. du Portail. — Je ne dis rien de trop fort, mon ami. Apprenez des choses qui vont vous étonner. Ce matin je vais au couvent : je trouve Adélaïde dans les larmes. Ma fille, ma chère fille, dont vous connaissez l'aimable candeur, m'apprend que sa bonne amie est malade, et que son frère tarde bien à apporter l'infaillible remède qu'il a promis pour Sophie. Je la presse de s'expliquer; elle me rend le compte le plus exact des symptômes et des effets de cette maladie, que vous devinez, que monsieur connaît, qu'il a causée, qu'il se plaît à nourrir, qu'il voudrait augmenter. Monsieur abuse de quelques dons naturels pour séduire une enfant trop sensible; il prend sur son esprit un empire absolu, il prépare par degré son déshonneur. — Son déshonneur! le déshonneur de Sophie? — Oui! jeune insensé; je connais les passions... — Mon père, si vous les connaissez, vous savez que vous déchirez mon cœur! — Mon fils, modérez cette impétuosité qui m'offense... Oui, je connais les passions ; oui, cette enfant que vous respectez aujourd'hui, demain peut-être vous la déshonorerez, si elle a la faiblesse d'y consentir... (Il s'adressa à M. du Portail.) La recette que monsieur destine à *sa jolie cousine* sera renfermée dans un papier soigneusement cacheté, qu'il ne faut pas que madame Munich voie... Vous comprenez, mon ami ?... Ainsi tout est prêt ; la correspondance va s'entamer : Sophie, la pauvre Sophie, déja séduite par les yeux, va l'être bientôt par son cœur. Elle fut trompée par une belle figure, signe ordinaire d'une belle ame ; elle va l'être par les charmes non moins perfides d'une éloquence apprêtée : on va, dans des lettres étudiées, affecter avec elle le langage du sentiment : Sophie, attaquée de tous les côtés à-la-fois, tombera sans défense dans les piéges qu'on lui aura tendus... Et cependant son séducteur n'a pas dix-sept ans!... Et dans un âge encore si tendre il montre déja les goûts funestes, il déploie les odieux talens de ces hommes aussi lâches que dépravés, qui, ne craignant pas de porter dans les familles la discorde et la désolation, se font un barbare plaisir d'entendre les gémissemens de la beauté malheureuse, contemplent, en s'applaudissant, l'opprobre et les anxiétés de l'innocence avilie. Voilà ce qu'auront produit les dons naturels que je me plaisais à voir en lui, dont j'étais peut-être fier en secret ; voilà comment se réaliseront les grandes espérances que j'avais conçues ! — Mon père, croyez que j'adore Sophie... (Le Baron, sans m'écouter, s'adressant toujours à M. du Portail,) Et savez-vous par quelles mains monsieur compte faire passer ses lettres corruptrices ? Savez-vous à qui il confie l'honnête emploi de servir ses détestables projets... A la vertu la plus pure et la plus confiante, à l'innocente Adélaïde, à ma chère fille, à sa sœur ! — Mon père, ne me condamnez pas sans m'entendre. Vous doutez de mes sentimens pour Sophie ? Hé bien, daignez nous unir, donnez-la moi pour épouse. — Et vous disposez ainsi de Sophie et de vous ! Les parens de mademoiselle de Pontis vous connaissent-ils ? sont-ils connus de vous ? Savez-vous si cet hymen leur convient ? Savez-vous s'il me convient à moi ? Croyez-vous que je veuille vous marier à votre âge ? A peine sorti de l'enfance, vous prétendez à l'honneur d'être père de famille ! — Oui ; et je sens qu'il vous serait aussi aisé de consentir à mon mariage, qu'il m'est impossible de renoncer à mon amour pour Sophie. — Monsieur, vous y renoncerez pourtant.

Je vous défends d'aller au couvent sans moi, ou sans mon expresse permission ; et je vous déclare que si vous ne changez pas de conduite, une maison de force me répondra de vous. — Ah! si au lieu de marier les jeunes gens qui s'aiment, on les renfermait; mon père, je ne serais pas au monde, et vous seriez en prison.

Le baron n'entendit pas ma réponse, ou feignit de ne pas l'entendre. Il sortit ; je retins M. du Portail qui se disposait à le suivre. Je le priai de vouloir bien être médiateur entre mon père et moi, et d'engager sur-tout le baron à révoquer l'ordre cruel qui m'interdisait les visites au couvent. Il m'observa que les précautions dont mon père usait étaient assez raisonnables. — Raisonnables! voilà comme parlent toujours les gens indifférens! Leur grand mot, c'est la raison! Monsieur, quand vous adoriez Lodoïska, quand l'injuste Pulauski vous priva du bonheur de la voir, vous ne trouvâtes pas ses précautions raisonnables. — Mais, mon jeune ami, remarquez donc la différence. — Il n'y en a aucune, monsieur, il n'y en a pas : en France comme en Pologne, un amant, digne de ce nom, ne voit, ne connaît, ne respire que ce qu'il aime; le plus grand malheur qu'il imagine, c'est celui d'être séparé de l'objet adoré. Les précautions de mon père vous paraissent raisonnables; moi je les trouve cruelles; je ferai tout ce que je pourrai pour les rendre inutiles. Sophie apprendra mon amour; elle l'apprendra malgré mon père; elle en sera bien aise, et malgré lui, malgré vous, malgré toute la terre, nous finirons par nous marier. Monsieur, je vous le déclare, et vous pouvez le dire au baron. — Je n'en ferai rien, mon ami, je ne veux pas aigrir votre père; je ne veux pas vous chagriner. Dans ce moment-ci, vous avez la tête un peu exaltée; je vous laisse faire des réflexions sages, et dès demain, sans doute vous serez plus raisonnable. — Raisonnable! oui, raisonnable! je m'y attendais bien.

Resté seul, je ne songeai qu'aux moyens d'éluder la défense du baron, ou de la rendre vaine. Censeur austère, qui me blâmez de mon indocilité, je vous plains! Si de vos maîtresses, la première ou la plus chérie ne vous fit jamais faire de fautes, ah! c'est que vous n'avez jamais beaucoup aimé.

En y songeant mûrement, je vis que ma situation, quelque pénible qu'elle dût me paraître, n'était pas désespérée. Rosambert, compâtissant aux peines de son ami, m'aiderait, sans doute; Jasmin m'était entièrement dévoué, et je croyais connaître assez mon petit gouverneur, pour être sûr qu'avec de l'or, je ferais de lui tout ce que je voudrais. M. du Portail paraissait vouloir rester neutre, je n'aurais que mon père à combattre. Mon père, occupé de son intrigue avec cette belle demoiselle de l'Opéra, sortait tous les soirs; il ne pouvait donc pas me veiller de très-près. Voilà les *réflexions sages* que je faisais; ce n'était pas celles que M. du Portail m'avait conseillées; mais je ne le trahissais pas, je l'avais prévenu.

Cependant il ne fallait pas, dans les premiers temps, heurter le baron de front; je devais prudemment m'interdire, pendant quelque temps, les visites au couvent : mais comment faire passer une lettre à Sophie? Cette lettre était si pressée, si nécessaire ! Qui la porterait à ma jolie cousine? Je ne voyais aucun expédient pour me tirer de cet embarras.. Parmi les ressources que je m'étais ménagées, je n'avais pas calculé celles qui me restaient dans l'amitié d'Adélaïde.

Une vieille femme m'apporte un billet, je l'ouvre : il est signé DE FAUBLAS! Ah, ma chère sœur! Je baise l'écriture et je lis :

« Je crains bien d'avoir commis tout-à-l'heure

« une indiscrétion, mon frère : j'ai appris à mon
« père que vous m'aviez promis un remède qui
« guérirait ma bonne amie, il s'est fâché, il
« a dit que c'était du poison que vous prépariez
« pour Sophie... Du poison !... Mon frère, en vé-
« rité, je ne l'ai pas cru, quoique ce fût le ba-
« ron qui l'assurât.

« J'ai conté tout cela à ma bonne amie, qui
« attendait impatiemment la recette en question.
« Adélaïde, m'a-t-elle dit, vous avez eu tort
« d'en parler au baron... Ce remède de votre
« frère n'est peut-être pas bien bon ; mais enfin
« nous aurions vu ce que c'est. Au reste, mon
« frère, soyez tranquille : elle ne croit pas plus
« que moi que vous ayez voulu l'empoisonner.

« Comme j'ai vu qu'elle mourait d'envie
« d'avoir la recette, je lui ai conseillé de vous
« l'envoyer demander. Elle m'a encore répété
« ces mots qui me chagrinent : Adélaïde ! Adé-
« laïde ! ah que tu es heureuse !

« Cependant je suis sûre qu'elle serait bien
« aise d'avoir la recette. Envoyez-la moi tout de
« suite, mon frère, je la lui remettrai, et je
« vous assure que je ne parlerai de rien à per-
« sonne.

« Donnez trois livres à la femme porteuse du
« billet : elle m'a dit qu'elle ne jasait jamais

« quand on lui donnait un petit écu. Votre
« sœur, etc. »

Adélaïde de Faublas.

P. S. Tâchez de me venir voir.

Transporté de joie, je vais à la vieille : Madame, voilà six francs, parce que je vais vous charger d'une réponse, que je vous prie d'attendre.

Je rentre dans mon cabinet, je me mets à mon secrétaire. La lettre commencée pour Sophie est devant moi, je la vois encore mouillée de larmes... Hélas! ces pleurs, c'est la marquise qui les a versés!.. quels discours elle a entendus! quelle lettre elle a lue!... Pauvre vicomte de Florville! que de chagrins mon père et moi nous t'avons donnés!... En me disant cela, je baise le papier, sur lequel la marquise a tant gémi; et le sentiment que j'éprouve alors, s'il est moins vif que l'amour, est cependant plus tendre que la pitié.

Je reviens à moi, je songe à Sophie. Ce papier, détrempé en plusieurs endroits, n'est pas présentable; il faut recommencer la lettre trois fois écrite... Hé! pourquoi donc recommencer? Au nom, au seul nom de ma jolie cousine, je sens déjà mes paupières s'humecter, je vais sanglotter, en lui écrivant! Sophie saura-t-elle que deux personnes ont pleuré sur le même papier? Moi-même pourrai-je, entre ces larmes confondues, distinguer celles qui seront venues de la marquise de B*** et celles qui m'auront appartenu?... Ces réflexions me déterminent; je ne recommence pas, je continue :

« .... Sophie, je n'existe plus que par toi!
« Et cependant tu te plains! tu gémis! tu m'ac-
« cuses d'ingratitude et de cruauté! Tu crois,
« tu peux croire qu'il existe au monde une
« femme, une seule femme comparable à toi!
« une femme qu'on puisse aimer, quand on
« connaît Sophie!

« O! ma jolie cousine! avec quel transport
« j'ai reçu la nouvelle de votre tendresse pour
« moi! Mais quelle douleur j'ai ressentie, en ap-
« prenant qu'un noir chagrin consumait vos
« beaux jours, altérait vos charmes naissans,
« menaçait votre vie!... votre vie!... Ah! Sophie!
« si Faublas vous perdait, il vous suivrait au
« tombeau!

« Ma sœur, qui m'a dévoilé, sans le vou-
« loir, les plus secrets sentimens de votre ame,
« ma sœur m'a annoncé de votre part une éter-
« nelle séparation... Elle m'a dit que vous ne me

« reverriez de la vie... Ma Sophie! s'il était vrai,
« elle ne durerait pas long-temps cette vie qui
« me deviendrait insupportable; et vous-même!
« vous-même!... Mais livrons-nous à des idées
« plus douces; un avenir plus heureux nous
« attend. Qu'il me soit permis d'espérer que ma
« jolie cousine sera bientôt mon épouse, et
« que, tous deux réunis, nous ne cesserons ja-
« mais d'être amans. Je suis, avec autant de
« respect que d'amour, votre jeune cousin, le
« chevalier DE FAUBLAS. »

Cette lettre cachetée, il en fallut faire une autre.

« Que vous avez bien fait de m'écrire, ma
« chère Adélaïde! Je suis privé du bonheur de
« vous voir : le baron me défend de sortir; le
« baron m'a fait une scène!..... Il ne fallait pas
« lui parler de Sophie.
« Remettez promptement à ma jolie cousine
« le billet que je lui adresse, et que je joins au
« vôtre; ne le lui remettez que quand elle sera
« seule, et sur-tout ne parlez de cela à qui que
« ce soit. Adieu, ma chère sœur, etc. »

Je mis ces deux billets sous une même enveloppe, et je confiai le tout à la discrétion de
la vieille.

Dès le même soir, je voulus travailler à former la grande confédération que j'avais méditée. Mon Père venait de sortir : je demandai M. Person; il était allé promener aussi. Il ne rentra qu'un peu tard, et vint à moi d'un air triomphant : Monsieur, vous avez entendu ce matin M. votre père : il m'a remis sur vous un absolu pouvoir. — Monsieur Person, vous m'en voyez ravi. Je suis en effet trop heureux d'avoir un gouverneur tel que vous, un gouverneur complaisant, honnête, indulgent sur-tout... — Monsieur, je savais bien qu'un jour vous me rendriez justice. — Un gouverneur plein de politesse et d'aménité... — Vous me flattez, monsieur. — Un gouverneur qui sent bien qu'un enfant de seize ans ne peut être aussi raisonnable qu'un homme de trente-cinq... — Assurément. — Un gouverneur qui connaît le cœur humain... — Cela est vrai. — Et qui excuse dans son élève un doux penchant que lui-même il éprouve. — Je ne comprends pas trop... — Asseyez-vous, monsieur Person : nous avons à traiter ensemble une matière fort délicate, qui mérite toute votre attention... Parmi tant de qualités qui brillent en vous, et dont j'aurais pu faire une énumération plus longue, si je n'avais craint de blesser votre modestie; parmi tant de qualités, il faut vous le dire franchement, monsieur Person, j'ai cru m'apercevoir qu'il vous en manquait une, qu'on dit fort importante, mais que je regarde comme assez inutile, moi, celle de savoir enseigner. — Monsieur, mais... — Je ne dis pas cela pour vous mortifier. Je suis très-persuadé que ce n'est pas l'érudition qui vous manque; mais on voit tous les jours des gens aussi malheureux qu'habiles, qui enseignent très-mal ce qu'ils savent très-bien. Vous êtes dans ce cas-là, monsieur Person; et à cet égard, pour me servir des expressions dont usait le fameux cardinal de Retz, en parlant du grand Condé, vous ne remplissez pas votre mérite. — Oh! monsieur, la citation... — N'est pas tout-à-fait juste; je le sens bien. Vous n'êtes point conquérant, vous! vous n'avez pas une armée à conduire! Mais aussi, former le cœur d'un adolescent, étudier ses goûts, pour les combattre ou les diriger; amortir ou modifier ses passions, quand on n'a pu les prévenir; polir ses manières gauches, et orner son esprit inculte; croyez-vous que cela soit une chose si facile? — Non sûrement; je sais que ma profession offre de grandes difficultés. — Hé bien, monsieur, les parens n'entendent pas cela. Ils cherchent un gouverneur qui ait tous les talens et toutes les vertus! Et ils croient que cela se trouve! C'est un homme qu'ils paient, et c'est un dieu qu'il leur faudrait! Mais revenons à ce qui nous touche... J'ai encore remarqué, monsieur Person, que votre attachement singulier pour tout ce qui porte le nom de Faublas, vous a mené trop loin. — Comment?... — Oui; cette extrême affection que vous portez à la famille en général, vous ne l'avez pas également reversée sur chacun de ses membres! — Je n'entends pas. — Tenez, vous avez pour ma sœur des airs de prédilection!... Le baron appellerait cela de l'amour!... La difficulté que vous éprouvez à enseigner, il la nommerait ineptie! Ce que je vous dis est exact : si j'instruisais le baron de ces petits détails-là, vous ne resteriez pas vingt-quatre heures dans cet hôtel. Ce serait un grand malheur pour moi, monsieur Person, et un plus grand malheur pour vous. Je sais bien qu'on me chercherait vîte un autre instituteur; mais, comme nous le disions tout-à-l'heure, il n'y a pas d'hommes parfaits sur la terre. En supposant que le nouveau venu se trouvât plus propre que vous à m'instruire, les premiers jours il me donnerait, avec distraction, des leçons que je recevrais avec ennui; et au diable les livres, dès que je l'aurais surpris bâillant avec moi dessus! Cependant mon nouveau Mentor participerait aux faiblesses de l'humanité; il aurait des défauts ou des passions que je connaîtrais vîte, parce que je serais intéressé à les étudier. Animé des mêmes motifs, il pénétrerait mes goûts avec le même discernement. La première semaine, nous nous serions observés comme deux amis également intéressés à se ménager. Cependant, vous, M. Person, vous ne trouveriez peut-être pas à faire ce que vous appelez une éducation. Je sais que beaucoup de petits abbés, qui ont moins de mérite que vous, trouvent des élèves, et même les conservent; mais tant d'autres aussi végètent sans emploi. Vous seriez peut-être réduit à recommencer le rudiment et la grammaire, avec les enfans gâtés d'un notaire marguillier, d'un marchand presque échevin, ou de quelque gros employé, tous gens trop fiers pour envoyer messieurs leurs fils à l'université. Et, prenez-y garde : les gens d'affaires qui savent calculer, veulent toujours accorder leur intérêt avec leur vanité; ils vous diront très-bien que Restaut tout entier ne vaut pas une page de Barême; et si vous n'apprenez à vos petits bourgeois qu'à parler leur langue, si vous ne possédez pas à fond la science des chiffres, le maître d'arithmétique sera beaucoup mieux payé que vous. Je veux vous épargner ces désagrémens-là, monsieur. Je sens qu'il serait dur pour le gouverneur d'un noble de devenir le précepteur d'un roturier; je ne prétends pas changer votre condition, mais la rendre meilleure; au lieu de diminuer vos émolumens, je vais les augmenter. — Monsieur, je suis très-sensible... J'ai toujours bien dit que chez vous les qualités du cœur.... — Oh! les qualités du cœur! Oui, mon cher gouverneur, j'ai un cœur extrêmement bon, extrêmement sensible... Vous savez que j'adore Sophie! Mon père veut m'empêcher de la voir. — Mais au fond, a-t-il tort! — Comment! monsieur, s'il a tort? Vous me demandez s'il a tort! Mais vous n'avez donc pas compris ce que je vous ai dit? — Pas très-bien. — Je vais m'expliquer clairement. Si vous m'êtes contraire, je déclare au baron tout ce que je sais sur votre compte; on vous congédie, on me donne un autre gouverneur. Si vous voulez me servir... Monsieur Person, vous savez quelle somme le baron me donne par an pour mes menus-plaisirs; je vous en livre la moitié, et voilà un à-compte. (Je lui présentai six louis.) — De l'argent! monsieur! fi donc! me prenez-vous pour un valet? — Ne vous fâchez pas; je n'ai pas voulu vous offenser; j'ai cru... (Je remis les six louis dans ma bourse.) — Monsieur, j'ai beaucoup d'amitié pour vous; et ce n'est pas l'intérêt... Vous l'aimez donc bien fort, mademoiselle de Pontis? — Plus que je ne saurais vous le dire! — Et que voulez-vous que je fasse à cela, moi? — Je vous demande seulement de prendre autant de peine pour détourner l'attention du baron, que vous en auriez pris à me tourmenter. — Monsieur, vous n'avez sur mademoiselle de Pontis que des vues honnêtes... légitimes? — Je serais un monstre, si j'en avais d'autres! Foi de gentilhomme, Sophie sera ma femme. — En ce cas, je ne vois pas d'inconvéniens... — Il n'y en a pas! — Je n'en vois aucun. Monsieur, pour une chose si simple, vous me proposez de l'argent! — Recevez mes excuses. — De l'argent! fi donc! Quelques présens, passe!... J'ai demeuré deux ans chez M. L***; il me faisait de temps en temps quelques cadeaux; ses enfans m'en faisaient de leur côté : tout cela s'arrangeait assez bien. Un présent s'accepte. — Ainsi, monsieur Person, voilà qui est dit, je puis compter sur vous. — Assurément. — Écoutez donc, mon cher gouverneur; j'ai une observation à vous faire. Si ce que vous sentez pour Adélaïde est en effet de l'amour, ne croyez pas que je l'approuve, au moins. Celui dont je brûle pour Sophie, est innocent et pur comme elle. Celui que vous éprouveriez pour ma sœur!... Monsieur Person, prenez-y garde!... Je suis très-convaincu que la vertu d'Adélaïde la défendrait contre les entreprises d'un suborneur ; mais ces entreprises mêmes seraient un affront!... Un affront que tout le sang du coupable n'expierait que faiblement! — Monsieur, soyez tranquille. — Je le suis. — Monsieur, comptez sur moi. — Mon cher gouverneur, j'y compte.

Person sortait; il revint pour me dire que dans l'après-dînée il avait été au couvent, de la part du baron. — Au couvent ! pourquoi faire ? — Pour défendre expressément à mademoiselle Adélaïde de paraître au parloir; quand vous irez seul la demander. — Vous l'avez vue, Adélaïde ? — Oui, monsieur. — Elle ne vous a rien dit ? — Ah! qu'elle était bien fâchée de cette défense! — Rien de plus ? — Rien du tout. — Et Sophie ? Avez-vous demandé comment elle se portait ? — Beaucoup mieux depuis midi. — Et à quelle heure avez-vous été au couvent ? — A cinq heures à-peu-près ; il y a environ quatre heures. — Bien, fort bien. (Person s'en alla.)

Beaucoup mieux depuis midi! C'est l'heure à-peu-près à laquelle elle a reçu ma lettre. Sophie! ma chère Sophie! ne te hâteras-tu pas de me répondre? Adélaïde! tu dois être bien contente, ta bonne amie est déjà guérie! Et dans les transports de joie que me causait la nouvelle d'une cure aussi prompte, je me mis à faire des sauts, des gambades, au bruit desquels accourut Jasmin. J'achevais un superbe entrechat quand il ouvrit la porte : Monsieur, je vous demande excuse; j'entendais un vacarme! j'étais inquiet. Jasmin, allez tout de suite chez le comte de Rosambert, et priez-le de passer ici demain matin, sans faute.

Rosambert n'y manqua pas. De tous les événemens de la veille, je ne lui racontai que ceux qui se rapportaient à Sophie. Il me rappela en riant que ce n'était pas la jolie cousine qui était dans mon cabinet. Je voulus éluder; le comte me pressa si vivement, qu'il fallut tout avouer. C'est une femme bien étonnante que la marquise de B***, me dit-il alors. Personne ne sait comme elle commencer agréablement une intrigue, la filer vîte, brusquer le dénouement, qui ne lui déplaît pas, et que même on peut croire nécessaire à sa constitution. Personne ne possède mieux le grand art de retenir l'amant heureux, de supplanter une rivale dangereuse ; ou, quand la chose est impossible, de tenir du moins la balance incertaine. Cette femme-là sait varier les plaisirs, de manière qu'avec elle, et pour elle, un amour de six mois est un amour nouveau. Un amour de six mois à la cour ! Vous concevez que c'est un vieillard décrépit ; hé bien, la marquise rajeunit ce vieillard-là ! car quoiqu'elle m'ait quitté brusquement, je lui rends justice ; elle n'est pas volage : je crois même lui avoir surpris quelques éclairs de sensibilité. Au fond, il se pourrait qu'elle eût le cœur tendre. Son génie intrigant s'est développé à la cour, dans tous les genres. Peut-être que si elle fût née simple bourgeoise, au lieu d'être femme galante, elle eût été tout bonnement femme sensible. Je vous répète qu'elle n'est pas ce qu'on appelle volage. Je l'avais depuis six semaines, je l'aurais peut-être gardée trois mois encore ; mais votre déguisement a tout dérangé. Un novice à instruire ! un fat à corriger ! (il se montrait lui-même en riant) un mari presque jaloux à duper si plaisamment ! des obstacles de toute espèce à surmonter !... elle n'a pu résister à ces idées-là. Oui, quoique vous soyez d'une figure charmante, je parierais que c'est sur-tout la difficulté de l'entreprise qui a déterminé madame de B***. D'abord la marquise a pris à tâche de ne pas suivre la route battue. Prendre cette semaine, avec distraction, un amant qu'on renverra maussadement la semaine prochaine, rompre et nouer des engagemens uniformes; voilà l'éternelle occupation de nos femmes de qualité! Le personnage change, mais jamais la conduite de l'intrigue : on dit, on fait sans cesse la même chose : c'est toujours une déclaration à recevoir, un aveu à faire, quelques billets à écrire, deux ou trois tête-à-tête à arranger, une rupture à consommer. Tout cela répété devient d'une monotonie assommante. La marquise, au contraire, n'est pas fâchée que le même cavalier lui reste, pourvu que le manége varie. Ce n'est pas par le nombre de ses amans qu'elle s'affiche; c'est par la singularité de ses aventures. Une scène ne lui paraît piquante que quand elle n'est pas ordinaire : elle ose tout pour la produire; elle se plaît à braver les hasards et à lutter contre les événemens. Aussi le sentiment de sa force l'emporte-t-il quelquefois trop loin. Quelquefois il arrive que toute son adresse ne peut lui épargner les désagrémens d'une démarche trop imprudente. Dans son aventure avec nous, par exemple, voilà deux terribles scènes qu'elle a essuyées : la première!... c'est moi qui l'en ai tourmentée, et en conscience je la lui devais. Hier, elle est venue très-inconséquemment chercher ici la seconde; et le hasard peut-être lui garde la troisième. Mais n'importe! La marquise, toujours supérieure aux petites mortifications, accoutumée à considérer froidement, sous tous les rapports, les événemens les plus fâcheux, la marquise tirera de ses malheurs même un avantage contre ses ennemis, contre sa rivale et contre vous. — Contre sa rivale! ah! Rosambert, Sophie sera toujours préférée!... Mais que dites-vous de ma jolie cousine qui ne répond pas? — Attendez donc qu'elle ait dormi. Ne vous souvenez-vous pas qu'il y a huit jours qu'elle n'a fermé l'œil? Votre lettre l'a doucement bercée... mais laissez-la donc goûter son bonheur. Savez-vous de quoi nous devons nous occuper? — Non. — Il faut aller acheter quelque bijou pour le cher gouverneur. Il vous a dit qu'un présent s'acceptait. — Vraiment oui; mais si je sors, et qu'il me vienne une lettre de Sophie? — On fera attendre la vieille messagère. — Hé bien, allons donc vîte. — Vous oubliez votre chapeau. — Vous avez raison, répliquai-je d'un air distrait, et j'allai m'asseoir. Rosambert me prit par le bras : où diable êtes-vous? A quoi rêvez-vous? — Je songeais à ce pauvre vicomte de Florville... Qu'elle doit être affligée, la marquise! Rosambert, croyez-vous qu'elle m'écrira? — Nous parlons de la marquise à présent? — Oui mon ami... Mais ne riez donc pas, répondez-moi. — Hé bien, mon cher Faublas, je crois qu'elle ne vous écrira pas. — Vous croyez? — Cela est très-vraisemblable! La marquise s'est déja consultée sur votre situation présente et sur la sienne. En femme bien apprise, elle a sans doute compris que vous ne pourriez vous dispenser de venir à elle; elle n'ira point à vous; elle vous attendra; soyez sûr qu'elle vous attendra.

Je sonnai Jasmin. Mon ami, tu connais l'hôtel du marquis de B***; tu connais Justine : prends un habit bourgeois, va demander Justine, et tu lui diras que tu viens de ma part savoir comment se porte madame la marquise. Rosambert, qui riait de toutes ses forces, me dit : Ah! c'est que vous croyez qu'il ne serait pas poli de la faire trop attendre. Mais dites-moi : vous desiriez une lettre de Sophie? — Sans doute. Jasmin, nous allons à deux pas; tu ne sortiras que quand nous serons rentrés. Jasmin, de la discrétion. Je compte sur toi : on nous fait la guerre; l'ennemi est là-bas : en garde! mon ami, en garde! — Oh! monsieur, dans toutes mes maisons, j'ai toujours été du parti des enfans contre les pères. — Bien, mon ami; sois sûr que je te récompenserai, quand je serai marié avec elle. — Marié avec madame la marquise, monsieur! Rosambert riait : Venez, venez mon ami, me dit-il; vous n'y êtes plus.

J'achetai une bague assez belle; mais quand il fut question de nous en aller, je ne pus jamais arracher Rosambert de la boutique : la bijoutière était jolie.

A mon retour, Jasmin me remit une lettre. La vieille n'avait pas voulu seulement s'asseoir, parce qu'on lui avait défendu d'attendre une réponse.

Qu'on juge de ma douleur, en lisant ce qui suit :

« Si je n'avais vu mon nom vingt fois répété
« dans votre lettre, monsieur, je n'aurais jamais
« pu croire qu'elle me fût adressée. Je n'imagi-
« nais pas que quelques mots échappés sans
« conséquence, recueillis au hasard par ma
« bonne amie, dussent être interprétés par son
« frère d'une manière si étonnante! Je n'imagi-
« nais pas que mon jeune cousin, qui se disait
« mon ami, dût me traiter jamais d'une façon
« si injurieuse.

« Qui vous a dit que je vous aimais, mon-
« sieur ? Adélaïde ? Elle n'en sait rien. Qui vous
« a dit que ces mots, *Cruel... ingrat... je ne le*
« *reverrai de ma vie*, vous fussent adressés ?
« Qui vous a dit que je mourais de chagrin,
« parce que vous ne m'aimiez pas ? Si cela était,
« monsieur, il n'y aurait que moi qui pusse le
« savoir ; vous l'ai-je dit, moi, monsieur ?

« Et vous avez l'air d'être sûr de votre fait !
« Vous aimez quelqu'un, et vous me dites que
« vous m'aimez, parce que vous croyez que je
« vous aime ! Vous pensez donc me faire une
« grace, quand vous me demandez mon cœur
« et ma main ? Monsieur, si je suis assez mal-
« heureuse pour n'inspirer jamais que de la com-
« passion, je serai du moins assez sage pour ne
« pas aimer, ou assez discrète pour cacher mon
« amour ; et certainement jamais l'amant d'une
« autre ne sera le mien.

« Maintenant, c'est à vous et pour vous que
« je dis ces mots : Je ne vous reverrai jamais.
« Ma famille vaut bien la vôtre, monsieur ; et
« vous devez me savoir quelque gré de ne pas
« pousser plus loin le ressentiment de l'outrage
« que vous n'avez pas craint de me faire. »

Cette fatale lettre n'était pas signée. Le chagrin dont elle me pénétra est plus facile à ima-

giner qu'à décrire. Sophie ne m'aimait pas ! Sophie ne voulait plus me voir ! Je tombai dans un accablement profond, dont je ne sortis que pour verser un torrent de larmes. Si du moins Rosambert était là ! il m'aiderait de ses conseils, il me donnerait quelques consolations.

Je me levai brusquement, j'essuyai mes yeux, je volai chez la bijoutière. Elle n'était plus au comptoir ! Rosambert n'était plus dans la boutique ! Je parus si fâché de ce contre-temps, qu'une demoiselle de magasin eut pitié de moi. Elle me dit que si je voulais entrer au *café de la Régence*, qu'elle me montra à dix pas de là, elle irait avertir le comte, qui n'était pas loin, et qui ne manquerait pas de me joindre dans une demi-heure au plus tard.

J'entrai dans ce *café de la Régence*. Je n'y vis que des gens profondément occupés à préparer un échec et mat. Hélas ! ils étaient moins recueillis, moins rêveurs, moins tristes que moi. Je m'assis d'abord près d'une table ; mais l'agitation que j'éprouvais ne me permettant pas de rester en place, bientôt je me promenai à grands pas dans le café silencieux ; bientôt aussi, l'un des joueurs haussant la voix, levant la tête et frottant ses mains, dit d'un ton fier : Au roi ! Grands dieux ! s'écria l'autre, la dame forcée! la partie perdue! une partie superbe!... Oui, oui, monsieur, frottez vos mains! Vous vous croyez un Turenne! Savez-vous à qui vous avez l'obligation de ce beau coup? (Il se tourna de mon côté.) A monsieur, oui, à monsieur. Maudits soient les amoureux! Étonné de la manière vive dont on m'apostrophait, j'observai au joueur mécontent que je ne comprenais pas... — Vous ne comprenez pas! Hé bien, regardez-y; un échec à la découverte! — Hé bien! monsieur, qu'a de commun cet échec... — Comment! ce qu'il a de commun! Il y a une heure, monsieur, que vous tournez autour de moi : et ma chère Sophie par-ci! et ma jolie cousine par-là!... Moi, j'entends ces fadaises; et je fais des fautes d'écolier... Monsieur, quand on est amoureux, on ne vient pas au *café de la Régence*. (J'allais répliquer, il continua avec violence.) Un échec à la découverte! Il faut couvrir le roi! nul moyen de sauver!... On profite des distractions que ce monsieur me donne!... Un misérable coup de mazette! Un homme comme moi! (Il se retourna vers moi.) Monsieur, une fois pour toutes, sachez que toutes les cousines du monde ne valent pas la dame qu'on me force... Elle est forcée! il n'y a pas de ressource... Au diable soient la bégueule et son doucereux amant!

De toutes les exclamations du joueur, la dernière fut celle qui me piqua le plus. Emporté par ma vivacité, je m'avançai brusquement; mais, chemin faisant, je rencontrai sur la table voisine un échiquier qui débordait; mes boutons l'accrochèrent, il tomba; les pièces roulèrent de tous côtés. Voilà pour moi deux adversaires nouveaux. L'un me dit : Monsieur, prenez-vous quelquefois garde à ce que vous faites? L'autre s'écrie : Monsieur, vous m'enlevez une partie!... Vous! vous aviez perdu, interrompt son adversaire. — J'avais gagné, monsieur. — Cette partie-là, je l'aurais jouée contre Verdoni! — Et moi, contre Philidor! — Hé! messieurs, ne me rompez pas la tête! je vais la payer, votre partie. — La payer! vous n'êtes pas assez riche. — Que jouez-vous donc? — L'honneur. — Oui, monsieur, l'honneur. Je suis venu en poste tout exprès pour répondre au défi de monsieur... de monsieur qui croit n'avoir pas d'égal!..... Sans vous, je lui donnais une leçon! — Une leçon! et mais vous êtes fort heureux que l'étourderie de monsieur vous ait sauvé; je forçais la dame en dix-huit coups! — Et vous n'alliez pas jusqu'au onzième. En moins de dix vous étiez mat. — Mat! mat! C'est pourtant vous, monsieur, qui êtes cause que l'on m'insulte!... Apprenez, monsieur, que dans le *café de la Régence* on ne doit pas courir. (Alors un autre joueur se leva) : Hé! messieurs, dans le *café de la Régence* on ne doit pas crier, on ne doit pas parler. Quel train vous faites!

D'autres encore se mêlèrent de la querelle; et comme j'étais l'auteur de tout le mal, chacun me gourmandait; je ne savais plus à qui répondre, quand Rosambert entra. Il eut beaucoup de peine à me tirer de là : nous nous sauvâmes au *Palais-Royal*.

Je pris Rosambert à l'écart, je lui montrai la lettre de Sophie. Et voilà ce qui vous afflige! me dit-il après l'avoir lue... mais vous devriez baiser cent fois cette lettre-là! — Ah! Rosambert, est-ce donc le moment de plaisanter! — Je ne plaisante pas, mon ami ; vous êtes adoré! — Mais vous n'avez donc pas lu? — J'ai lu, et je vous répète que vous êtes adoré. — Rosambert, nous sommes mal ici, revenez chez moi.

En chemin, le comte me dit : Sophie a cessé ses visites au parloir, à l'époque de votre liaison avec madame de B***. C'est à cette époque aussi que les insomnies ont commencé ; c'est alors qu'elle a eu ce que mademoiselle votre sœur appelle la fièvre. Elle a desiré la recette, elle l'a demandée indirectement. Il y a plus : le remède avait fait un excellent effet, puisque, hier à midi, mademoiselle de Pontis se portait mieux. Il faut donc conclure de tout cela, que, dans l'après-dînée d'hier, il s'est passé quelque chose d'extraordinaire au couvent. N'en doutez pas, mon ami, cette lettre est l'effet d'une ruse du baron, ou d'une naïveté d'Adélaïde, ou d'une indiscrétion de M. Person. Au reste, le ton de cette épître prouve que vous êtes aimé. Un aveu tacite est même échappé à la jeune personne. Elle vous fait de terribles reproches ! Vous avez cru qu'elle vous aimait ! Elle ne peut supporter cette idée; mais elle ne dit nulle part qu'elle ne vous aime pas.

Tout ce que Rosambert me disait me paraissait fort raisonnable ; cependant mon cœur était oppressé : les amans espèrent follement; ils s'alarment de même.

Savez-vous bien, reprit le comte, qu'elle est assez bien tournée sa douce épître? Oh! la jolie cousine ne vous aura pas écrit dix fois, que vous trouverez son style tout-à-fait formé ! — Rosambert, que vous êtes cruel, avec votre gaieté!

Jasmin rentrait chez moi en même temps que nous. Il me dit qu'il venait de chez madame la marquise. — Hé bien? — Monsieur, j'ai parlé à mademoiselle Justine; elle m'a fait attendre assez long-temps, et elle est enfin revenue me dire que madame etait très-sensible à votre attention ; que madame s'était sentie fort incommodée hier en rentrant; que le docteur lui avait trouvé un peu de fièvre ce matin. — Voyez, Rosambert, voyez comme je suis malheureux! Elles ont toutes deux la fièvre en même temps! Celle que j'adore ne veut plus me voir!... Et je ne verrai pas aujourd'hui celle qui m'amuse! ajouta le comte, en me contrefaisant. Pauvre jeune homme! que je le plains!... Mon cher Faublas, consolez-vous. Pour guérir les maux que vous avez causés, vous serez tout seul plus docteur que tous les docteurs de la faculté. Mais quoique la maladie de ma jolie cousine soit à-peu-près celle de l'aimable marquise, je prévois cependant qu'il y aura quelque différence dans le traitement; on cherchera dans les yeux de la jolie demoiselle s'il n'y a pas quelque reste d'émotion; on prendra sa main pour tâter le pouls, qui pourrait être un peu élevé; peut-être même qu'il faudra voir si sa bouche n'a rien perdu de sa fraîcheur.... Mais pour la belle dame, oh! l'examen sera plus long, plus sérieux! Vous serez obligé de la considérer de plus près et plus généralement.... de la tête aux pieds! mon ami!... Je crois même que la méthode de ce M. Mesmer.... Oui, chevalier, oui, un peu de magnétisme! — De grace! trève de plaisanterie! Rosambert, occupez-vous avec moi de Sophie.... Tâchons d'abord de découvrir ce qui m'a valu cette cruelle lettre : voyons ensuite par quels moyens je pourrais avoir une entrevue, une explication avec ma jolie cousine. — Très-volontiers, mon cher Faublas; commençons par appeler M. Person.

Mon père entra comme Rosambert sonnait. Il répondit froidement aux politesses du comte, et m'annonça d'un ton assez brusque, que j'allais sortir avec lui. Les chevaux sont mis, ajouta-t-il; et se tournant du côté de Rosambert: Pardon, monsieur, mais l'heure me presse. Demain matin, de bonne heure, me dit le comte en nous quittant. Je suivis le baron avec inquiétude.

Il me conduisit chez M. du Portail. Lovzinski m'attendait pour achever de m'apprendre les aventures de sa vie les plus secrètes; et de peur que le marquis de B***, ou quelqu'autre importun ne vînt encore nous interrompre, il ordonna qu'on refusât la porte à tout le monde. Dès que nous eûmes dîné, il continua ainsi le récit de ses infortunes.

Vous devez être, mon cher Faublas, pénétré de l'horreur de ma situation. Le feu, devenu plus violent, allait se communiquer à la chambre où nous étions enfermés, et déja les flammes battaient au pied de la tour de Lodoïska; Lodoïska poussait de longs gémissemens, auxquels je répondais par des cris de fureur. Boleslas parcourait notre prison comme un insensé; il poussait d'affreux hurlemens, il essayait de briser la porte avec ses pieds et ses mains; et moi, pendu à la fenêtre, je secouais avec rage les barreaux que je ne pouvais ébranler.

Tout-à-coup ceux qui étaient montés redescendent avec précipitation; nous entendons ouvrir les portes : Dourlinski lui-même demande quartier; les vainqueurs se précipitent dans le bâtiment enflammé : attirés par nos cris, ils enfoncent notre porte à coups de hache. A leur costume, à leurs armes, je reconnais des Tartares. Leur chef arrive, je vois Titsikan. Ah! ah! dit-il, c'est mon brave homme! Je me jette à ses genoux : Titsikan!.... Lodoïska!.... Une femme!... la plus belle des femmes!... dans cette tour!... elle y va brûler vive! Le Tartare dit un mot à ses soldats, ils volent à la tour, j'y vole avec eux; Boleslas les suit. On enfonce les portes; près d'un vieux pilier, nous découvrons un escalier tournant, rempli d'une épaisse fumée. Les Tartares épouvantés s'arrêtent; je veux monter : hélas! qu'allez-vous faire? me dit Boleslas. Vivre ou mourir avec Lodoïska! m'écriai-je : Vivre ou mourir avec mon maître! répond mon généreux serviteur. Je m'élance, il s'élance après moi. Au risque d'être suffoqués, nous montons à-peu-près quarante degrés; à la lueur des flammes nous découvrons Lodoïska dans un coin de sa prison; elle traînait faiblement sa voix mourante : Qui vient à moi? dit-elle. — C'est Lovzinski! c'est ton amant! Sa joie lui rend des forces; elle se relève, et vole dans mes bras : nous l'emportons, nous descendons quelques degrès; mais une vapeur plus épaisse se répand dans l'escalier, et nous force de remonter précipitamment; à l'instant même une partie de la tour s'écroule, Boleslas jette un cri terrible, Lodoïska s'évanouit.... Faublas, ce qui devait nous perdre nous sauva : le feu, auparavant étouffé, se fait jour, il s'étend plus rapidement; mais la fumée se dissipe. Chargés de notre précieux fardeau, Boleslas et moi nous descendons promptement... Mon ami, je n'exagère pas, chaque marche tremblait sous nos pieds! les murs étaient brûlans! Enfin nous arrivons à la porte de la tour; Titsikan, tremblant pour nous, y était accouru : Braves gens, dit-il en nous voyant paraître! Je pose Lodoïska à ses pieds, et je tombe sans connaissance auprès d'elle.

Je restai près d'une heure dans cet état. On craignait pour ma vie, Boleslas pleurait. Je repris enfin mes esprits à la voix de Lodoïska, qui, revenue à elle, me nommait son libérateur. Tout était changé dans le château, la tour était entièrement tombée. Les Tartares avaient arrêté les progrès de l'incendie : ils avaient abattu une partie du bâtiment, pour sauver l'autre; ensuite on nous avait transportés dans un vaste salon, où Titsikan était lui-même avec quelques-uns de ses soldats. Les autres, occupés à piller, apportaient à leur chef, l'or, l'argent, les pierreries, la vaisselle, tous les effets précieux que les flammes avaient épargnés. Tout près de là, Dourlinski, chargé de fers, regardait en gémissant ce monceau de richesses dont on allait le dépouiller. La rage, la terreur, le désespoir, tout ce qui déchire le cœur d'un scélérat puni, se lisait dans ses yeux égarés. Il frappait la terre avec fureur, portait à son front ses poings fermés; et, vomissant d'horribles blasphèmes, il reprochait au ciel sa juste vengeance.

Cependant mon amante pressait ma main dans les siennes : Hélas! me dit-elle, en sanglottant, tu m'as sauvé la vie, et la tienne est encore en danger! Et si nous échappons à la mort, l'esclavage nous attend! — Non, non, Lodoïska, rassure-toi. Titsikan n'est point mon ennemi, Titsikan finira nos malheurs. Sans doute, si je le puis, interrompit le Tartare; tu parles bien, brave homme! Oh! je vois que tu n'es pas mort, et j'en suis fort aise; tu dis et tu fais toujours de bonnes choses, toi! et as là, ajouta-t-il, en montrant Boleslas, un ami qui te seconde bien. J'embrassai Boleslas : oui, Titsikan, oui, j'ai un ami : ce nom lui restera toujours! Le Tartare m'interrompit encore : Ha çà, dis-moi : vous étiez tous deux dans une chambre basse : elle était dans une tour, elle; pourquoi cela? Je parie, messieurs les drôles, que vous avez voulu souffler cette enfant à ce butor-là (en montrant Dourlinski), et vous aviez raison : il est vilain, et elle est jolie! Voyons, compte-moi cela. J'instruisis Titsikan de mon nom, de celui du père de Lodoïska, de tout ce qui m'était arrivé jusqu'alors. C'est à Lodoïska, lui dis-je ensuite, à nous apprendre ce que l'infame Dourlinski lui a fait souffrir, depuis qu'elle est dans son château.

Vous savez, dit aussitôt Lodoïska, que mon père me fit quitter Varsovie, le jour même que la diète fut ouverte. Il me conduisit d'abord dans les terres du Palatin de ***, à vingt lieues seulement de la capitale, où il retourna pour assister aux états. Le jour que M. de P*** fut proclamé roi, Pulauski vint me prendre chez le palatin, et m'amena ici, croyant que j'y serais plus à l'abri de toutes les recherches. Il chargea Dourlinski de me garder avec soin, et d'empêcher sur-tout que Lovzinski ne pût découvrir le lieu de ma retraite. Il me quitta pour aller, disait-il, rassembler, encourager les bons citoyens, défendre son pays, et punir des traîtres. Hélas! ces soins importans lui ont fait oublier sa fille. Je ne l'ai pas revu depuis.

Quelques jours après son départ, je commençai à m'apercevoir que les visites de Dourlinski devenaient plus fréquentes et plus longues; bientôt il ne quitta presque plus l'appartement qu'on m'avait donné pour prison. Il m'ôta, je ne sais sous quel prétexte, l'unique femme que mon père m'avait laissée pour me servir; et pour que personne, disait-il, ne sût que j'étais chez lui, il m'apportait lui-même ce qui était nécessaire à ma subsistance, et passait ainsi les journées entières près de moi.

Vous ne savez pas, mon cher Lovzinski, combien je souffrais de la présence continuelle d'un homme qui m'était odieux, et dont je soupçonnais les infames desseins. Il osa me les expliquer un jour; je l'assurai que ma haine serait toujours le prix de sa tendresse, et que son indigne conduite lui avait attiré mes profonds mépris. Il me répondit froidement, qu'avec le temps je m'accoutumerais à le voir, à souffrir ses assiduités, et même à les desirer. Il ne changea rien à sa conduite ordinaire; il entrait chez moi le matin, et n'en sortait que le soir. Séparée de tout ce que j'aimais, toujours gênée par mon tyran, je n'avais pas même la faible consolation de pouvoir me livrer tranquillement au souvenir de mon bonheur passé. Témoin de mes inquiétudes, Dourlinski se plaisait à les augmenter. Pulauski, me disait-il, commandait un corps de Polonais; Lovzinski, trahissant sa patrie qu'il n'aimait pas, et une femme dont il se souciait peu, servait dans l'armée russe; on ne doutait pas qu'il n'y eût bientôt un combat sanglant. Au reste, il était bien certain, que désormais rien ne pourrait réconcilier mon père avec Lovzinski. Quelques jours après il vint m'annoncer, que Pulauski avait attaqué pendant la nuit les Russes dans leur camp, et que, dans la mêlée, mon amant était tombé sous les coups de mon père. Le cruel me fit lire cet événement bien détaillé dans une espèce de papier public, que sans doute il avait fait imprimer exprès; d'ailleurs, à la barbare joie qu'il affectait, je crus la nouvelle trop véritable. Tyran impitoyable! m'écriai-je, tu jouis de mes pleurs, de mon désespoir! mais cesse de me persécuter, ou tu verras bientôt que la fille de Pulauski peut bien elle-même venger ses injures.

Un soir qu'il m'avait quittée plutôt qu'à l'ordinaire, j'entendis vers le minuit ma porte s'ouvrir doucement. A la lueur d'une lampe, que je laissais toujours allumée, je vis mon tyran s'avancer vers mon lit. Comme il n'y avait pas de crime dont je ne le jugeasse capable, j'avais prévu celui-là, et je m'étais bien promis de le prévenir. Je m'armai d'un couteau que j'avais eu la précaution de cacher sous mon oreiller; j'accablai le scélérat des reproches qu'il méritait; je lui jurai que, s'il osait s'approcher, je le poignarderais de mes mains. Il recula de surprise et d'effroi : Je suis las de n'essuyer que des mépris, me dit-il en sortant : si je ne craignais d'être entendu, tu verrais ce que peut contre moi le bras d'une femme! mais je sais un moyen sûr de vaincre ta fierté. Bientôt tu te croiras trop heureuse de pouvoir acheter ta grace par les plus humbles soumissions. Il sortit. Quelques momens après, son confident entra, le pistolet à la main. Je dois lui rendre justice, il pleurait en m'annonçant les ordres de son maître. Habillez-vous, madame, il faut me suivre; c'est tout ce qu'il put me dire. Il me conduisit dans cette tour, où sans vous j'allais périr aujourd'hui; il m'enferma dans cette horrible prison : c'est là que j'ai langui pendant plus d'un mois, sans feu, sans lumière, presque sans habits; du pain et de l'eau pour ma nourriture; pour mon lit une simple paillasse : voilà l'état auquel fut réduite la fille unique d'un grand de Pologne! Vous frémissez! brave étranger; et bien, croyez que je ne vous raconte qu'une partie de mes douleurs. Une chose du moins me rendait ma misère moins insupportable; je ne voyais plus mon tyran : tandis qu'il attendait tranquillement que je sollicitasse mon pardon, je passais les journées et les nuits entières à appeler mon père, à pleurer mon amant... Lowzinski, de quel étonnement je fus saisie, de quelle joie mon ame fut pénétrée, le jour que je te reconnus, dans les jardins de Dourlinski!...

Titsikan écoutait avec attention l'histoire de nos malheurs, dont il paraissait vivement touché, lorsque sa garde avancée donna l'alarme. Il nous quitta brusquement pour courir au pont-levis. Nous entendions un grand tumulte. Lovzinski! Lodoïska! couple lâche et perfide! s'écria Dourlinski, qui ne pouvait contenir sa joie, vous avez cru pouvoir m'échapper. Tremblez! vous allez retomber en mon pouvoir; au bruit de mon malheur, les gentilshommes voisins se sont sans doute rassemblés, ils viennent me secourir... Ils ne pourront que te venger, scélérat! interrompit Boleslas, en saisissant une barre de fer dont il allait l'assommer : je le retins. Titsikan rentra aussi-tôt. Ce n'était qu'une fausse alarme, nous dit-il; c'est une petite troupe que j'ai détachée hier pour aller battre la campagne : elle avait ordre de me rejoindre ici, elle me ramène quelques prisonniers; tout est d'ailleurs tranquille, rien ne paraît encore dans les environs.

Tandis que Titsikan me parlait, on amenait devant lui les malheureux que leur mauvais sort avait livrés aux Tartares. Nous en vîmes d'abord paraître cinq : Ils disent que celui-là leur a donné bien de la peine; c'est pour cela qu'ils l'ont ainsi garotté, nous dit Titsikan, en nous montrant le sixième. Dieux! c'est mon père! s'écria Lodoïska, en courant à lui. Je me jetai aux genoux de Pulauski. Tu es Pulauski, toi, continua le Tartare; hé bien, la rencontre n'est pas malheureuse. Tiens, mon ami, il n'y a pas plus d'un quart-d'heure que je te connais; je sais que tu es fier et entêté; mais n'importe, je t'estime : tu as du cœur et de la tête; ta fille est belle et ne manque pas d'esprit; Lovzinski est brave!... plus brave que moi, je crois. Tiens... Pulauski, immobile d'étonnement, écoutait à peine le Tartare, et frappé de l'étrange spectacle qui s'offrait à ses yeux, il concevait d'horribles soupçons; il me repoussa avec horreur: Malheureux! tu as trahi ta patrie, une femme qui t'aimait, un homme qui se plaisait à te nommer son gendre; il ne te manquait plus que de te lier avec des brigands... Titsikan l'interrompit: Avec des brigands, si tu veux; mais des brigands sont quelquefois bons à quelque chose; sans moi, dès demain peut-être, ta fille n'aurait plus été fille. N'ayez pas peur, ajouta-t-il, en se tournant vers moi: je sais qu'il est fier, je ne me fâcherai pas.

Nous avions porté Pulauski dans un fauteuil; sa fille et moi nous baignions de nos larmes ses mains enchaînées; il me repoussait toujours, en m'accablant de reproches. Mais que diable est-ce que tu lui contes donc, reprit Titsikan? Je te dis, moi, que Lovzinski est un brave homme, que je veux marier; et ton Dourlinski, un coquin que je vais faire pendre. Je te répète que tu es tout seul plus entêté que nous trois. Mais écoute-moi, et finissons, car il faut que je m'en aille. Tu m'appartiens par le droit le plus incontestable, celui de l'épée. Hé bien, si tu me donnes ta parole de te réconcilier sincèrement avec Lovzinski, et de lui donner ta fille, je te rends la liberté. — Qui sait braver la mort, peut supporter l'esclavage; ma fille ne sera jamais la femme d'un traître. — Aimes-tu mieux qu'elle soit la maîtresse d'un Tartare? Si tu ne me promets pas de la marier sous huit jours à ce brave homme, je l'épouse ce soir, moi! Quand je serai las de toi et d'elle, je vous vendrai aux Turcs : ta fille est assez belle pour entrer au sérail d'un bacha; toi, tu feras la cuisine de quelque janissaire. — Ma vie est dans tes mains, fais-en ce qu'il te plaira. Si Pulauski tombe sous les coups d'un Tartare, on le plaindra, on se dira qu'il méritait une autre fin; mais si je pouvais consentir... Non, j'aime mieux mourir. — Hé! je ne veux pas que tu meures, moi! Je veux que Lovzinski épouse Lodoïska. Hé! nom d'un sabre! est-ce à mon prisonnier à me faire la loi? Quel chien d'homme! S'il n'était qu'entêté! mais c'est qu'il raisonne mal!

Je voyais la colère briller dans les yeux du Tartare; je le fis souvenir qu'il m'avait promis de ne pas s'emporter. Sans doute! mais cet homme là lasserait la patience d'un favori du prophète! Je ne suis qu'un voleur, moi! Pulauski, je te le répète, je veux que Lovzinski épouse ta fille. Nom d'un sabre! il l'a bien gagnée; sans lui, elle était brûlée ce soir. — Comment? — Hé! oui : regarde ces décombres : il y avait là une tour, cette tour était en feu, personne n'osait y monter; il y a été avec Boleslas, lui! ils ont sauvé ta fille. — Ma fille était dans cette tour? — Oui, elle y était; ce coquin l'y avait mise, ce coquin voulait la violer.... Allons, vous autres, contez-lui tout cela, et dépêchez-vous, qu'il se décide; j'ai affaire ailleurs; je ne veux pas que vos Quartuaires (1) me surprennent ici : en plaine, c'est autre chose, je me moque d'eux.

Tandis que Titsikan faisait charger sur de pe-

---

(1) Quartuaires, c'est le nom qu'on donne à des cavaliers établis pour veiller à la sûreté des frontières de la Podolie et de la Volhynie, contre les Tartares.

tits chariots couverts le butin considérable qu'il avait fait, Lodoïska instruisait son père des forfaits de Dourlinski, et mêlait si adroitement le récit de notre tendresse à l'histoire de ses malheurs, que la nature et la reconnaissance se firent entendre en même temps au cœur de Pulauski. Vivement touché des infortunes de sa fille, sensible au service important que je venais de lui rendre, il embrassait Lodoïska; et me regardant sans colère, il semblait attendre impatiemment que j'achevasse de le déterminer. Oh! Pulauski, lui dis-je, ô toi que le ciel m'avait laissé pour me consoler de la perte du meilleur des pères! ô toi pour qui j'avais autant d'amitié que de respect, pourquoi as-tu condamné tes enfans sans les entendre? Pourquoi as-tu soupçonné de la plus horrible trahison un homme qui adorait ta fille? Quand mes vœux portaient sur le trône celui qui l'occupe maintenant, Pulauski, je le jure par celle que j'aime, je croyais faire le bien de mon pays. Les malheurs que ma jeunesse ne voyait pas, ton expérience les a prévus; mais parce que j'ai manqué de prudence, dois-tu m'accuser de perfidie? Peux-tu me reprocher d'avoir estimé mon ami? Peux-tu me faire un crime de l'estimer encore? Depuis trois mois j'ai vu comme toi les maux de ma patrie; comme toi j'en ai gémi; mais je suis sûr que le roi les ignore; j'irai l'en instruire à Varsovie... Pulauski m'interrompit : Ce n'est pas là qu'il faut aller. Tu dis que M. de P*** n'est pas instruit des malheurs de son pays, je le veux croire; mais qu'il les sache ou qu'il les ignore, peu nous importe aujourd'hui. Des étrangers insolens, cantonnés dans nos provinces, s'efforceront de s'y maintenir, même contre le roi qu'ils ont élu. Ce n'est pas un monarque impuissant ou mal intentionné qui chassera les Russes de mon pays. Lovzinski, n'espérons plus qu'en nous-mêmes; vengeons la patrie, ou mourons pour elle. J'ai rassemblé dans le palatinat de Lublin quatre mille gentilshommes, qui n'attendent que le retour de leur général pour marcher contre les Russes. Suis-moi, viens dans mon camp... A cette condition, je suis libre, et ma fille est à toi. — Pulauski, je suis prêt; je jure de suivre ta fortune et de partager tes dangers. Et ne crois pas que Lodoïska seule m'arrache ces sermens! Je chéris ma patrie autant que j'adore ta fille : je jure par elle, et devant toi, que les ennemis de l'état ont toujours été et ne cesseront jamais d'être les miens; je jure que je verserai jusqu'à la dernière goutte de mon sang pour chasser de la Pologne des étrangers qui y règnent sous le nom de son roi. Embrasse-moi, Lovzinski, je te reconnais, je reconnais mon gendre. Allons, mes enfans, tous nos malheurs sont finis.

Pulauski me disait d'unir mes mains à celles de Lodoïska. Nous embrassions notre père, quand Titsikan rentra. Bon! bon! s'écria-t-il, c'est cela : voilà ce que je voulais ; j'aime les mariages, moi! Allons, papa, je vais te faire délier. Nom d'un sabre! poursuit le Tartare, tandis que ses soldats coupaient les cordes dont Pulauski était garrotté, je fais là une belle action, quand j'y pense! mais aussi elle me coûte bien de l'argent... Deux grands de Pologne ! une belle fille! cela m'aurait payé une grosse rançon! Titsikan, qu'à cela ne tienne, interrompit Pulauski. Hé ! non, non, répliqua le Tartare ; c'est une simple réflexion, une de ces idées dont un voleur n'est pas le maître ! ... Mes braves gens, je ne veux rien de vous... Il y a plus : vous ne vous en irez pas à pied, j'ai de bons chevaux à votre service. Et pour cet enfant, si vous le voulez, je vous donnerai un brancard sur lequel on m'a promené pendant dix à douze jours. Ce garçon-là m'avait si bien étrillé, que je ne pouvais plus me tenir à cheval... Il est mauvais le brancard, grossièrement fait avec des branches d'arbres; mais je n'ai que cela, ou un petit chariot couvert à vous offrir; vous choisirez. Cependant Dourlinski n'avait pas encore osé dire un seul mot, et baissait les yeux d'un air consterné : Indigne ami ! lui dit Pulauski, tu as pu abuser à ce point de ma confiance ! tu n'as pas craint de t'exposer à mon ressentiment ! Quel démon t'aveuglait ? L'amour, répondit Dourlinski, un amour forcené. Tu ne sais donc pas à quels excès les passions peuvent porter un homme né violent et jaloux ! Que cet exemple effayant t'apprenne au moins qu'une fille aussi charmante, aussi belle que la tienne, est un rare trésor, dont on ne doit confier la garde à personne. Pulauski, j'ai mérité ta haine, et pourtant tu me dois quelque pitié. Je me suis rendu bien coupable ; mais tu me vois cruellement puni. Je perds en un seul jour mon rang, mes richesses, mon honneur, ma liberté ; je perds plus que tout cela, je perds ta fille ! O vous, Lodoïska ! vous que j'ai tant outragée, daignerez-vous oublier mes persécutions, vos dangers, vos douleurs ? Daignerez-vous m'accorder un généreux pardon ? Ah ! s'il n'est pas de forfaits qu'un vrai repentir ne puisse expier, Lodoïska, je ne suis plus criminel ; je voudrais pouvoir, au prix de tout mon sang, racheter les pleurs que vous avez versés. Dourlinski, dans l'horrible esclavage auquel il va être réduit, n'emportera-t-il pas le souvenir consolant de vous avoir entendu lui dire, qu'il ne vous est pas odieux ? Fille trop aimable, et jusqu'à présent trop malheureuse, quelque grands que soient mes torts envers vous, je puis encore les réparer d'un seul mot. Venez, approchez-vous, j'ai un secret important à vous révéler.

Lodoïska s'approcha sans défiance. Soudain je vis un poignard briller dans les mains de Dourlinski. Je me précipitai sur lui... Il était trop tard, je ne pus parer que le second coup ; déja mon amante, frappée au-dessous de la mamelle gauche, était tombée aux pieds de Titsikan. Pulauski, furieux, voulait venger sa fille ; Non ! non ! s'écria le Tartare, tu donnerais à ce scélérat une mort trop douce. Hé bien, me dit l'infâme assassin, en contemplant sa victime avec une cruelle joie : Lovzinki, tu paraissais si pressé de t'unir à Lodoïska ! que ne la suis-tu ? Va, mon heureux rival, va joindre ton amante au tombeau. Qu'on prépare mon supplice, il me paraîtra doux : je te laisse livré à des tourmens non moins cruels et plus longs que les miens. Dourlinski ne put en dire davantage : les

Tartares l'entraînèrent ; ils le précipitèrent dans les décombres enflammés.

Quelle nuit ! mon cher Faublas, que de soins différens, que de sentimens contraires m'agitèrent dans son cours ! Combien de fois j'éprouvai successivement la crainte et l'espérance, la douleur et la joie ! Après tant d'inquiètudes et de dangers, Lodoïska m'était remise par son père, je m'enivrais du doux espoir de la posséder, un barbare l'assassinait à mes yeux !... Ce moment fut le plus cruel de ma vie !... Mais rassurez-vous, mon ami ; mon bonheur, si rapidement éclipsé, ne tardera pas à renaître. Parmi les soldats de Titsikan, il s'en trouvait un qui se mêlait de chirurgie : nous l'appelâmes ; il visita la blessure, il assura qu'elle était très-légère : l'infâme Dourlinski, gêné par ses chaînes, aveuglé par son désespoir, n'avait porté qu'un coup mal assuré.

Dès que Titsikan fut sûr qu'il n'y avait plus rien à craindre pour les jours de Lodoïska, il nous fit ses adieux. Je vous laisse, nous dit-il, les cinq domestiques que Pulauski avait amenés, des provisions pour plusieurs jours, six bons chevaux, deux chariots couverts, et tous les gens de Dourlinski bien enchaînés. Leur vilain maître est mort. Je pars, le jour commence à paraître. Ne sortez d'ici que demain ; demain j'irai visiter d'autres cantons. Adieu, braves gens ; vous direz à vos Polonais, que Titsikan n'est pas toujours un méchant diable, et qu'il rend quelquefois d'une main ce qu'il prend de l'autre. Adieu. A ces mots il donna le signal du départ ; les Tartares passèrent le pont-levis, et s'éloignèrent au grand galop.

Il n'y avait pas deux heures qu'ils étaient partis, lorsque plusieurs gentilshommes voisins, soutenus de quelques quartuaires, vinrent investir le château de Dourlinski. Pulauski lui-même alla les recevoir. Il leur rendit compte de tout ce qui s'était passé ; et quelques-uns d'entre eux, gagnés par ses discours, se déterminèrent à nous suivre dans le palatinat de Lublin. Ils ne nous demandèrent que deux jours pour préparer les choses nécessaires à leur départ. Ils vinrent en effet nous rejoindre le surlendemain au nombre de soixante ; et Lodoïska nous ayant assuré qu'elle se sentait en état de supporter les fatigues du voyage, nous la plaçâmes dans une voiture commode, que nous avions eu le temps de nous procurer. Après avoir rendu la liberté aux gens de Dourlinski, nous leur abandonnâmes les deux chariots couverts dans lesquels Titsikan avait eu la singulière générosité de laisser une partie du butin, qu'ils partagèrent entre eux.

Nous arrivâmes sans accident dans le palatinat de Lublin, à Polowisk, où Pulauski avait marqué le rendez-vous général. La nouvelle de son retour s'étant répandue, une foule de mécontens vint, dans l'espace d'un mois, grossir notre petite armée, qui se trouva forte d'environ dix mille hommes. Lodoïska, entièrement guérie de sa blessure, parfaitement remise de ses fatigues, avait repris son embonpoint, sa fraîcheur, tout l'éclat de sa beauté. Pulauski m'appela dans sa tente. Il me dit : Trois mille Russes ont paru sur les hauteurs, à trois quarts de lieue d'ici ; prends ce soir quatre mille hommes d'élite, va chasser les ennemis du poste avantageux qu'ils occupent : songe que du succès d'un premier combat dépend presque toujours le succès d'une campagne; songe qu'il te faut venger ta patrie. Mon ami, que demain j'apprenne ta victoire, demain tu épouses Lodoïska.

Je me mis en marche, sur les dix heures du soir. A minuit nous surprîmes les ennemis dans leur camp. Jamais déroute ne fut plus complète; nous leur tuâmes sept cents hommes, nous fîmes neuf cents prisonniers, nous prîmes tout leur canon, la caisse militaire, et les équipages.

A la pointe du jour Pulauski vint me joindre avec le reste des troupes. Il amenait Lodoïska. On nous maria dans la tente de Pulauski. Tout le camp retentit de chants d'allégresse : la valeur et la beauté furent célébrées dans des vers joyeux ; c'était la fête de l'Amour et de Mars ; on eût dit que chaque soldat avait mon ame, et partageait mon bonheur.

Lorsque j'eus donné à l'amour les premiers jours d'une union si chère, je songeai à récompenser l'héroïque fidélité de Boleslas. Mon beau-père lui fit la donation d'un de ses châteaux, situé à quelques lieues de la capitale. Lodoïska et moi nous y joignîmes une somme d'argent assez considérable, pour lui assurer un sort indépendant et tranquille. Il ne voulait pas nous quitter : nous lui ordonnâmes d'aller prendre possession de son château, et de vivre paisiblement dans l'honorable retraite que ses services lui avaient méritée. Le jour qu'il partit, je le pris à l'écart : Tu iras de ma part, lui dis-je, trouver notre monarque à Varsovie; tu lui apprendras que l'hymen m'unit à la fille de Pulauski; tu lui diras que je me suis armé pour chasser de son royaume des étrangers qui le dévastent ; tu lui diras sur-tout que Lovzinski est l'ennemi des Russes, et n'est pas l'ennemi de son roi.

Je ne vous fatiguerai pas, mon cher Faublas, du récit de nos opérations pendant huit années consécutives d'une guerre sanglante. Quelquefois vaincu, plus souvent vainqueur; aussi grand dans ses défaites que redoutable après ses victoires ; toujours supérieur aux événemens, Pulauski fixa sur lui l'attention de l'Europe, et l'étonna par sa longue résistance. Forcé d'abandonner une province, il allait livrer de nouveaux combats dans une autre; et c'est ainsi que, parcourant successivement tous les palatinats, il signala dans chacun d'eux, par quelques exploits glorieux, la haine qu'il avait jurée aux ennemis de la Pologne.

Femme d'un guerrier, fille d'un héros, accoutumée au tumulte des camps, Lodoïska nous suivait par-tout. De cinq enfans qu'elle m'avait donnés, une fille seulement me restait, âgée de dix-huit mois. Un jour, après un combat opiniâtre, les Russes, vainqueurs, se précipitèrent dans ma tente pour la piller. Pulauski et moi, suivis de quelques gentilshommes, nous volâmes à la défense de Lodoiska; nous la sauvâmes, mais ma fille me fut enlevée. Ma fille, par une sage précaution que sa mère n'avait pas négligée dans ces temps de division, porte, gravées sous l'aisselle, les armes de nôtre maison ; mais j'ai fait jusqu'à présent d'inutiles recherches... Hélas ! Dorliska, ma chère Dorliska gémit dans l'esclavage, ou n'existe plus.

Cette perte me causa la plus vive douleur. Pulauski y parut presque insensible, soit qu'il fût déja occupé du grand projet qu'il ne tarda pas à me communiquer, soit que les maux de la patrie eussent seuls le droit de toucher son cœur stoïque. Il rassembla les restes de son armée, prit un camp avantageux, employa plusieurs jours à le fortifier, et s'y maintint trois mois entiers contre tous les efforts des Russes. Il fallait pourtant songer à l'abandonner : les vivres commençaient à nous manquer. Pulauski vint dans ma tente, fit retirer tous ceux qui s'y trouvaient ; et, dès que nous fûmes seuls : Lovzinski, me dit-il, j'ai lieu de me plaindre de toi. Autrefois tu supportais avec moi le fardeau du commandement ; je pouvais me reposer sur mon gendre d'une partie de mes pénibles soins. Depuis trois mois tu ne fais que pleurer ; tu gémis comme une femme ! Tu m'abandonnes dans un moment critique où tes secours me sont le plus nécessaires ! Tu vois

comme je suis pressé de toutes parts. Je ne crains pas pour moi ; ce n'est pas ma vie qui m'inquiète ; mais si nous périssons, l'état n'a plus de défenseurs. Réveille-toi, Lovzinski! Tu partageas si noblement mes travaux ! n'en reste pas aujourd'hui l'inutile témoin. Nous nous sommes baignés dans le sang des Russes; nos concitoyens sont vengés, mais ils ne sont pas sauvés; mais bientôt peut-être nous ne pourrions plus les défendre. — Tu m'étonnes, Pulauski ! d'où te viennent ces pressentimens sinistres ? — Je ne m'alarme pas sans raison; considère notre position actuelle : je me suis efforcé de réveiller dans tous les cœurs l'amour de la patrie ; je n'ai trouvé presque par-tout que des hommes avilis, nés pour l'esclavage, ou des hommes faibles qui, pénétrés de leurs malheurs, se sont bornés cependant à de stériles regrets. Quelques vrais citoyens en petit nombre se sont rangés sous mes étendards ; mais huit campagnes les ont presque tous moissonnés. Je m'affaiblis par mes victoires; nos ennemis paraissent plus nombreux après leurs défaites. — Je te le répète, Pulauski : tu m'étonnes ! Dans des circonstances non moins pressantes, je t'ai vu soutenu de ton courage...
— Crois-tu qu'il m'abandonne ? La valeur ne

consiste pas à s'aveugler sur le danger, mais à le braver en l'apercevant. Nos ennemis préparent ma défaite : cependant, si tu le veux, Lovzinski, le jour qu'ils ont marqué pour leur triomphe sera peut-être celui de leur perte et du salut de nos concitoyens. — Si je le veux! en doutes-tu? Parle, que veux-tu dire? que faut-il faire? — Frapper le coup le plus hardi que j'aie jamais médité. Quarante hommes d'élite se sont rassemblés à Czenstochow chez Kaluvski, dont on connaît la bravoure. Il leur faut un chef adroit, ferme, intrépide ; c'est toi que j'ai choisi. — Pulauski, je suis prêt... — Je ne te dissimulerai pas le danger de l'entreprise, le succès en est douteux ; et si tu ne réussis pas, ta perte est infaillible. — Je te dis que je suis prêt, explique-toi. — Tu n'ignores pas qu'il me reste à peine quatre mille hommes. Je puis sans doute encore beaucoup tourmenter nos ennemis ; mais, avec de si faibles moyens, je ne dois pas espérer de les forcer jamais à quitter nos provinces... Tous nos gentilshommes accourraient sous mes drapeaux, si le roi était dans mon camp. — Que dis-tu, Pulauski? espères-tu que le roi consente à venir ici? — Non ; mais il faut l'y forcer. — L'y forcer? — Oui. Je sais qu'une ancienne amitié te lie avec M. de P***; mais, depuis que tu soutiens avec Pulauski la cause de la liberté, tu sais aussi qu'on doit tout sacrifier au bien de sa patrie, qu'un intérêt aussi sacré... — Je connais mes devoirs, et je les remplirai; mais, que me proposes-tu ? Le roi ne sort jamais de Varsovie. — Hé bien ! c'est à Varsovie qu'il faut l'aller chercher, c'est du sein de sa capitale qu'il le faut arracher. — Qu'as-tu préparé pour cette grande entreprise? — Tu vois cette armée russe, trois fois plus forte que la mienne, campée depuis trois mois devant moi. Son général, maintenant tranquille dans ses retranchemens, attend que, forcé par la famine, je me rende à discrétion. Derrière mon camp sont des marais impraticables ; dès qu'il fera nuit, nous les traverserons. J'ai tout disposé de manière que mes ennemis, trompés, s'apercevront trop tard de ma retraite. J'espère leur dérober plus d'une marche. Si la fortune me seconde, je puis gagner une journée sur eux. Je m'avancerai tout droit sur Varsovie, par la grande route qui mène à cette capitale, et à travers les petits corps de Russes qui rôdent toujours dans ses environs. Je compte les battre séparément, ou, s'ils se peuvent réunir pour m'arrêter, je les occuperai du moins assez pour qu'ils ne puissent t'inquiéter. Toi, cependant, Lovzinski, tu m'auras devancé. Tes quarante hommes déguisés, armés seulement de sabres, de poignards et de pistolets cachés sous leurs habits, se seront rendus à Varsovie par différentes routes. Vous attendrez que le roi sorte de son palais ; vous l'enlèverez, vous l'amènerez dans mon camp... L'entreprise est téméraire, inouie, si tu veux ; l'abord est difficile, le séjour dangereux, le retour d'un péril extrême. Si tu succombes, si l'on t'arrête, tu périras, Lovzinski ; mais tu périras martyr de la liberté ; mais Pulauski, jaloux d'un trépas si glorieux, gémira d'être obligé de te survivre, et quelques Russes encore te suivront au tombeau. Si, au contraire, le Dieu tout-puissant, protecteur de la Pologne, m'inspira ce hardi projet pour terminer ses maux ; si sa bonté t'accorde un succès égal à ton courage, vois quelle prospérité sera le fruit de ta noble témérité ! M. de P*** ne verra dans mon camp que des soldats citoyens, ennemis des étrangers, fidèles à leur roi. Sous mes tentes patriotiques, il respirera, pour ainsi dire, l'air de la liberté, l'amour de son pays ; les ennemis de l'état deviendront les siens ; notre brave noblesse, revenue de son assoupissement, combattra sous les drapeaux de son roi pour la cause commune; les Russes seront taillés en pièces, ou repasseront leurs frontières... Mon ami, tu auras sauvé ton pays.

Pulauski me tint parole. Dès que la nuit fut venue, il fit heureusement sa retraite; les marais furent traversés en silence. Mon ami, me dit alors mon beau-père, il est temps que tu nous quittes : je sais bien que ma fille a plus de courage qu'une autre femme; mais elle est épouse tendre et mère malheureuse; ses pleurs t'attendriraient, tu perdrais dans ses embrassemens cette force d'esprit, cette fierté d'ame qui te devient aujourd'hui plus nécessaire que jamais. Je te conseille de partir sans lui dire adieu. Pulauski m'en pressait vainement, je ne pus m'y déterminer. Quand Lodoïska sut que je partais seul, et nous vit bien décidés à ne pas lui dire où j'allais, elle versa des torrens de larmes, elle s'efforça de me retenir. Je commençais à balancer : Allons, s'écria mon beau-père, partez, Lovzinski, partez : père, épouse, enfans, il faut tout sacrifier quand il s'agit de la patrie !

Je m'éloignai. Je fis une si grande diligence, que j'arrivai vers le milieu du jour suivant à Czenstochow. J'y trouvai quarante gentilshommes déterminés à tout. Messieurs, leur dis-je, il s'agit d'enlever un roi dans sa capitale : les hommes capables de tenter une entreprise aussi hardie sont seuls capables de l'achever; le succès ou la mort nous attend. Après cette courte harangue, nous nous préparons à partir. Kaluvski, prévenu, tenait prêtes douze charrettes chargées de paille et de foin, attelées chacune de quatre bons chevaux. Nous nous déguisons tous en paysans, nous cachons nos habits, nos sabres, nos pistolets, les selles de nos chevaux dans le foin dont nos charrettes sont remplies. Nous convenons de plusieurs signes et d'un mot de ralliement. Douze des conjurés, commandés par Kaluvski, feront entrer dans Varsovie les douze charrettes, qu'ils conduiront eux-mêmes. Je divise le reste de ma petite troupe en plusieurs brigades. Pour éviter tout soupçon, chacune doit marcher à quelque distance, et entrer dans la capitale par différentes portes. Nous partons. Le samedi 2 novembre 1771, nous arrivons à Varsovie; nous allons tous nous loger chez les dominicains.

Le lendemain dimanche, jour à jamais mémorable dans l'histoire de la Pologne, Stravinski, couvert de haillons, se place près de la collégiale, et va demander l'aumône jusqu'aux portes du *Palais-Royal;* il observe tout ce qui s'y passe. Plusieurs de nos conjurés parcourent dans la ville même les six rues étroites, qui toutes aboutissent à la grande place, où je me promène avec Kaluvski. Nous restons en embuscade pendant la matinée entière, et une partie de l'après-dînée. A six heures du soir, le roi sort de son palais; on le suit, on le voit entrer dans le palais de son oncle P***, grand-chancelier de Lithuanie.

Tous nos conjurés sont avertis; ils se dépouillent de leurs mauvais habits, ils sellent leurs chevaux, ils préparent leurs armes. Dans la vaste maison des dominicains, nos mouvemens ne sont pas aperçus. Nous sortons tous les uns après les autres, à la faveur de la nuit. Trop connu dans Varsovie pour hasarder d'y paraître sans travestissement, je garde mes habits de paysan; je monte un cheval excellent, mais couvert d'une housse commune, et grossièrement harnaché. Je vois nos gens prendre dans le faubourg les différens postes que je leur ai désignés avant de quitter le couvent; ils sont disposés de manière que toutes les avenues du palais du grand-chancelier sont gardées.

Entre neuf et dix heures du soir, le roi sort; nous remarquons que la suite est peu nombreuse. Le carrosse était précédé de deux hommes qui portaient des flambeaux; suivaient quelques officiers d'ordonnance, deux gentilshommes et un sous-écuyer. Je ne sais quel seigneur était dans la voiture auprès du roi. Il y avait deux pages aux portières, deux heiduques et deux valets de pied derrière. Le roi s'éloigne lentement; nos conjurés se rassemblent à quelque distance; douze des plus déterminés se détachent; je me mets à leur tête, nous avançons au petit pas. Comme il y avait garnison russe à Varsovie, nous affections de parler la langue de ces étrangers, afin que notre troupe passât pour une de leurs patrouilles. Nous joignons le carrosse à cent cinquante pas à-peu-près du palais du grand-chancelier, entre ceux de l'évêque de Cracovie et du feu grand-général de la Pologne. Tout-à-coup nous passons à la tête des premiers chevaux, nous coupons brusquement le cortège, ceux qui précédaient la voiture se trouvent séparés de ceux qui l'environnaient.

Je donne le signal. Kaluvski accourt avec le reste des conjurés. Je présente un pistolet au postillon, qui arrête : on tire sur le cocher, on se précipite aux portières. Des deux heiduques qui veulent les défendre, l'un tombe percé de deux balles, l'autre est renversé d'un coup de sabre sur la tête; le cheval du sous-écuyer s'abat blessé, un des pages est démonté, et son cheval pris, les balles sifflent de tous côtés... L'attaque fut si chaude, le feu si violent, que je tremblai pour la vie du roi. Celui-ci, conservant dans le péril une tête froide, était descendu de sa voiture, et cherchait à regagner le palais de son oncle. Kaluvski l'arrête, le saisit aux cheveux : sept à huit conjurés l'environnent, le désarment, le saisissent de droite et de gauche, le pressent entre leurs chevaux, qu'ils poussent à toute bride jusqu'au bout de la rue. Dans ce moment, je l'avoue, je crus que Pulauski m'avait indignement trompé, que la mort du monarque était résolue, qu'il y avait un dessein formé de l'assassiner. Tout-à-coup, je prends mon parti, je pars ventre à terre ; je joins ceux qui m'avaient devancé ; je leur crie d'arrêter, je menace de tuer celui qui n'obéira pas. Le Dieu protecteur des rois veillait au salut de M. de P***. Kaluvski et ses gens s'arrêtèrent à ma voix, qu'ils reconnurent. Nous mîmes le roi sur un cheval ; nous reprîmes notre course au grand galop, jusqu'aux fossés qui entourent la ville, et que le monarque fut contraint de franchir avec nous.

Alors une terreur panique se répandit dans ma troupe. A cinquante pas au-delà des fossés, nous n'étions plus que sept auprès du roi. La nuit était pluvieuse et sombre ; il fallait à chaque instant descendre de cheval pour sonder le terrain dans des marais bourbeux. Le cheval du monarque s'abattit deux fois, et se cassa la jambe à sa seconde chûte. Dans ses mouvemens violens, le roi perdit sa pelisse, sa botte et son soulier gauche. *Si vous voulez que je vous suive*, nous dit-il, *donnez-moi un cheval et une botte.* Nous le remontâmes, et afin de gagner la route par laquelle Pulauski m'avait promis de s'avancer, nous prîmes le chemin d'un village nommé Burakow. Le roi nous dit tranquillement : *N'allez pas de ce côté, il y a des Russes.* Je le crus. Je changeai de route. A mesure que nous avancions dans le bois de Beliany, notre nombre diminuait. Bientôt je ne vis plus avec moi que Kaluvski et Stravinski ; bientôt aussi nous entendîmes l'appel d'une vedette russe. Nous nous arrêtâmes alarmés : Tuons-le, me dit Kaluvski. Je lui témoignai sans ménagement l'horreur que m'inspirait une pareille proposition : Hé bien ! chargez-vous donc de le conduire, s'écria cet homme féroce. Il s'enfonça dans le bois ; Stravinski le suivit. Je restai seul auprès du roi.

Lovzinski, me dit-il alors, c'est vous, je n'en

puis plus douter ; c'est vous, j'ai reconnu votre voix. Je ne répondis pas un mot. Il reprit avec douceur : C'est vous ! Qui l'eût dit il y a dix ans ? Nous nous trouvions alors près du couvent de Beliany, distant de Varsovie d'une lieue à-peu-près. Lovzinzki, poursuivit le roi, laissez-moi entrer dans ce couvent, et sauvez-vous. Il faut me suivre fut toute ma réponse. C'est en vain, me dit le monarque, que vous vous êtes travesti ; c'est en vain que vous voulez à présent déguiser votre voix : je vous ai reconnu; je suis sûr que vous êtes Lovzinski. Ah ! qui l'eût dit il y a dix ans ? Il y a dix ans vous auriez donné vos jours pour conserver ceux de votre ami.

Il se tut. Nous avançâmes quelque temps, en gardant le silence. Il le rompit encore. Je suis accablé de fatigue : *Si vous voulez me mener vivant, souffrez que je me repose un instant.* Je l'aidai à descendre de cheval. Il s'assit sur l'herbe ; et, me faisant asseoir auprès de lui, il prit une de mes mains dans les siennes : Lovzinski, vous que j'ai tant aimé, vous qui connûtes mieux que personne la pureté de mes intentions, comment se peut-il que vous vous soyez armé contre moi ? Ingrat ! ne devais-je vous retrouver qu'avec mes plus cruels ennemis ? ne deviez-vous me revoir que pour m'immoler. Alors il me retraça, de la manière la plus touchante, les plaisirs de notre adolescence, nos liaisons plus intimes dans notre jeunesse, la tendre amitié que nous nous étions jurée, la confiance dont il m'avait toujours honoré depuis. Il me parla des honneurs dont il m'aurait comblé pendant son règne, si j'avais voulu les mériter. Il me reprocha sur-tout l'indigne entreprise dont je paraissais être le chef, mais dont il savait bien, ajouta-t-il, que j'étais seulement le premier instrument. Il en rejeta toute l'horreur sur Pulauski, en me représentant cependant que l'auteur d'un pareil attentat n'était pas seul coupable; que je n'avais pu sans crime me charger de son exécution, et que cette horrible complaisance, déja si punissable dans un sujet, était dans un ami plus inexcusable encore. Il finit par me presser de lui laisser sa liberté : *Fuyez*, me dit-il, *et soyez sûr que si l'on vient à moi, j'indiquerai une route opposée à celle que vous aurez prise.*

Le roi me pressait vivement : son éloquence naturelle, augmentée par le péril, portait la persuasion dans mon cœur ; elle y réveillait des sentimens bien doux. Je fus ébranlé. Je balançai d'abord ; mais Pulauski triompha. Je crus entendre le fier républicain me reprocher ma faiblesse. Mon cher Faublas, l'amour de la patrie a peut-être son fanatisme et ses superstitions ; mais si je fus coupable, je le suis encore. Vous me voyez plus que jamais persuadé qu'en forçant le monarque de remonter à cheval, je fis une action courageuse et bonne. Ainsi, s'écria-t-il douloureusement, vous rejetez la prière qu'un ami vous adresse ! vous refusez le pardon que votre roi vous offre ! Hé bien ! partons, je me livre à mon mauvais destin, ou je vous abandonne au vôtre.

Nous recommençâmes à marcher ; mais les reproches du monarque, ses instances, ses menaces même, les combats que j'avais soutenus intérieurement, m'avaient tellement troublé, que je ne voyais plus mon chemin. Errant dans la campagne, je ne tenais aucune route certaine. Après une demi-heure de marche, nous nous trouvâmes à Marimont (1). Je m'étais égaré, nous étions revenus sur nos pas.

A un quart de lieue de là nous tombâmes

---

(1) Marimont, c'est une maison de campagne appartenant à la cour de Saxe ; elle est plus près de Varsovie d'une demi-lieue, que Beliany.

dans un parti russe. Le roi se fit reconnaître à celui qui le commandait ; ensuite il ajouta : Ce soir je me suis égaré à la chasse. Ce bon paysan, que vous voyez, voulait, avant de me remettre dans mon chemin, me donner dans sa chaumière un frugal repas. Mais comme je crois avoir vu des soldats de Pulauski roder dans les environs, je voudrais rentrer promptement dans Varsovie, et vous me feriez plaisir de m'accompagner jusque-là. Quant à toi, mon ami, me dit-il, je ne suis pas fâché que tu aies pris une peine inutile ; car j'aime autant retourner dans ma capitale, accompagné de ces messieurs, que d'aller plus loin avec toi. Cependant il serait singulier que je te laissasse sans récompense. Que veux-tu ? Parle ; je t'accorderai la grace que tu me demanderas.

Faublas, vous concevez bien combien je fus troublé. Je doutais encore des intentions du roi. Je cherchais à démêler le véritable sens d'un discours équivoque, plein d'une ironie bien amère, ou d'une adresse bien magnanime. M. de P*** me laissa quelque temps ma pénible incertitude. Je te vois bien embarrassé, reprit-il enfin avec un air de bonté qui me pénétra ; tu ne sais que choisir ! Allons, mon ami, embrasse-moi ; il y a plus d'honneur que de profit à embrasser un roi, ajouta-t-il en riant : cependant il faut convenir, qu'à ma place, bien des monarques ne seraient pas aujourd'hui si généreux que moi. Il partit à ces mots, et me laissa confondu de tant de grandeur d'ame.

Cependant le péril auquel le roi venait de me dérober si généreusement, allait renaître à chaque instant pour moi. Il était plus que probable qu'un grand nombre de courriers, expédiés de Varsovie, répandaient de tous côtés l'étonnante nouvelle de l'enlèvement du monarque. Déjà sans doute on poursuivait chaudement les ravisseurs ; mon équipage remarquable pouvait me trahir dans ma fuite ; et si je retombais entre les mains des Russes mieux instruits, tous les efforts du roi ne pourraient me sauver. En supposant que Pulauski eût obtenu tout le succès qu'il se promettait, il devait être encore éloigné ; dix lieues au moins me restaient à faire, et mon cheval était rendu. J'essayai de le pousser ; il n'eut pas couru cinq cents pas, qu'il creva sous moi. Un cavalier bien monté passait dans ce moment sur la route, il vit tomber l'animal, et croyant pouvoir s'amuser aux dépens d'un pauvre paysan, il me dit : Mon ami, je t'avertis que ton bon cheval ne vaut plus rien. Piqué de la bouffonnerie, je résolus aussitôt de punir le railleur, et d'assurer ma fuite en même temps. Je lui présentai brusquement un de mes pistolets, je le forçai de me livrer sa monture; et je vous avouerai même que, pressé par la circonstance, je le dépouillai d'un bon manteau, aussi ample que léger, sous lequel je cachai mes habits grossiers qui m'auraient pu faire reconnaître. Je jetai ma bourse pleine d'or aux pieds du voyageur démonté, et je m'éloignai de toute la vitesse de mon nouveau cheval.

Il était frais et vigoureux; je fis douze lieues d'une traite : enfin je crus entendre le bruit du canon, je conjecturai que mon beau-père n'était pas loin et combattait les Russes. Je ne m'étais pas trompé; j'arrivai sur le champ de bataille, au moment où l'un de nos régimens lâchait pied. Je me fis reconnaître des fuyards; et les ayant ralliés derrière une colline prochaine, je vins prendre en flanc les ennemis, auxquels Pulauski faisait face avec le reste des troupes. Nous chargeâmes si à propos et avec tant de vigueur, que les Russes furent enfoncés après un grand carnage des leurs. Pulauski daigna m'attribuer l'honneur de leur défaite : Ah! me dit-il en m'embrassant, après avoir entendu les détails de mon expédition, si tes quarante hommes t'avaient égalé en courage, le roi serait à présent dans mon camp : mais le ciel ne l'a pas voulu. Je lui rends grace de ce qu'au moins il t'a conservé pour nous ; je te rends grace du service important que tu m'as rendu ; sans toi, Kaluvski assassinait le monarque, et mon nom était couvert d'un opprobre éternel. J'aurais pu, ajouta-t-il, m'avancer encore l'espace de deux milles ; mais j'ai mieux aimé asseoir mon camp dans cette position respectable. Hier sur ma route j'ai surpris et taillé en pièces un parti russe ; j'ai battu ce matin deux de leurs détachemens : un autre corps considérable ayant recueilli les débris de ceux-là, a profité des ténèbres pour m'attaquer. Mes soldats, fatigués d'une longue marche et de trois combats consécutifs, commençaient à plier ; la victoire est rentrée avec toi dans mon camp. Retranchons-nous-ici : attendons-y l'armée russe, et combattons jusqu'au dernier soupir.

Cependant le camp retentissait de cris d'allégresse ; nos soldats victorieux mêlaient mes louanges à celles de Pulauski. Au bruit de mon nom, que mille voix répétaient, Lodoïska accourut à la tente de son père. Elle me prouva l'excès de sa tendresse par l'excès de sa joie ; il fallut recommencer le récit des dangers que j'avais courus. Elle ne put, sans répandre des larmes, apprendre la rare générosité du monarque : Qu'il est grand ! s'écria-t-elle avec transport, qu'il est digne d'être roi, celui qui t'a pardonné ! Que de pleurs il épargne à l'épouse que tu délaissais, à l'amante que tu ne craignais pas de sacrifier ! Cruel ! n'est-ce donc pas assez des dangers auxquels tu t'exposes chaque jour... Pulauski interrompit durement sa fille : Femme indiscrète et faible ! est-ce devant moi qu'on ose tenir de pareils discours ? Hélas ! répondit-elle, faudra-t-il que je tremble sans cesse pour les jours d'un père et d'un époux ! Lodoiska m'adressait ainsi ses plaintes touchantes, et soupirait après un avenir meilleur, tandis que la fortune nous préparait les plus affreux revers.

Nos Cosaques venaient de tous côtés nous avertir que l'armée russe approchait. Pulauski comptait qu'il serait attaqué au point du jour, il ne le fut pas; mais au milieu de la nuit suivante on vint m'annoncer que les Russes se préparaient à forcer nos retranchemens. Pulauski, toujours prêt, les défendait déjà : il fit dans cette funeste nuit tout ce qu'on pouvait attendre de son expérience et de sa valeur. Nous repoussâmes les assaillans cinq fois, mais ils revenaient sans cesse à la charge avec des troupes fraîches; et leur dernière attaque fut si bien concertée, qu'ils pénétrèrent dans le camp, par trois endroits en même temps. Zaremba fut tué à mes côtés ; une foule de noblesse périt dans cette action sanglante : les ennemis ne faisaient point de quartier. Furieux de voir périr tous mes amis, je voulais me jeter dans les bataillons russes : Insensé ! me dit Pulauski, quelle aveugle fureur t'égare ! Mon armée est entièrement détruite, mais mon courage me reste. Pourquoi mourir inutilement ici ? Viens : je veux te conduire dans des climats où nous pourrons susciter aux Russes de nouveaux ennemis. Vivons, puisque nous pouvons encore servir notre pays ; sauvons-nous, sauvons Lodoïska ! — Lodoïska ! j'allais l'abandonner ! Nous courûmes à sa tente, il était encore temps : nous l'enlevâmes, nous nous enfonçâmes dans les bois voisins, et une partie de la matinée nous nous hasardâmes d'en sortir et de nous présenter à la porte d'un château que nous crûmes reconnaître. C'était en effet celui d'un gentilhomme nommé *Micislas,* qui avait servi quelque temps dans notre armée. Micislas nous reconnut et nous offrit un asyle qu'il nous conseilla de n'accepter que pour quelques heures. Il nous dit qu'une nouvelle bien étonnante s'était répandue la veille et paraissait se confirmer : qu'on avait osé enlever le roi dans Varsovie même ; que les Russes avaient poursuivi les ravisseurs, et ramené le monarque dans sa capitale, et qu'enfin il était question de mettre à prix la tête de Pulauski, soupçonné d'être l'auteur de la conjuration. Croyez-moi, ajouta-t-il, que vous ayez, ou non, trempé dans ce complot hardi, fuyez, laissez ici vos uniformes qui vous trahiraient ; je vais vous faire donner des habits moins remarquables : et quant à Lodoïska, je me charge de la conduire moi-même au lieu que vous aurez choisi pour sa retraite.

Lodoïska interrompit Micislas : Le lieu de ma retraite ! ce sera celui de leur fuite ; je les accompagnerai par-tout. Pulauski représenta à sa fille qu'elle ne pourrait soutenir les fatigues d'une longue route, et que d'ailleurs nous serions exposés à des dangers toujours renaissans. Plus le péril est grand, lui répliqua-t-elle, plus je dois le partager avec vous. Vous m'avez répété cent fois que la fille de Pulauski ne devait pas être une femme ordinaire : depuis huit ans je n'ai vécu qu'au milieu des alarmes, je n'ai vu que des scènes de carnage et d'horreur ; la mort m'environnait de toutes parts, elle me menaçait à chaque instant : vous ne me permettiez pas de la braver à vos côtés ; mais la vie de Lodoïska ne tenait-elle pas à celle de son père? Lovzinski! le coup qui t'aurait frappé, n'aurait-il pas entraîné ton amante au tombeau? Et depuis quand ne suis-je plus digne.... J'interrompis Lodoïska; je me joignis à son père pour lui détailler les raisons qui nous déterminaient à la laisser en Pologne. Elle m'écoutait avec impatience : Ingrat! s'écria-t-elle, vous partirez sans moi! Oui, répliqua Pulauski, vous resterez avec les sœurs de Lovzinski, et je lui défends.... Sa fille, hors d'elle-même, ne le laissa pas achever : Mon père, je connais vos droits, je les respecte, ils me seront toujours sacrés; mais vous n'avez pas celui d'enlever une femme à son époux.... Ah! pardon, je vous offense, je m'égare, mais plaignez ma douleur...... excusez mon désespoir..... Mon père! Lovzinski! écoutez-moi tous deux : je veux vous accompagner par-tout.... Par-tout, oui, je vous suivrai, cruels, je vous suivrai malgré vous! Lovzinski, si ton épouse a perdu tous les droits qu'elle eut sur ton cœur, ressouviens-toi du moins de ton amante; rappelle-toi cette nuit effrayante où j'allais périr dans les flammes, ce moment terrible où tu montas dans la tour embrâsée, en criant : Vivre ou mourir avec Lodoïska! Hé bien! ce que tu sentais alors, je l'éprouve aujourd'hui! Je ne connais pas de plus grand malheur que celui d'être séparée de vous ; je dis à mon tour : Vivre ou mourir avec mon père et mon époux ! Malheureuse ! que deviendrai-je si vous me quittez ? Réduite à vous pleurer tous deux, où trouverai-je des adoucissemens à ma peine ? Mes enfans me consoleront-ils ? Hélas ! en deux ans la mort m'en a enlevé quatre ; les Russes, aussi impitoyables qu'elle, m'ont arraché le dernier ! Je n'ai plus que vous dans le monde, et vous voulez m'abandonner ! O mon père ! ô mon époux ! que deux noms si chers ne vous trouvent pas insensibles ! Ayez pitié de Lodoïska !

Ses sanglots lui coupèrent la parole. Micislas pleurait, mon ame était déchirée : Tu le veux, ma fille, hé bien, j'y consens, dit Pulauski, mais veuille le ciel ne pas me punir de ma complaisance ! Lodoïska nous embrassa tous deux avec autant de joie que si nos malheurs avaient été finis. Je laissai à Micislas deux lettres qu'il se chargea de remettre ; l'une était adressée à mes sœurs, et l'autre à Boleslas.

Je leur disais adieu, je leur recommandais de ne rien négliger pour retrouver ma chère Dorliska. Il fallut déguiser ma femme ; elle prit des habits d'homme : nous échangeâmes les nôtres ; nous employâmes tous les moyens connus pour nous défigurer en apparence. Ainsi travestis, armés de nos sabres et de nos pistolets, chargés d'une somme assez considérable en or, de quelques bijoux et de tous les diamans de Lodoïska, nous prîmes congé de Micislas, et nous nous hâtâmes de regagner les bois.

Pulauski nous communiqua le dessein qu'il avait formé de se réfugier en Turquie. Il espérait obtenir du service dans les armées du grand-seigneur, qui, depuis deux ans, soutenait contre la Russie une guerre malheureuse. Lodoïska ne parut point effrayée du long trajet que nous avions à faire. Comme elle ne pouvait être ni reconnue ni recherchée, elle se chargea du soin d'aller à la découverte et de nous apporter nos provisions. Dès que le jour paraissait, nous nous retirions dans les bois ; cachés dans des troncs d'arbres ou dans des touffes d'épines, nous attendions le retour de la nuit pour continuer notre marche. C'est ainsi que pendant plusieurs jours nous échappâmes aux recherches des Russes, qui nous poursuivaient vivement.

Un soir que Lodoïska, toujours déguisée en paysan, revenait du hameau voisin, où elle avait été acheter des vivres qu'elle nous apportait, deux marodeurs russes l'attaquèrent à l'entrée de la forêt dans laquelle nous nous étions cachés. Après l'avoir volée, ils se préparèrent à la dépouiller. Aux cris qu'elle poussa, nous sortîmes de notre retraite; les deux brigands se sauvèrent dès qu'ils nous virent ; mais nous craignîmes qu'ils ne racontassent leur aventure au corps dont ils faisaient partie, et que cette rencontre singulière ayant excité les soupçons, on ne vînt nous arracher de nos asyles. Nous résolûmes de changer de route; et pour qu'on ne pût soupçonner celle que nous avions prise, il fut décidé, qu'au lieu de nous avancer directement sur les frontières de la Turquie, nous gagnerions, par un long détour, la Polésie, ensuite la Crimée, d'où nous passerions à Constantinople.

Après les marches les plus pénibles, nous entrâmes dans la Polésie. Pulauski pleura en quittant son pays. Au moins, s'écria-t-il douloureusement, je l'ai servi de tout mon pouvoir, et je ne le quitte que pour le servir encore!

Tant de fatigues avaient épuisé les forces de Lodoïska. Arrivés à Novogorod, nous nous y arrêtâmes à cause d'elle. Notre dessein était de l'y laisser reposer quelques jours ; mais les gens du pays que nous questionnâmes sans affectation, nous dirent que des troupes parcouraient les environs, pour arrêter un certain Pulauski, qui avait fait enlever le roi de Pologne. Justement alarmés, nous ne restâmes que quelques heures dans cette ville, où nous achetâmes des chevaux. Nous passâmes la Desna au-dessus de Czernicove, et suivant les bords de la Sula, nous la traversâmes à Perevoloczna, où nous apprîmes que Pulauski, reconnu à Novogorod, n'avait été manqué que de quelques heures à Nézin, et qu'il était suivi de près. Il fallut fuir et changer encore de route. Nous nous enfonçâmes dans les immenses forêts qui couvrent le pays entre la Sula et la Sem.

Nous vîmes une caverne, dans laquelle nous voulûmes nous établir. Un ours nous disputa l'entrée de cet asyle, aussi affreux que solitaire. Nous le tuâmes, nous mangeâmes ses petits. Pulauski était blessé ; Lodoïska, épuisée, se soutenait à peine ; le froid était déjà rigoureux. Poursuivis par les Russes dans les endroits habités, menacés par les animaux féroces dans ce vaste désert, sans autres armes que nos épées, bientôt réduits à manger nos chevaux, qu'allions-nous devenir? Le danger de mon beau-père et de ma femme était si pressant, qu'aucun autre ne m'effraya plus. Je résolus de leur procurer, à quelque prix que ce fût, les secours qu'exigeait leur situation, plus déplorable encore que la mienne; et les quittant tous deux, en leur promettant de venir bientôt les rejoindre, j'emportai une partie des diamans de Lodoïska, et je suivis les bords du Warsklo. Vous remarquerez, mon cher Faublas, qu'un voyageur égaré dans ces vastes contrées, réduit à y errer sans boussole et sans guide, est obligé de suivre les rivières, parce que c'est sur leurs bords que se rencontrent plus communément les habitations. Il m'importait de gagner le plutôt possible une ville marchande; je suivis donc les bords du Warsklo, et marchant jour et nuit, je me trouvai à Pultava à la fin de la quatrième journée. Je me fis passer dans cette ville pour un marchand de Bielgorod; je sus qu'on y cherchait Pulauski, que l'impératrice de Russie avait envoyé son signalement de tous les côtés, avec ordre de le saisir mort ou vif par-tout où on le trouverait. Je me hâtai de vendre mes diamans, d'acheter de la poudre, des armes, des provisions de toute espèce, différens outils, des meubles grossiers, mais nécessaires, tout ce que je jugeai le plus propre à adoucir notre misère : je chargeai tout cela sur un chariot attelé de quatre chevaux, dont je fus l'unique conducteur. Mon retour fut aussi difficile que fatigant; huit jours entiers se passèrent avant que j'arrivasse à la forêt.

C'était là que se terminait mon voyage pénible et dangereux; j'allais secourir mon beau-père et ma femme, j'allais revoir ce que j'avais de plus cher au monde; et cependant, mon cher Faublas, je ne pus me livrer à la joie. Vos philosophes ne croient point aux pressentimens... Mon ami, je vous assure que j'éprouvais une inquiétude involontaire; mon ame était consternée; je ne sais quoi semblait m'avertir que je touchais au moment le plus douloureux de ma vie.

J'avais en partant placé par intervalle des cailloux pour reconnaître ma route, je ne les trouvai plus; j'avais enlevé avec mon sabre quelques parties de l'écorce de plusieurs arbres, que je ne pus reconnaître. J'entrai dans la forêt, je criai de toutes mes forces, je tirai de temps en temps des coups de fusil, personne ne me répondit. Je n'osais m'engager trop avant, de peur de me perdre; je n'osais m'éloigner beaucoup de mon chariot, si nécessaire à Pulauski, à sa fille, à moi-même.

La nuit qui survint m'obligea de cesser mes recherches; je passai celle-là comme les précédentes. Enveloppé de mon manteau, je me couchai sous ma charrette, que j'eus soin d'entourer de mes gros meubles, dont je me faisais ainsi un rempart contre les bêtes féroces. Je ne pus dormir, le froid se faisait vivement sentir, la neige tombait en abondance : au point du jour, la terre en était couverte. Je ressentis alors un mortel découragement; mes cailloux, qui auraient pu m'indiquer ma route, étaient tous enterrés; il paraissait impossible que je retrouvasse mon beau-père et ma femme.

Le cheval qui leur restait à mon départ les avait-il nourris jusqu'alors? La faim, l'horrible faim ne les avait-elle pas forcés à sortir de leur retraite? Etaient-ils encore dans ces affreux déserts? S'ils n'y étaient plus, où pourrais-je les retrouver? où traînerais-je sans eux ma misérable vie?... Mais pouvais-je croire que Pulauski eût abandonné son gendre, que Lodoïska eût consenti à se séparer de son époux? Non, sans doute. Ils étaient donc dans cette affreuse solitude; et si je les abandonnais, ils allaient y mourir de faim et de froid! Cette réflexion désespérante me détermina; je n'examinai plus si, en m'éloignant beaucoup de mon chariot, je ne courais pas le danger de ne pouvoir plus le retrouver : porter quelques secours à mon beau-père et à ma femme, voilà ce qui pressait le plus!

Je pris mon fusil et de la poudre, je chargeai des provisions sur un de mes chevaux; je m'engageai dans la forêt beaucoup plus avant que la veille; je criai de toutes mes forces, je fis avec mon fusil de fréquentes décharges... Le plus morne silence régnait autour de moi!

Je me trouvais dans un endroit de la forêt très-épais, il n'y avait plus de passage pour mon cheval; je l'attachai à un arbre, et mon désespoir l'emportant sur toute autre considération, je m'avançai toujours avec mon fusil et une partie de mes provisions. J'errai plus de deux heures encore, et mon inquiétude ne faisait que redoubler, lorsqu'enfin j'aperçus des pas humains empreints sur la neige.

L'espérance me rendit des forces. Je suivis les traces toutes fraîches; bientôt je vis Pulauski, à-peu-près nu, exténué par la faim, presque méconnaissable à mes propres yeux. Il faisait des efforts pour se traîner vers moi et pour répondre à mes cris. Dès que je l'eus joint, il se jeta avec avidité sur les alimens que je lui offris, et les dévora. Je lui demandai où était Lodoïska. Hélas! me dit-il, tu vas la voir. Le ton dont il prononça ces paroles me fit trembler. J'arrivai à la caverne, trop préparé au funeste spectacle qui m'y attendait. Lodoïska, enveloppée de ses habits, couverte de ceux de son père, était étendue sur un lit de feuilles à moitié pourries. Elle souleva avec effort sa tête appesantie ; et refusant les alimens que je lui offrais : Je n'ai pas faim, me dit-elle ; la mort de mes enfans, la perte de Dorliska, nos marches si longues, si pénibles, vos dangers toujours renaissans, voilà ce qui m'a tuée. Je n'ai pu résister à la fatigue et au chagrin... Mon ami, je suis mourante... J'ai entendu ta voix, mon âme s'est arrêtée... Je te revois ! Lodoïska devait mourir dans les bras de l'époux qu'elle adore !... Secours mon père... qu'il vive... vivez tous deux, consolez-vous, oubliez-moi... cherchez par-tout ma chère... Elle ne put prononcer le nom de sa fille, elle expira. Son père lui creusa un tombeau à quelques pas de la caverne ; je vis la terre engloutir tout ce que j'aimais !... Quel moment !... Pulauski veilla sur mon désespoir ; il me força de survivre à Lodoïska.

Lovzinski voulut continuer ; ses sanglots l'interrompirent. Il me demanda un moment, passa dans un cabinet voisin, et ne tarda pas à rentrer, une miniature à la main. Voilà, me dit-il, le portrait de ma petite Dorliska ; voyez comme elle était déjà belle ! Dans ses traits, à peine développés, je reconnais tous les traits de sa mère... Ah! si du moins... J'interrompis Lovzinski : La charmante figure! m'écriai-je ; elle ressemble à ma jolie cousine! Voilà bien le propos d'un amant, me répondit-il ; l'objet qu'il adore, il le voit par-tout... Ah! mon ami, si du moins Dorliska m'était rendue! Mais, depuis douze ans qu'on la cherche inutilement, je ne dois plus l'espérer.

Ses yeux se remplissaient encore de larmes, qu'il s'efforça de retenir. Il reprit, d'un ton pénétré, l'histoire de ses malheurs.

Pulauski, que son courage n'abandonnait jamais, et dont les forces s'étaient ranimées, m'obligea de m'occuper avec lui du soin de notre subsistance. En suivant sur la neige l'empreinte de mes propres pas, nous arrivâmes au lieu où j'avais laissé mon chariot, que nous déchargeâmes aussitôt, et que nous brûlâmes ensuite, pour ôter à nos ennemis le plus léger indice de notre retraite. A l'aide de nos chevaux, pour lesquels nous trouvâmes un passage en faisant plusieurs détours, nous parvînmes à transporter dans notre caverne nos meubles et nos provisions, qu'il fallait ménager, si nous voulions rester long-temps dans cette solitude. Nous tuâmes nos chevaux, que nous ne pouvions nourrir. Nous vécûmes de leur chair, que la rigueur de la saison conserva pendant quelques jours : elle se corrompit enfin ; et notre chasse ne nous procurant que des secours insuffisans, il fallut entamer nos provisions, qui se trouvèrent au bout de trois mois entièrement consommées.

Quelques pièces d'or et la plus grande partie des diamans de Lodoïska nous restaient encore. Ferais-je un second voyage à Pultava, ou bien nous hasarderions-nous à quitter notre retraite ? Nous avions déja si cruellement souffert dans cette solitude, que nous prîmes le dernier parti.

Nous sortîmes de la forêt ; nous passâmes la Sem près de Rylks. Nous achetâmes un bateau ; et, déguisés en pêcheurs, nous descendîmes la Sem. Nous entrâmes dans la Desna. Notre bateau fut visité à Czernicove. La misère avait tellement défiguré Pulauski, qu'il était impossible de le reconnaître. Nous entrâmes dans le Dnieper ; nous traversâmes Kiove à Krylow. Là nous fûmes obligés de recevoir dans notre bateau, et de passer à l'autre bord des soldats russes qui allaient joindre une petite armée employée contre Pugatchew. Nous apprîmes à Zaporiskaia la prise de Bender et d'Oczakow, la conquête de la Crimée, la défaite et la mort du visir Oglou. Pulauski, désespéré, voulait traverser les vastes contrées qui le séparaient de Pugatchew, et se joindre à cet ennemi des Russes; mais nos fatigues nous forcèrent de rester à Zaporiskaia. La paix, qui fut conclue bientôt après entre la Porte et la Russie, nous laissa les moyens d'entrer en Turquie.

Nous traversâmes à pied, et toujours déguisés, le Boudziac, une partie de la Moldavie, de la Valaquie; et, après des fatigues inouies, nous arrivâmes à Andrinople. On nous arrêta. On nous accusa, devant le cadi, d'avoir voulu vendre sur notre route des diamans que nous avions apparemment volés. Les mauvais habits dont nous étions couverts avaient donné lieu à ce soupçon. Pulauski se découvrit au cadi, qui nous envoya sous sûre garde à Constantinople.

Nous fûmes admis à l'audience du grand-seigneur. Il nous fit donner un logement, et nous assigna sur son trésor un honnête revenu. Alors j'écrivis à mes sœurs et à Boleslas : nous apprîmes par leurs réponses que les biens de Pulauski étaient saisis; qu'il était dégradé, et condamné à perdre la tête. Mon beau-père fut consterné; il s'indigna qu'on l'eût accusé d'un régicide; il écrivit pour sa justification. Toujours dévoré de l'amour de son pays, toujours guidé par la haine mortelle qu'il avait jurée à ses ennemis, il ne cessa, pendant quatre ans que nous restâmes en Turquie, d'y intriguer pour que la Porte déclarât la guerre à la Russie. En 1774 il reçut, avec des transports de rage, la nouvelle de la triple invasion (1) qui enlevait à la république le tiers de ses possessions. Ce fut au printemps de 1776 que les insurgens se décidèrent à soutenir par les armes leurs droits violés : Mon pays a perdu sa liberté, me dit Pulauski; ah! du moins combattons pour celle d'un pays nouveau!

Nous passâmes en Espagne, nous nous embarquâmes sur un vaisseau qui faisait voile pour la Havane, d'où nous nous rendîmes à Philadelphie. Le congrès nous employa dans l'armée du général Washington. Pulauski, consumé d'un noir chagrin, exposait sa vie, comme un homme à qui elle était devenue insupportable ; on le trouvait toujours aux postes les plus dangereux. Vers la fin de la quatrième campagne, il fut blessé à mes côtés. On l'emportait dans sa tente : Je sens que ma fin s'approche, me dit-il; il est donc vrai que je ne reverrai pas mon pays!

---

(1) Démembrement de la Pologne fait par l'impératrice de Russie, l'empereur, et le roi de Prusse.

Cruelle bizarrerie de la destinée! Pulauski tombe martyr de la liberté américaine, et les Polonais sont esclaves!...

Mon ami, ma mort serait affreuse, s'il ne me restait un rayon d'espérance. Ah! puissé-je ne pas m'abuser!... Non, je ne m'abuse point, poursuivit-il d'une voix plus forte. Un dieu consolateur offre à mes derniers regards l'avenir, l'heureux avenir qui s'approche : je vois l'une des premières nations du monde sortir d'un long sommeil, et redemander à ses oppresseurs son honneur et ses droits antiques, ses droits sacrés, imprescriptibles, ceux de l'humanité. Je vois dans une immense capitale, long-temps avilie, déshonorée par toutes les espèces de servitudes, une foule de soldats se montrer citoyens, et des milliers de citoyens devenir soldats. Sous leurs coups redoublés la Bastille s'écroule ; le signal est donné d'une extrémité de l'empire à l'autre ; le règne des tyrans est fini ; un peuple voisin, quelquefois ennemi, mais toujours généreux, mais toujours digne des grandes actions, vient d'applaudir à ces efforts inattendus, couronnés d'un si prompt succès. Ah! puisse une estime réciproque commencer et affermir entre les deux peuples une inaltérable amitié! puisse cette horrible science de fourberies et de trahisons, que les cours ont appelée *politique*, ne pas apporter d'obstacle à cette fraternelle réunion ! Nobles rivaux de talens et de philosophie, Français, Anglais, laissez enfin et laissez pour jamais ces discordes sanglantes dont la fureur s'est trop souvent étendue sur les deux mondes; ne vous partagez plus l'empire de l'univers que par la force de vos exemples et l'ascendant de votre génie. Au lieu du cruel avantage d'épouvanter les nations et de les soumettre, disputez-vous la gloire plus solide d'éclairer leur ignorance et de briser leurs fers.

Approche, ajouta Pulauski, regarde à quelques pas de nous, au milieu du carnage, parmi tant de guerriers fameux, un guerrier célèbre entre tous par son mâle courage, ses vertus vraiment républicaines, et ses talens prématurés. C'est l'héritier d'un nom depuis longtemps illustre, mais qui n'avait pas besoin de la gloire de ses aïeux pour illustrer son nom : c'est ce jeune La Fayette, déja l'honneur de la France et l'effroi des tyrans : cependant il commence à peine ses immortels travaux. Envie son sort, Lovzinski ! tâche d'imiter ses vertus, marche le plus près que tu pourras sur les pas d'un grand homme. Celui-ci, digne élève de

Washington, sera bientôt le Washington de son pays. C'est à-peu-près dans le même temps, mon ami, c'est à cette mémorable époque de la régénération des peuples que la justice éternelle doit ramener aussi pour nos concitoyens les jours de la vengeance et de la liberté : alors, Lovzinski, en quelque lieu que tu sois, que ta haine se réveille ! Tu combattis si glorieusement pour la Pologne ! Que le souvenir de nos injures et de nos exploits échauffe ton courage ! que ton épée, tant de fois rougie du sang ennemi, se tourne encore contre les oppresseurs ! qu'ils frémissent en te reconnaissant ! qu'ils tremblent en se rappelant Pulauski !... Ils nous ont ravi nos biens, ils ont assassiné ta femme, ils t'ont arraché ta fille, ils ont flétri mon nom !... Les barbares ! ils se sont partagés nos provinces ! Lovzinski, voilà ce qu'il ne faut jamais oublier. Quand nos persécuteurs ont été ceux de la patrie, la vengeance devient indispensable et sacrée. Tu dois aux Russes une haine éternelle, tu dois à ton pays la dernière goutte de ton sang.

Il dit, il expira (1). La mort, en le frappant, m'enleva ma dernière consolation.

---

(1) Pulauski fut tué au siége de Savannah, en 1795.

Mon ami, j'ai combattu pour les États-Unis jusqu'à l'heureuse paix qui vient d'assurer leur indépendance. M. de C***, qui a long-temps servi en Amérique dans le corps que commandait le marquis de La Fayette; M. de C*** m'a donné une lettre de recommandation pour le baron de Faublas. Celui-ci a pris à mon sort un intérêt si vif, que bientôt nous nous sommes liés d'une étroite amitié. Je n'ai quitté sa province que pour venir m'établir à Paris, où je savais qu'il ne tarderait pas à me suivre. Cependant mes sœurs ont rassemblé quelques faibles débris de ma fortune, jadis immense. Mes sœurs, instruites de mon arrivée ici, et du nom que j'y ai pris, m'écrivent que, dans quelques mois, elles viendront consoler par leur présence l'infortuné du Portail.

FIN DU TOME PREMIER.

www.ingramcontent.com/pod-product-compliance
Lightning Source LLC
Chambersburg PA
CBHW070851170426
43202CB00012B/2038